dtv

Deutsche Schriftsteller, die den Hitlerspuk als junge Menschen hautnah erlebt haben, geben darüber Auskunft, wie es damals gewesen ist, »als überall Hakenkreuzfahnen wehten und die SA marschierte«. Sie waren persönlich Betroffene, und dementsprechend persönlich sind auch die Antworten. »Wir machten uns keine Sorgen. Keine Spur von politischer Angst«, versichert zum Beispiel Horst Krüger. »Wir wußten mehr, als wir zugeben wollten«, hält Carola Stern dagegen, und Franz Fühmann bekennt: »Meine Schulzeit insgesamt ist eine gute Erziehung zu Auschwitz gewesen.« Man wird dieses Buch aufmerksam lesen. Entweder um sich selbst darin wiederzuerkennen oder um sich die Frage zu stellen: Was wäre gewesen, wenn du es erlebt hättest? Wärest du Täter und/oder Opfer gewesen?

Marcel Reich-Ranicki, Professor, Dr. h.c. mult., geboren 1920 in Włocławek an der Weichsel, ist in Berlin aufgewachsen. Er war von 1960 bis 1973 ständiger Literaturkritiker der Wochenzeitung ›Die Zeit‹ und leitete von 1973 bis 1988 in der ›Frankfurter Allgemeinen Zeitung‹ die Redaktion für Literatur und literarisches Leben. 1968/69 lehrte er an amerikanischen Universitäten, 1971/75 Gastprofessor für Neue Deutsche Literatur an den Universitäten Stockholm und Uppsala, seit 1974 Honorarprofessor in Tübingen, 1991/92 Heinrich Heine-Gastprofessur an der Universität Düsseldorf.

Meine Schulzeit im Dritten Reich

Erinnerungen deutscher Schriftsteller

Herausgegeben von
Marcel Reich-Ranicki

Deutscher Taschenbuch Verlag

Von Marcel Reich-Ranicki
sind im Deutschen Taschenbuch Verlag erschienen:
Entgegnung (10018)
Deutsche Literatur in West und Ost (10414)
Nachprüfung (11211)
Literatur der kleinen Schritte (11464)
Lauter Verrisse (11578)
Lauter Lobreden (11618)
Über Ruhestörer (11677)
Ohne Rabatt (11744)
Mehr als ein Dichter. Über Heinrich Böll (11907)
Die Anwälte der Literatur (12185)

Oktober 1984
3., erweiterte Auflage November 1992
7. Auflage April 1998
Deutscher Taschenbuch Verlag GmbH & Co. KG,
München

ISBN 3-462-01945-7
Umschlagkonzept: Balk & Brumshagen
Umschlagfoto: © Harald Rumpf
Satz: IBV Satz- und Datentechnik, Berlin
Gesetzt aus der Garamond 10/11'
Druck und Bindung: C. H. Beck'sche Buchdruckerei,
Nördlingen
Gedruckt auf säurefreiem, chlorfrei gebleichtem Papier
Printed in Germany · ISBN 3-423-12365-6

Inhalt

Zur Neuausgabe von 1988

Die Sammlung ›Meine Schulzeit im Dritten Reich‹ wurde erstmals vor sechs Jahren veröffentlicht. In dieser sehr kurzen Zeit aber hat sich hierzulande die Situation merklich verändert.

Viele Zeitgenossen, die das nationalsozialistische Deutschland noch aus eigener Anschauung kannten, sind inzwischen gestorben – darunter drei Schriftsteller, die zu den Autoren der in diesem Band vereinten Arbeiten gehören: Heinrich Böll, Franz Fühmann und Martin Gregor-Dellin. Andererseits sind jüngere Leser nachgewachsen, solche vor allem, die in den späten sechziger und in den frühen siebziger Jahren geboren wurden.

Diese natürliche Entwicklung kann nicht ohne Einfluß auf das Interesse an der Frage sein, wie Halbwüchsige die Schule und den Alltag im Dritten Reich erlebten. Will man heute weniger als früher wissen, was damals geschah – und wie es möglich war, daß es geschah? Es ist eher umgekehrt: Je weiter wir uns von dem Zeitabschnitt entfernen, den die Jahreszahlen 1933 und 1945 markieren, desto häufiger und dringlicher werden (zumal von den Nachgeborenen) Fragen gestellt, die sich offenbar nie ganz beantworten lassen. Aber auch die Älteren greifen – und nicht obwohl, sondern weil ihre eigenen Erinnerungen verblassen – mehr denn je zu Romanen und Erzählungen, zu Autobiographien und zeitgeschichtlichen Werken, die sich mit dem Dritten Reich befassen.

So gewiß dies auf sehr unterschiedliche Motive zurückzuführen ist, so sicher haben wir es mit einer alles in allem erfreulichen Erscheinung zu tun. Denn nur der kann die deutsche Gegenwart begreifen, der auch jene Vergangenheit kennt, die man (nicht ohne Grund) immer noch die unbewältigte nennt.

Die Neuausgabe unseres Buches konnten wir um drei

Beiträge erweitern: Hinzugekommen sind die Erinnerungen des Kritikers Georg Hensel (Jahrgang 1923), des Erzählers Ludwig Harig (Jahrgang 1927) und des Publizisten Günter Gaus (Jahrgang 1929): Zwanzig Aufsätze sind nunmehr in dem Band vereint. Auch jetzt will das Buch ›Meine Schulzeit im Dritten Reich‹ nicht anders verstanden werden denn als Versuch, sich dem Gespenst der Abstraktion zu widersetzen, als ein Beitrag zur Beantwortung der deutschen Jahrhundertfrage.

Marcel Reich-Ranicki

Frankfurt am Main, im August 1988

Vorwort

Wie war das eigentlich damals, als überall Hakenkreuzfahnen wehten und die SA marschierte »in ruhig festem Schritt«? Über die historischen Fakten sind wir informiert. An wissenschaftlichen Werken mangelt es nicht. Unentwegt werden wir mit Dokumenten aus der Zeit des »Dritten Reiches« versorgt, mit Fakten und Daten jeglicher Art beliefert. Was sich auf der Ebene, auf der Geschichte entschieden wird, abgespielt hat, ist ungefähr bekannt. Und doch: Viele von uns befürchten, überinformiert und trotzdem unwissend zu sein. Trotzdem oder eben deshalb?

Vor allem aber: Wie war es auf der anderen, auf der niederen Ebene, auf der die Weltgeschichte erlitten wird? »Philipp von Spanien weinte, als seine Flotte / untergegangen war. Weinte sonst niemand?« – heißt es in einem der berühmtesten Gedichte Bertolt Brechts. Es endet mit den Worten: »So viele Berichte / So viele Fragen.« Wie hat sich also das alles, was vor vierzig, fünfundvierzig Jahren geschah, widergespiegelt im Leben der Menschen, zumal derer, die damals Kinder und Jugendliche waren? Wie sah es aus ihrer Perspektive aus?

Von Jahr zu Jahr schrumpft die Zahl jener, die das nationalsozialistische Deutschland noch aus eigener Anschauung, aus persönlicher Erfahrung kennen. Die Folge läßt sich nur schwer vermeiden: Das Bild dieser Zeit wird, obwohl ihre historischen Konsequenzen in unsere unmittelbare Gegenwart ragen und in den unterschiedlichen Bereichen unseres Lebens spürbar sind, allmählich immer abstrakter. Aber die Wahrheit ist konkret. Und wer wäre mehr berufen, sich dem Gespenst der Abstraktion zu widersetzen, als die Schriftsteller?

Es wäre ungerecht, wollte man der deutschen Literatur der letzten zwanzig Jahre vorwerfen, sie sei diesem schwierigen, diesem wahrlich nationalen Thema ausgewichen. Doch ist es natürlich kein Zufall, daß die Autoren, die sich seiner annahmen, es gar nicht so leicht hatten.

Als Siegfried Lenz Mitte der sechziger Jahre auf Tagungen der »Gruppe 47« Ausschnitte aus einem gerade entstehenden Roman las, in dem er die Zeit des »Dritten Reiches« aus der Sicht eines Halbwüchsigen darstellte, schüttelten manche bedenklich den Kopf. Wen interessiert das noch? – fragten sie skeptisch. Die ›Deutschstunde‹ erschien 1968, erreichte allein in deutscher Sprache eine Auflage von über 1,7 Millionen Exemplaren und wurde in 24 Sprachen übersetzt. Walter Kempowskis »bürgerlicher Roman« ›Tadellöser & Wolff‹, der eine Rostocker Kindheit und Jugend zwischen 1939 und 1945 beschreibt, hat einer unserer großen Verlage abgelehnt, und erst ein anderer Verlag verhalf dem Buch zu einem ungewöhnlichen Erfolg. Und Christa Wolfs epische Chronik aus der Zeit von 1933 bis 1945, ›Kindheitsmuster‹, hat man in der Heimat der Autorin, in der DDR, zunächst mit scheelem Blick betrachtet; die Familienchronik konnte erst nach Überwindung von allerlei Schwierigkeiten publiziert werden.

Der Erfolg dieser und anderer Romane und auch zahlreicher zeitgeschichtlicher Bücher beweist, daß die neue Lesergeneration sich keineswegs von der unfernen Vergangenheit abwendet und daß deren angebliches Desinteresse eher den Vorstellungen, wenn nicht gar den heimlichen Wünschen vieler Älterer entspricht. Die Antworten, die die Literatur auf die Frage nach Deutschlands dunkelstem Zeitabschnitt auf ihre Weise und mit ihren Mitteln gegeben hat, kann man allerdings schwerlich als ausreichend empfinden. Aber diese Frage wird nie ganz beantwortet sein. Und eben deshalb sollte man sie immer wieder stellen.

So ist auch unser Buch zu verstehen. Ihm liegt eine in den Wochenendbeilagen der ›Frankfurter Allgemeinen Zeitung‹ zwischen Januar 1981 und August 1982 veröffentlichte Serie zugrunde. Wir haben eine Anzahl deutscher Schriftsteller (der älteste ist Heinrich Böll, geboren

1917, die jüngsten sind Günter Kunert und Peter Rühmkorf, geboren 1929) gebeten, Erinnerungen an ihre Schulzeit im »Dritten Reich« aufzuschreiben – nicht mehr und nicht weniger.

Keiner von ihnen versucht, ein Bild der Epoche – und sei es auch nur eines bescheidenen Ausschnitts – zu skizzieren. Jeder berichtet vielmehr bloß von seinen persönlichen Erlebnissen. Entstanden sind, ob die Autoren dies wollten oder nicht, siebzehn Selbstdarstellungen. Zusammen ergeben sie, so hoffen wir, ein Zeitbild, das geeignet ist, zur Beantwortung der Frage beizutragen, was damals geschah – und wie es möglich war, daß es geschah.

Mehrere Beiträge mußten in der Zeitung aus redaktionellen Gründen gekürzt werden. Sie sind hier in der ursprünglichen und vollständigen Fassung gedruckt. Überdies hatten alle Autoren die Möglichkeit, ihre Aufsätze zu korrigieren und zu ergänzen. Die Reihenfolge der Beiträge innerhalb dieses Bandes richtet sich nach den Geburtsdaten ihrer Verfasser.

Marcel Reich-Ranicki

Frankfurt am Main, im August 1982

Heinrich Böll

Was soll aus dem Jungen bloß werden?

1

Am 30. Januar 1933 war ich fünfzehn Jahre und sechs Wochen alt, und fast genau vier Jahre später, am 6. Februar 1937, neunzehn Jahre und sieben Wochen alt, bekam ich das »Zeugnis der Reife« ausgestellt. Das Zeugnis enthält zwei Fehler: mein Geburtsdatum ist falsch angegeben, und meinen Berufswunsch »Buchhändler« hat der Direktor, ohne mich zu fragen, in »Verlagsbuchhändler« abgewandelt, ich weiß nicht warum. Diese beiden Fehler, die ich preise, geben mir die Chance, auch alle anderen Daten, einschließlich der Noten, anzuzweifeln. Ich habe die beiden Fehler erst zwei Jahre später entdeckt, als ich das Zeugnis zum ersten Mal in die Hand nahm, um es zum Studienbeginn Sommer-Semester 1939 bei der Universität Köln einzureichen, und das fehlerhafte Geburtsdatum entdeckte; ich wäre nie auf die Idee gekommen, einen solchen Fehler in einem so gewichtigen amtlichen Dokument korrigieren zu lassen: dieser Fehler erlaubt mir einen gewissen Zweifel, ob ich's denn wirklich sei, der da für reif erklärt wird. Ob da ein anderer gemeint ist? Und wer? Dieses Spiel erlaubt mir auch die Vorstellung, das Dokument könnte möglicherweise gar nicht gültig sein.

Ein paar weitere Voraussetzungen muß ich notieren: Sollte es zu den Pflichtübungen deutscher Autoren gehören, »unter der Schule *gelitten*« zu haben, so muß ich mich wieder einmal der Pflichtvergessenheit zeihen. Natürlich habe ich gelitten (Zwischenruf: Wer, ob alt oder jung, leidet nicht?), aber nicht in der Schule. Ich behaupte: so weit habe ich es nicht kommen lassen, ich habe – wie später manches in meinem Leben – »die Sache in die Hand«, habe sie zu Bewußtsein genommen. Wie, das wird noch zu erklären sein. Leidvoll war der Übergang von der Volksschule zum Gymnasium, kurze Zeit, aber da war ich zehn, und es betrifft nicht die zu beschreibende Zeitspanne. Ich habe mich manchmal gelangweilt in der Schule, geärgert, hauptsächlich über den Religionslehrer (der sich natürlich über mich – solche Bemerkungen sind – weitere Voraussetzung! – »bilateral« zu verstehen) – aber *gelitten*? Nein. Weitere Voraussetzung: Meine unüberwindliche (und bis heute unüberwundene) Abneigung gegen die Nazis war kein Widerstand, sie *widerstanden* mir, waren mir widerwärtig auf allen Ebenen meiner Existenz: bewußt *und* instinktiv, ästhetisch *und* politisch, bis heute habe ich keine unterhaltende, erst recht keine ästhetische Dimension an den Nazis und ihrer Zeit entdecken können, und das macht mich grausen bei gewissen Film- und Theaterinszenierungen. In die HJ *konnte* ich einfach nicht gehen und ging nicht rein, und das war's.

Noch eine Voraussetzung (und es wird *noch* eine kommen!): berechtigte Zweifel an meinem Gedächtnis; das alles ist jetzt achtundvierzig bis vierundvierzig Jahre her, und mir stehen keine Notizen, Aufzeichnungen zur Verfügung. Sie sind verbrannt und zerstoben in einer Mansarde des Hauses Karolingerring 17 in Köln; auch bin ich unsicher geworden, was die Synchronisierung persönlicher Erlebnisse mit geschichtlichen Ereignissen betrifft: so hätte ich zum Beispiel hoch gewettet, daß es im Herbst 1934 war, als Göring in seiner Eigenschaft als preußischer Ministerpräsident sieben junge Kölner Kommunisten mit dem Handbeil hinrichten ließ. Die Wette hätte ich verloren: es war schon im Herbst 1933, da dies geschah. Und mein Gedächtnis trügt mich nicht, wenn ich mich erinnere, daß eines Morgens ein Mitschüler, Mitglied der (noch schwarzuniformierten) SS, übermüdet und doch noch mit Jagdfieberglanz in den Augen erzählte, sie hätten in der Nacht in Godesberger Villen Jagd auf den ehemaligen Minister Treviranus gemacht. Gott sei Dank (wie nicht er, sondern ich dachte) – vergebens, und wenn ich dann vorsichtshalber nachschaue und feststelle, daß Treviranus schon 1933 emigriert ist, wir aber 1933 erst sechzehn Jahre alt wurden, das Mindestalter für die Mitgliedschaft in dieser SS aber achtzehn Jahre war, so kann diese Erinnerung frühestens im Jahr 1935 ihren Platz haben – es müßte also Treviranus 1935 oder 1936 noch einmal illegal ins Deutsche Reich zurückgekommen sein – oder die SS war einer Fehlinformation erlegen. Für die »story« – diese merkwürdige Mischung aus Übermüdung und Jagdfieberglanz in den Augen – garantiere ich, ihren Platz finde ich nicht. Letzte Voraussetzung bzw. Warnung: Der Titel WAS SOLL AUS DEM JUNGEN BLOSS WERDEN? sollte weder falsche Hoffnungen noch falsche Befürchtungen erwekken. Nicht jeder Knabe, dessen Verwandte und Freunde sich und ihm mit Recht diese ewig-bange Frage stellen, wird nach einigen Aufhaltungen und Um- und Abwegen Schriftsteller, und ich möchte betonen, die Frage war, als sie gestellt wurde, so ernst wie berechtigt, und ich weiß nicht, ob meine Mutter, lebte sie noch, nicht auch heute noch die Frage stellen würde: WAS SOLL AUS DEM JUNGEN BLOSS WERDEN? Vielleicht sollte man die Frage sogar bei älteren und erfolgreichen Politikern, Kirchenfürsten, Schriftstellern etc. hin und wieder noch stellen.

2

Mißtrauisch betrete ich nun den »realistischen«, den chronologisch verwirrten Pfad – mißtrauisch gegenüber autobiographischen Äußerungen bei mir und anderen. Für Stimmung und Situation kann ich garantieren, auch für die in Stimmungen und Situationen eingewickelten Fakten, nicht garantieren kann ich, konfrontiert mit kontrollierbaren historischen Fakten, für die Synchronisation: siehe die beiden Beispiele oben.

Ich weiß einfach nicht mehr, ob ich im Januar 1933 noch oder schon nicht mehr Mitglied einer Marianischen Jugendkongregation war; es wäre auch unzutreffend, wenn ich sagen würde, ich wäre unter der Naziherrschaft vier Jahre lang »zur Schule gegangen«. Vier Jahre zur Schule gegangen bin ich nämlich nicht, es gab, wenn auch nicht unzählige, so doch ungezählte Tage, an denen ich – abgesehen von Ferien, Feiertagen, Krankheiten, die ohnehin abzuziehen wären – keineswegs zur Schule ging. Ich liebte die (»Buschschule« kann ich nicht sagen, die Kölner Altstadt hat und hatte wenig Gebüsch, nennen wir es also) Straßenschule. Die Straßen zwischen Waidmarkt und Dom, die Nebenstraßen des Neu- und Heumarktes, alles, was rechts und links in Richtung Dom von der Hohen Straße abging, ich trieb mich gern in der Stadt herum, nahm manchmal nicht einmal als Alibi den Ranzen mit, ließ ihn zu Hause zwischen Überschuhen und langen Kleidungsstücken in der Garderobe. Schon lange, bevor ich Anouilhs Stück ›Der Reisende ohne Gepäck‹ kannte, war ich gern ein solcher, und es ist bis heute mein (nie erfüllter) Traum, einer zu sein. Hände in der Tasche, Augen auf, Straßenhändler, Trödler, Märkte, Kirchen, auch Museen (ja, ich liebte die Museen, ich war bildungshungrig, wenn auch nicht bildungsbeflissen), Huren (an denen in Köln kaum ein Weg vorbeiführte) – Hunde und Katzen, Nonnen und Priester, Mönche – und der Rhein, der Rhein, dieser große und graue Rhein, belebt und lebhaft, an dem ich stundenlang sitzen konnte; manchmal auch im Kino, im Schummer der Frühvorstellungen, in denen ein paar Bummler und Arbeitslose saßen. Meine Mutter wußte viel, ahnte einiges, aber nicht alles. Familiengerüchten zufolge – die, wie alle Familiengerüchte, mit Vorsicht zu genießen sind – bin ich von den letzten der drei dieser vier Nazischuljahre nicht die halbe Zeit »zur Schule gegangen«. Ja, es war meine »Schulzeit«, aber ich war nicht die ganze Zeit in der Schule, und wenn ich also diese vier Jahre zu beschreiben versuche, dann kann das *nur* eine *Auch*-Geschichte werden, denn zur Schule gegangen bin ich *auch*.

3

Achtundvierzig Jahre – von 1981 auf 1933 – zurück und vier – von 1933 auf 1937 – vor: bei dieser Springprozession muß einiges auf der Strecke bleiben. Da lächelt der Dreiundsechzigjährige auf den Fünfzehnjährigen herab, der Fünfzehnjährige nicht zum Dreiundsechzigjährigen hoch, und in dieser einseitigen Rückwendung, die keine Entsprechung in einem Auf- oder gar Ausblick des Fünfzehnjährigen hat, liegt die erhebliche Fehlerquelle.

Der Fünfzehnjährige liegt am 30. Januar 1933, an einer schweren Grippe erkrankt, zu Bett, Opfer einer Epidemie, die meines Erachtens bei Analysen der Machtergreifung zu wenig berücksichtigt wird. Immerhin war das öffentliche Leben partiell gelähmt, waren viele Schulen und Behörden geschlossen, jedenfalls lokal und regional. Ein Mitschüler brachte mir die Nachricht ans Krankenbett. Radio hatten wir noch nicht, und das Detektorgebastel fing bei uns erst später an. Die Mini-Ausgabe des Volksempfängers schafften wir mehr widerwillig als notgedrungen erst kurz vor Kriegsausbruch an. Wir wohnten nach einem weiteren Umzug innerhalb von zwei Jahren in der Maternusstraße Nr. 32, hatten uns gegenüber die triste Rückfront der damaligen Maschinenbauschule, waren immerhin nicht sehr weit vom Rhein entfernt, und vom Erkerfenster aus konnten wir das gotisierte dreigiebelige Lagerhaus der »Rhenus« sehen, das ich immer und immer wieder aquarellierte. Gleich um die Ecke den Römer-, nicht weit davon den Hindenburgpark, wo meine Mutter an schönen Tagen zwischen Arbeitslosen und Frührentnern sitzen konnte.

Ich lag im Bett und las – wahrscheinlich Jack London, den wir von einem Freund in der Büchergildenausgabe entliehen, es kann aber auch sein, daß ich – oh, ihr gesträubten Haare der Literaturkenner, wie gern würde ich euch glätten! – daß ich *gleichzeitig* Trakl las. Der riesige Kachelofen im sogenannten Erkerzimmer brannte ausnahmsweise, und ich entnahm ihm mit sehr langen Fidibussen Feuer für die (verbotene) Zigarette. Der Kommentar meiner Mutter zu Hitlers Ernennung: »Das ist der Krieg«, er mag auch gelautet haben: »Hitler, das bedeutet Krieg.«

Die Nachricht von Hitlers Ernennung kam nicht überraschend. Nach dem »schnöden Verrat« Hindenburgs an Brüning (so nannte es mein Vater), nach Papen und Schleicher war Hindenburg alles zuzutrauen, und jene merkwürdige (bis heute nicht so recht geklärte) Geschichte, die man einmal »Osthilfeskandal« nannte, über die sogar unsere höchst zurückhaltende ›Kölnische Volkszeitung‹ berichtete, hatte dem »ehrwürdigen, greisen Marschall« den letzten ohnehin minimalen Kredit genommen, keinen politischen, nur eben den Rest eines moralischen Kredits, den man seiner »preußischen Korrektheit« zuzusprechen bereit gewesen war.

Meine Mutter haßte Hitler von Anfang an (sein Ende hat sie leider nicht mehr erlebt), sie nannte ihn »Rövekopp«, was »Rübenkopf« bedeutet, eine Anspielung auf die aus Zuckerrüben grob herausgeschnittenen Martinsfackeln, denen man möglichst einen »Bart« stehen ließ, Hitler – der war undiskutabel, und sein langjähriger Statthalter in Köln, ein gewisser Dr. Robert Ley (man muß sich das vorstellen: eine Type wie Ley herrschte später über die gesamte Arbeitswelt!) – Ley hatte wenig dazu beigetragen, Hitler und seine Nazis diskutabel zu machen – die waren nichts weiter als das »gröhlende Nichts«, ohne die menschliche Dimension, die man »Gesindel« noch hätte zubilligen können. Die Nazis waren »nicht einmal Gesindel«. Meiner Mutter mit ihrer Kriegsthese wurde heftig widersprochen: so lange würde »der« gar nicht bleiben, um einen Krieg anfangen zu können. (Er blieb, wie die Welt inzwischen eindringlich erfuhr, lange genug.)

Ich weiß nicht, wie lange ich noch bettlägerig war. Die Grippeepidemie brachte den Schnapsläden einen bescheidenen Auftrieb, Rum-Verschnitt war gefragt, als Grog versprach er angeblich Heilung oder Vorbeugung. Wir kauften bescheidene Mengen davon in einem Geschäft Ecke Bonner und Darmstädter Straße: der Besitzer hieß, glaube ich, Volk, und sein flammend rothaariger Sohn war auf unserer Schule. Ich weiß nicht mehr, ob der Reichstagsbrand, dessen »Promptheit« durchaus bemerkt wurde, noch in die Zeit der Krankheit, in die Schulzeit oder gar in die Ferien fiel (irgendwann muß da auch Karneval gewesen sein!). Vor den Märzwahlen jedenfalls war ich wieder auf dem Schulweg, und erst nach diesen Wahlen – man vergißt so leicht, daß sie knapp zu einer Koalition zwischen Nazis und Deutschnationalen reichten –, im April, Mai, tauchten die ersten Jungvolk- und HJ-Blusen auf, in den oberen Klassen die eine oder andere SA-Uniform. Es fand – wann, weiß ich nicht mehr genau – eine Bücherverbrennung statt, ein nicht nur peinliches, auch ein klägliches Unternehmen; die Naziflagge wurde gehißt, aber ich erinnere mich nicht, daß da einer eine Rede gehalten, Titel für Titel, Autor für Autor verfluchend, Bücher ins Feuer geworfen hätte; sie müssen – ein kleines Häufchen – vorher dorthin gelegt worden sein, und seit dieser Bücherverbrennung weiß ich: Bücher brennen schlecht. Es hatte wohl einer vergessen, Benzin darüber zu gießen. Ich kann mir auch nur schwer vorstellen, daß in der Bibliothek dieses Gymnasiums, das zwar Staatliches Kaiser-Wilhelm-Gymnasium hieß, aber extrem katholisch war – daß in der bescheidenen Schulbibliothek viel »dekadente« Literatur enthalten gewesen sein könnte. Das Milieu, aus dem die Schüler kamen, war durchgehend kleinbürgerlich, mit wenigen »Auswüchsen« nach unten oder oben – möglich, daß der eine oder andere Lehrer privat seinen Remarque oder Tucholsky geopfert hat, um den Scheiterhaufen zu füttern. Im Unterricht waren alle diese Autoren jedenfalls nicht vorhanden, und nach den handgreiflichen, nach den sicht- und hörbaren Barbareien zwischen dem 30. Januar und dem Reichstagsbrand, verstärkt zwischen Reichstagsbrand und

Märzwahlen, war dieser Akt *symbolischer* Barbarei vielleicht nicht so eindrucksvoll.

Die nichtsymbolischen Säuberungen waren sichtbar und hörbar, waren spürbar: Sozialdemokraten verschwanden (Sollmann, Görlinger und andere), Zentrumspolitiker, Kommunisten ohnehin, und es war kein Geheimnis, daß in den Kasematten rings um den Kölner Militärring von der SA Konzentrationslager eingerichtet wurden: die Wörter »Schutzhaft« und »auf der Flucht erschossen« waren geläufig, es traf auch Freunde von uns, die später *stumm* und *steinern* wiederkamen; Bekannte meines Vaters; Lähmung breitete sich aus, Angst ringsum, und die Nazihorden, brutal und blutrünstig, sorgten dafür, daß der Terror nicht nur Gerücht blieb. Die Straßen links und rechts der Severinstraße, über die mein Schulweg führte (Alteburger-, Silvan-, Severinstraße, Perlengraben) – das war durchaus kein »national zuverlässiges« Gelände. Es gab Tage, nach dem Reichstagsbrand, vor den Märzwahlen, in denen das Viertel ganz oder teilweise abgesperrt war; die am wenigsten zuverlässigen Straßen lagen rechts von der Severinstraße: welche Frau schrie da im Achtergäßchen, welcher Mann in der Landsberg-, wer in der Rosenstraße? Vielleicht lernen wir nicht in der Schule, aber auf dem Schulweg fürs Leben? *Da* wurde offenbar geprügelt, aus Hausfluren gezerrt. Nach Reichstagsbrand und Märzwahlen wurde es stiller, still noch lange nicht. Immerhin war die KPD nach den Wahlen im November 1932 in dem so katholischen Köln zweitstärkste Partei geworden (Zentrum 27,3 Prozent, KPD 24,5 Prozent, Nazis 20,5 Prozent, SPD 17,5 Prozent). Das waren fast Verhältnisse, wie sie heute in Italien herrschen (Köln war eben immer und ist trotz seines schwarzen Rufes und der ganzen Dunkelmännerei eine progressive Stadt). Im März hatten die Nazis dann 33,3 Prozent, das Zentrum immer noch 25,6 Prozent und KPD und SPD trotz Terror und Säuberungen noch 18,1, und 14,9 Prozent – das »unzuverlässige Gelände« war noch keineswegs »normalisiert«, es gab für die SA noch Arbeit genug. (Da wäre noch viel über Köln zu sagen, aber ich finde, Köln hat nach Domjubiläen, Papstbesuch und Museum-Ludwig-Publicity genug – außerdem fließt der Rhein ja weiter.)

Um diese Zeit wohl quittierte der Vater einer Schulfreundin meiner älteren Schwester, ein ruhiger und solider Polizeibeamter mit Zentrumshintergrund, vorzeitig seinen Dienst, weil er den Anblick der »blutigen Handtücher« auf seinem Revier nicht mehr ertragen konnte. Auch das waren keine symbolischen Zeichen, die »blutigen Handtücher« wiesen auf die Schreie hin, die ich im Achtergäßchen, in der Rosen- und in der Landsbergstraße gehört hatte.

Inzwischen wird dem Leser (und Redaktor) immer klarer, daß es sich hier, soweit die Schule behandelt werden soll, *nur* um eine *Auch*-Geschichte handelt; daß es zwar um meine Schulzeit geht, aber nicht nur um die Zeit, die ich in der Schule verbrachte. Schule war keineswegs eine Neben-, aber auch nicht die Hauptsache während dieser vier Jahre Schulzeit.

Eine Säuberung ganz anderer Art veränderte meinen Schulweg erheblich: die energische Bekämpfung der Zigarettenschmuggler, die an Straßenecken oder aus Hauseingängen »holländische Ware« anflüsterten; die billigste legal erworbene Zigarette kostete immerhin 2,5 Pfennige: schwächliche Gebilde, halb so prall wie eine Juno oder Eckstein, die 3,3 Pfennige kostete: die holländische Ware war blond, fest, um ein Drittel ansehnlicher als eine Eckstein und wurde zu 1 bis 1,5 Pfennigen angeboten. Das war schon verlockend zu einer Zeit, da die Brüningsche Sparsamkeit, diese Pfennigfuchserei, noch nachwirkte, und so gab mir mein Bruder Alois manchmal Geld mit, auf daß ich für ihn illegal holländische Ware erwerbe. Zwischen Rosenstraße und Perlengraben, Schwerpunkt etwa Landsbergstraße, mit ausgedünnter Postenkette bis zum Eulengarten, dem Hauptquartier der Schmuggler, das sehr nah an unserer Schule (Heinrichstraße) lag, mußte ich mich sorgfältig und aufmerksam verhalten, mußte sowohl vertrauenerweckend wie kauflustig wirken; das gelang mir offenbar, und diese frühe Übung bzw. Schulung (wie man sie eben nicht in der Schule, nur auf dem Schulweg erwerben kann), diese Bildung oder Ausbildung ist mir später auf vielen Schwarzmärkten Europas nützlich gewesen. (Über die Tatsache, daß es nicht zum Kölner Lebensgefühl gehört, ein inniges Verhältnis zur Legalität zu haben, habe ich mich anderswo ausgelassen.) Ich brachte also die holländische Ware wohlbehalten nach Hause und erhielt meine Provision in Gestalt wohlduftender Zigaretten; einmal allerdings wurde ich hereingelegt: Die saubere, holländisch banderolierte Packung enthielt anstelle von fünfundzwanzig Zigaretten etwa fünfundzwanzig Gramm (ausgerechnet) Kartoffelschalen – bis heute ist mir nicht klar, wieso ausgerechnet Kartoffelschalen und nicht etwa Sägemehl oder Sägespäne; sie waren sorgfältig abgewogen, gleichgewichtsgerecht verteilt, in Silberpapier verpackt. (Die Mißachtung von Siegeln, Plomben, Kuckucken, Banderolen, die ja auch Siegel sind, wurde mir, von meiner Mutter anerzogen, nach dem Krieg zum Verhängnis, als ich einen Stromzähler »entplombte« und – leider nachweislich! – manipulierte. Kuckucke wurden ohnehin möglichst frisch entfernt.) Ich wurde von meinem Bruder aufgefordert, die Ware künftig zu kontrollieren, grübelte noch über das »Wie« – das mußte ja alles rasch gehen –, da flog der ganze Schmuggelring auf. Es fand eine regelrechte Belagerung der Straßen »Im Eulengarten« und »Schnurgasse« statt, an mindestens *ein* gepanzertes Auto erinnere ich mich; Polizei und Zoll hoben – letztlich ohne Schießerei – die ganze Schmuggelkolonie aus. Gerüchte sprachen von Abermillionen beschlagnahmter Zigaretten und zahlreichen Verhaftungen.

4

Ja, Schule, ich weiß, ich komme noch drauf; noch war ich Obertertianer, und mein Schulweg wurde noch stiller, und ich mußte vorübergehend kopfhängerisch geworden sein: Mein Vater setzte mir eine Prämie aus, wenn ich ihm fünfundzwanzig Geschäfte zwischen Severinskirche und Perlengraben nennen könnte; ich hob den Kopf wieder und bekam die Prämie: ich hob auch den Kopf, um am ehemaligen Gewerkschaftshaus auf der Severinstraße, nicht weit von der Ecke zum Perlengraben, im Kasten den ›Stürmer‹ zu lesen. Diese Lektüre förderte meine Sympathie für die Nazis nicht. (Heute, ach, heute herrscht dort Ödnis, dafür haben der Krieg und die Nordsüdfahrt gesorgt – und gerade dieser kleine Platz vor der Kirche St. Johann-Baptist wimmelte von Leben.)

Nicht immer mit vorheriger, aber immer mit nachträglicher Genehmigung meiner Mutter ging ich oft in die Straßenschule (meine Mutter unterhielt, wie anderswo berichtet, unter ihrer Kaffeemühle ohnehin eine Art Schulschwänzerzentrum für *Nicht*-Familienmitglieder). Wenn ich also in die Straßenschule ging, dann nicht, weil die Schule besonders nazistisch oder naziverseucht gewesen wäre; sie war's nicht, ich erinnere mich der meisten Lehrer ohne jeden Groll, nicht einmal gegen den Religionslehrer empfinde ich Groll, obwohl ich mich – bis zum Hinauswurf aus dem Unterricht – mit ihm stritt, und die strittigen Punkte waren nicht die Nazis, in diesem Punkt war er nicht anfällig (im Gegenteil: ich erinnere mich eines ausgezeichneten Vortrags von ihm über den sowohl sentimentalen wie kommerziellen Hintergrund des Muttertags) – was mich gegen ihn aufbrachte, war die Bürgerlichkeit (sprich: das dominierende bourgeoise Element) der von ihm verbreiteten Lehre: unartikuliert rebellierte ich dagegen, er wußte nicht, was und wie ich es meinte, war eher verwirrt als zornig. Die Ursache meiner Rebellion hing mit der total undefinierbaren gesellschaftlichen Stellung zusammen, in der wir uns befanden: wirtschaftliche Schwierigkeiten der krassesten Art, hatten sie uns nur deklassiert oder klassenlos gemacht? Ich weiß es bis heute nicht; wir waren weder rechte Kleinbürger noch bewußte Proleten, hatten einen starken Einschlag von Bohème; das Wort »bürgerlich« war eins unserer klassischen Schimpfworte geworden; die Elemente jener drei Klassen, zu deren keiner wir recht gehörten, hatten uns das, was man »bürgerliches« (sprich bourgeois, das meinten wir) Christentum nennt, absolut unerträglich gemacht: Er, der Religionslehrer, hat wohl nie verstanden, worum es ging – und ich drückte es wohl auch nicht klar genug aus. (Man sieht: Ärger mit Kirche und Staat hat er schon immer gehabt und beiden auch Ärger gemacht. Und: er ist insofern wirklich Kölner, als er weltliche und kirchliche Autorität nie so recht ernst, schon gar nicht wichtig genommen hat.)

Bloß deklassiert oder klassenlos? Die Frage bleibt unbeantwortet. Die übrigen Fächer außer Religion? Ich weiß nicht mehr, das lief so dahin, schon damals fing ich langsam an, mir die Schule zu »instrumentieren«, und weil ich dann doch Respekt vor der Klugheit des Religionslehrers hatte, der, wenn auch Bourgeois bis in die Knochen, keine Konzessionen an die Nazis machte, ging ich dann manchmal wieder in die Schulmesse in der Franziskanerkirche Ulrichgasse; das variierte den Schulweg via Rosenstraße; die Kirche selbst war mir – ich finde kein anderes Wort – ekelhaft, mit ihrem Kitsch und den Ausdünstungen ihres Publikums, es gibt nur ein Wort für diese Ausdünstungen: Mief, der sich inbrünstig gebärdete. Hin ging ich demonstrativ, gelegentlich nur, auch, um den Religionslehrer, den ich keineswegs haßte – wir hatten eben nur manchmal heftigen Krach miteinander –, ein wenig zu trösten; er litt sichtlich unter zu hohem Blutdruck, und einige der Hitlerjungen und Jungvolkführer konnten es sich nicht verkneifen, nicht etwa sich selbst – das hätten sie ja vor 1933 auch gekonnt –, ihre Uniform und ihren potentiellen Rang (es gab da so Schnüre!) gegen ihn auszuspielen; er war hilf-

und ahnungslos, ahnte nicht, daß sich gerade darin das »bourgeoise Element« zeigte und gegen ihn kehrte; daß diese bis März 1933 braven katholischen Jungen die »neue Zeit« gerochen hatten und sie zu nutzen gedachten. Diese Belästigungen dauerten nicht lange, verstärkten sich auch nicht, ließen bald nach, und unser Abschied von ihm, knapp drei Jahre später, war fürchterlich, aber aus ganz anderen Gründen. Mich hielt er dann wohl doch noch für katholisch, wenn auch nicht brav. Aber gerade an der eigenen »Katholizität« kamen Zweifel auf, verstärkt nach einem weiteren heftigen Schlag: dem Abschluß des von Papen und Kaas eingefädelten Reichskonkordats. Nach Machtübernahme, Reichstagsbrand, Märzwahlen erhielten die Nazis ausgerechnet vom Vatikan ihre erste internationale Groß-Anerkennung. Teile unserer Familie – darunter ich – erwogen ernsthaft den Kirchenaustritt, aber Kirchenaustritte waren gerade unter den »Märzgefallenen*« Mode geworden, und es hätte als eine Hommage an die Nazis mißverstanden werden können: so blieben wir »drin«. Das schloß erhebliche Krisen nicht aus, existentielle und politische, und doch stolzierte ich mit stolzgeschwellter Brust mitten in dieser Krisenzeit, eine große Fahne tragend (weiß mit riesigem blauen PX), in einer Prozession mit und nahm den (nicht durchgängigen, nur gelegentlichen) Spott der Zuschauer wie eine Ehre entgegen: ich weiß nicht einmal, welche Prozession und in welcher Formation ich da »auftrat«, sicher ist nur der Stolz, die Fahne – und ich erinnere mich einer besonderen Massierung von Spöttischen in der St. Apernstraße. Möglich auch, daß ich doch noch in dieser Marianischen Kongregation war, der ich mit einigem Eifer angehört hatte (Wochenendfahrten, »aus grauer Städte Mauern«, Theaterspielen, Puppentheater, Bergisches Land, oh Immekeppel, und der Geruch der noch friedlichen Wahner Heide, Singen und Wandern mit Wimpel, Lagerfeuer!) – ich trat aus

* »Märzgefallene« wurden die zahlreichen Deutschen genannt, die nach den Wahlen im März 1933 in die Nazipartei drängten.

dieser Kongregation aus, als man dort anfing, Exerzierübungen einzuführen, bis hin zu erheblichen »Schwenkungen« fast in Kompaniebreite. Und mitten in dieser Krisenzeit übernahm ich für die Pfarre St. Maternus die Verteilungsstelle der ›Jungen Front‹, der letzten, tapfer untergegangenen Wochenzeitung der katholischen Jugend; angeworben für diesen Job wurde ich bei Streuselkuchen und Kaffee-Ersatz im Garten des Krankenhauses der Vincentinerinnen in Köln-Nippes von Otto Vieth; und dieser Job war auch eine Einnahmequelle; die Junge Front-Groschen, die erst eine Woche später abgeliefert wurden, halfen uns über manches knappe Wochenende hinweg.

Es gab da auch eine fast kirchenamtlich vertretene Parole, daß man in die Naziorganisationen eintreten solle, um sie »von innen heraus zu christianisieren« – was immer damit gemeint gewesen sein mag – bis heute weiß ja keiner so recht, worin Christianisierung besteht. Manche – ich glaube, auch unser Direktor – folgten dieser Parole, und mancher blieb dann nach dem Krieg bei der Entnazifizierung auf der Strecke »Schnödigkeit« liegen.

Obwohl lange nicht mehr »organisiert«, trug ich immer noch demonstrativ das PX-Abzeichen am Rock, wurde ein paarmal angepöbelt von einem älteren Mitschüler, der – wen wundert's – ein besonders eifriger katholischer Jugendbewegter gewesen war. Mehr Ärger hatte ich auf der Schule nicht. Mit denen in meiner Klasse hatte ich keinen Ärger, sie kannten mich seit fünf, sechs Jahren, ich sie, es gab Dispute, keine Bekehrungsversuche, manche mißbilligten meine gelegentlichen frivolen Äußerungen über Hitler und andere Nazigrößen, aber keiner von ihnen, auch das SS-Mitglied nicht, wäre wohl je auf die Idee gekommen, mich zu denunzieren. Ich empfand keinen Groll, auch nicht gegenüber den Lehrern. Noch hielten wir für möglich, daß die Nazis nicht bleiben würden, lachten sogar manchmal im Vorgeschmack auf weitere opportunistische Wendungen der »Bürger«, die dann kommen würden, *wenn* – aber *wer* dann kommen würde, darüber hatten wir keine Prognosen. Ich blieb übers Abitur hinaus mit einigen meiner Mitschüler befreundet (den SS-Menschen allerdings mied ich, ich glaube, daß ich bis zum Abitur, in diesen drei Jahren, keine zwei Sätze mit ihm gewechselt habe). Wir hockten zu Schularbeiten zusammen, und ich versuchte, an einigen das merkwürdige deutsche Mathematiktrauma zu heilen, mit Konvertiteneifer, erst kurz vorher hatte mein Bruder Alfred dieses Trauma an mir geheilt, indem er systematisch und geduldig auf die Grundkenntnisse »zurückbohrte«, Lücken entdeckte, diese schloß, meine Basis stabilisierte. Das hatte zu einer solchen Mathematikbegeisterung geführt, daß wir wochenlang die Dreiteilung des Winkels zu entdecken versuchten, und manchmal glaubten wir der Lösung so nahe zu sein, daß wir nur noch flüsterten. Der im Nebenzimmer hausende »möblierte Herr« war Dipl. Ing. und als solcher befähigt, unsere Entdeckung zu übernehmen.

Ja, ich hockte mit ihnen zusammen, büffelte Mathematik und Latein (auch so ein deutsches Traumafach, das sich bei mir zum Glück nie zum Trauma entwickelt hatte). Manchmal saßen wir abends im Büro meines Vaters im Hinterhof des Hauses Vondelstraße 28. Da Geld knapp war, Zigaretten und Tabak teuer, kauften wir die allerbilligste Sorte Zigarren (zu 5 Pfennigen), zerschnitten sie mit einer Rasierklinge und drehten Zigaretten draus. (Heute bin ich sicher, daß wir einer ökonomischen Täuschung erlagen.) Das kleine Bürohäuschen war verlockend gemütlich, ganz aus Holz, etwas zwischen Blockhaus und Baracke, es hatte schöne, solide gearbeitete Rollschränke mit Schiebetüren aus grünem Glas, in denen Beschläge und Zeichnungen lagen: neugotische Türmchen, Säulchen, Blumen, Heiligenfiguren; Entwürfe zu Beichtstühlen, Kanzeln, Altären und Kommunionbänken, Möbeln, und es gab da noch eine alte Kopierpresse aus Vorkriegszeiten, und immer noch Kartons mit Glühbirnen mit Bajonettverschlüssen, obwohl wir doch Hunderte davon im Garten der Kreuznacher Straße zerschossen hatten. Grüne Bürolampen, ein großer Tisch mit grünem Linoleum; Leimplatten, Werkzeug (was das Leimen betraf, konzentrierte sich der Generationskonflikt zwischen meinem Vater und meinem Bruder Alois auf die »barbarisch-revolutionäre« Erfindung des Kaltleims, dem mein Vater nicht traute, während mein Bruder dessen Zuverlässigkeit demonstrierte; aber mein Vater bestand auf heißem, gekochtem Leim, wie er auf dem Leimofen aus honiggelben Platten angerichtet und tüchtig gerührt werden mußte; Konflikte dieser Art, die hier nicht hingehören, gab's reichlich).

5

Ja, auch Schule, zunächst aber, im Schreckensjahr 1933, nach Machtergreifung, Reichstagsbrand, Terror, den Märzwahlen und dem Tiefschlag des Reichskonkordats, geschah etwas, das sogar die Bürgerlichen in Köln erzittern ließ: im Juli – das Konkordat war unter Dach, wenn auch noch nicht unterzeichnet – fand in Köln ein Prozeß gegen siebzehn Mitglieder des Rotfrontkämpferbundes statt, wegen Mordes in zwei Fällen, versuchten Mordes in einem Fall; die Morde an den soeben von der KPD zu den Nazis konvertierten SA-Leuten Winterberg und Spangenberg waren geschehen. Aber siebzehn Mörder? Das glaubte keiner; es wurde auch nie geklärt, wer nun die beiden wirklich erschossen hatte; der Prozeß begann im Juli, im September wurden sieben der siebzehn Angeklagten zum Tode verurteilt und am 3. November im Klingelpütz mit dem Handbeil hingerichtet. Alle Gnadengesuche waren abgelehnt worden. Es gab kein Pardon. Göring, Ministerpräsident von Preußen, gab eine Erklärung dazu ab: »Auf Grund dieser Vorfälle habe ich mich entschlossen, keinen Tag länger zu warten und mit eiserner Faust zuzufassen. Wer sich in Zukunft gegen einen Träger der nationalsozialistischen Bewegung oder einen Träger des Staates vergreift, muß wissen, daß er binnen kurzer Frist sein Leben verliert.« Wenn ich in meiner Erinnerung dieses Ereignis ein Jahr später, in den Herbst 1934, plaziert hatte, so mag das mit dem 30. Juni 1934 zusammenhängen, diesem allerletzten brutalen Ruck zur endgültigen Machtergreifung; dieser Tag ist mir als entscheidendes Signal in Erinnerung geblieben – es mag damit zusammenhängen, daß mir die Zeit bis zum 30. Juni als relativ still erschienen ist. Ich denke jetzt oft an diese sieben jungen Kommunisten, anläßlich des peinlich-elenden Palavers um die Anerkennung der Edelweißpiraten.

Eins weiß ich, wenn sich auch das Datum in meiner Erinnerung verschoben hatte: Am Tag der Hinrichtung hing Schrecken über Köln, Angst und Schrecken von der Art, die Vögel vor einem Gewitter auffliegen und Schutz suchen läßt – es wurde still, stiller; ich machte keine frivolen Bemerkungen über Hitler mehr, nur noch zu Hause und auch dort nicht in jedermanns Gegenwart.

Einer der Hingerichteten, der jüngste, neunzehn Jahre alt, schrieb in der Todeszelle Gedichte; der Ort der Niederschrift, das Schicksal des Verfassers heben die Verse weit über das hinaus, das man herablassend »rührend« nennen könnte, und ich zitiere sie deshalb nicht, weil der tödliche Ernst vermindert werden könnte: die Gedichte, von einem Rotfrontkämpfer geschrieben, geben Auskunft über das »Italienische« am (damaligen) Kölner Kommunismus; er dankt in einem Gedicht für die Kerzen, die man in der Kirche für ihn geopfert hat; gibt zu, daß er bei der Tat dabei war, bekennt, daß er nicht gemordet hat, und am Schluß des Gedichts dankt er seinem Freund, einem Rotfrontkämpfer, daß er nachts mit ihm gebetet hat – und bittet um ein Vaterunser an seinem Grab.

Für Göring, dessen Soldatenkaisermarotten in den Betrachtungen mancher Zeitgenossen als komisch bis fast liebenswürdig erscheinen, für diesen Räuber, Mörder, diesen blutrünstigen Narren, stand ich wenig später mit vielen anderen Kölner Schülern Spalier – er wechselte während der wenigen Stunden in Köln drei-, wenn nicht viermal die Uniform –, mich wundert's, daß noch kein lustiger Verfilmer *diese* Figur entdeckt hat: dieses Maskengesicht mit den Morphiumglitzeraugen, dieser große Jäger vor dem Herrn, dieser aufgeblasene Nimrod, der spätere Herr Meyer: *der* wäre doch was fürs lustige Kino! Immerhin trugen seine Auftritte mit Dimitroff vor dem Reichsgericht zu unserer nicht geringen politischen Belustigung bei. Damals, als die Hinrichtung bekannt wurde, zitterte die ganze Stadt unter dieser blutigen Faust – möglich, daß ich meinen Schrecken auf die Stadt übertrug.

Hans Bender

Willst du nicht beitreten?

An Sommerabenden, wenn die Fenster offenstanden, hörten wir unten aus der Stadt einen ununterbrochenen Lärm: Reden, Heilrufe, Gesang, Blasmusik. »Was singen sie?« fragte ich einen älteren Schüler. Leise, als sei der Text für uns verboten, sagte er die erste Strophe auf: »Die Fahne hoch, die Reihen fest geschlossen...« Was in der Welt geschah, war in der Klosterschule der Pallottiner weit in die Ferne gerückt. Schulstunde folgte auf Schulstunde: Latein, Deutsch, Geschichte, Erdkunde, Biologie, Mathematik, Zeichnen, Turnen. Am Nachmittag war Studium angesetzt. Am Pult saß ein »Spätberufener« als Zensor und paßte auf, daß wir keine Bücher lasen, die nicht zum Pensum gehörten; und daß wir nicht miteinander redeten. Auf den Fluren und im Atrium war viel zu oft angeschrieben: Silentium.

Der Tag begann in der Kapelle mit einer Frühmesse. Am Abend war Rosenkranzandacht. Von der Kapelle zogen wir hinter den Patres und Fratres, die von oben aus dem Oratorium psalmodierend herunterkamen, in den Speisesaal ein. Da standen lange Tischreihen, darauf Teller und Becher aus Aluminium. Bevor die Suppe ausgeschöpft wurde, hörten wir einem Primaner zu. Von der Kanzel las er die Heiligengeschichte für den Tag aus dem ›Martyrologium Romanum‹, und oft kam es vor, daß der Pater Rektor ihn, weil er ein lateinisches Wort falsch betont hatte, korrigierte. Wenn wir zu essen begannen, las er noch eine Weile aus einem deutschen, mehr unterhaltenden Buch, aus ›Nonni und Manni‹ von Jón Svensson. Das gefiel mir sehr.

An den Sonn- und Feiertagen gab es Chor- und Orchesteraufführungen. Die Ouvertüre zur Oper ›Die weiße Dame‹ von Boildieu, der Priestermarsch zu ›Athalia‹ von Mendelssohn-Bartholdy, die Symponie Nr. 100 von

Haydn, sogar ›Die Unvollendete‹ von Schubert gehörte zum Programm. Der Chor sang Messen von Mozart und Franz Gruber. Ich hatte eine schöne Sopranstimme und durfte die Soli im ›Gloria‹ und im ›Credo‹ singen. Pater Fechtig, der den Chor und das Orchester dirigierte, und von dem man sagte, auch draußen in der Welt hätte er Karriere machen können, komponierte zu Ehren des Gründers der Pallottiner ein Oratorium und schrieb für mich eigens hohe und schwierige Solostellen. Meine Mutter kam zu Besuch, als ›Vinzenz Pallotti‹ uraufgeführt wurde. Sie saß auf einem reservierten Platz in der ersten Reihe und war stolz, als die anderen sagten, ich hätte »eine Stimme wie ein Engel«.

In der Aula gab es einmal im Jahr eine Theateraufführung. An ein Stück ›Franz Pizarro‹ erinnere ich mich. Pizarro war dargestellt als ein heldischer und der Kirche ergebener Konquistador. Er überwand alle Intrigen der Inkas und brachte ihnen Glück und Frieden. In der Aula war eines Tages auch die »Gründung« eines neuen Staates zu begehen. Sang der Chor? Spielte das Orchester? Ich kann mich nicht erinnern. Hing eine Hakenkreuzfahne auf der Bühne? Der Pater Rektor hielt eine Rede – daran erinnere ich mich –, in der er sagte: »Ich begrüße die neue Fahne mit den Farben Schwarz-Weiß-Rot!«

Verklärt meine Erinnerung jene Jahre zwischen 1932 und 1935 in der Klosterschule der Pallottiner? Ich glaube nicht. Sie funktionierte weiter, als wäre nichts geschehen. Sie hatte ihre eigene Ordnung und Vorstellung, wie ihre Schüler zu erziehen waren: Priester sollten sie werden, Missionare der Gesellschaft der Pallottiner. Behütet sollten sie bleiben gegen alle Anfechtungen der Welt draußen. Die Bedrohungen nahmen jetzt zu. Die neue Regierung, fürchtete man, war der Kirche und den Klöstern nicht gut gesonnen. Klöster wurden enteignet. Es gab Prozesse gegen Patres, die homosexuell sich vergangen hatten. Das Kloster und die Schule schützte sich vor allem dagegen. In den »Statuten«, die in jedem Quartal verlesen und besprochen wurden, war davon die Rede. »Privatfreundschaften« waren verboten. Es gab eine Kleidervorschrift: Die Hosen durften nicht zu kurz, die nackten Knie nicht zu sehen sein. Schwarze Strümpfe trugen wir, die um die Schenkel breite Gummibänder festhielten.

Kein Radio war aufgestellt. Kein Großlautsprecher übertrug Reden oder Marschmusik. Keine Zeitung lag aus. Im Unterricht gab es keine Indoktrination. In Erinnerung blieb, was die Lehrer dagegen sagten. Der Zeichenlehrer ließ Reproduktionen von einer Malerin Käthe Kollwitz herumgehen; ihren Zyklus von Radierungen zum ›Weberaufstand‹. Fremd kamen sie uns vor, diese schwarzen, verzerrten Linien und aufrührerischen Gestalten! »Behaltet es bei euch, daß ich Radierungen von Käthe Kollwitz gezeigt habe«, sagte der Zeichenlehrer. »Sie sind jetzt verboten.« Der Lateinlehrer, den wir gern hatten, auch weil er der jüngste der weltlichen Lehrer war, erzählte uns von einem Film, der ihm sehr gefallen habe. ›Der Blaue Engel‹ hieß er. Die spannende Handlung erzählte er und spielte vor, wie die verderbte Lola auf dem Faß saß. Wie sie setzte er sich aufs Pult, schlug die Beine übereinander, verschränkte die Hände überm Knie, zog die Schultern hoch und sang mit hoher Kopfstimme: »Ich bin die fesche Lola...« Auch der Lateinlehrer sagte zum Schluß: »Behaltet es bei euch, daß ich vom Blauen Engel erzählt habe. Der Film ist jetzt verboten. Wie schade, daß ihr ihn nie werdet sehen können.«

Nicht weit von meinem Dorf, wo ich zu Hause war, auf einem Hügel im Kraichgau, stand ein Leuchtturm. Er drehte in der Nacht zwei Lichtstrahlen, die den Postflugzeugen zwischen Stuttgart und Frankfurt die Orientierung erleichtern sollten. In mir weckte der Leuchtturm das Heimweh und von Jahr zu Jahr mehr. Wie meine Brüder daheim wollte ich leben. Sie hatten Motorräder. Sie konnten in der nächsten Stadt ins Kino gehen und im Sommer das Schwimmbad besuchen. Ich beneidete die Schüler, die in der Stadt vor dem Schloßgymnasium zu sehen waren, wenn wir auf dem Weg zum Sportplatz in Reih und Glied vorbeizogen. Wie im Gefängnis fühlte ich mich, und bald wußte ich, ich konnte den Wunsch meiner Mutter nicht erfüllen, ein Priester oder Pallottiner zu werden.

Ein Pater Präfekt, der für seinen Jähzorn bekannt war, gab dann den Anstoß, daß ich zu Ostern 1935 die Klosterschule verließ. Er hat mir, eines übermütigen Streiches wegen, vor allen Schülern, die eben in die Kapelle zur Rosenkranzandacht strömten, mit der flachen Hand drei-, viermal ins Gesicht geschlagen. Noch nie hatte mich jemand geschlagen; auch nicht mein Vater. Wie verwundet war ich. Auch meine Eltern waren einverstanden, daß ich die Schule wechselte. So kam ich in die »Heimschule Lender« in S.

Auch da waren Priester die Leiter der Internatsschule, aber es war kein Kloster. Es gab keine Frühmesse, keine Rosenkranzandacht, keine Kleidervorschriften. Es mußte mir gefallen in der neuen Schule. Schon war ich Untertertianer. Ich hatte freien Ausgang. Ich konnte mich in der Stadt herumtreiben. Da gab es Wirtschaften und Cafés, eine Buchhandlung und ein Kino, das »Tivoli«. Die Schulgebäude lagen in einer schönen Landschaft. Im Osten erhoben sich die Schwarzwaldberge, und im Westen überblickte man vom Fenster des Klassenzimmers aus die Rheinebene, und an klaren Tagen erhob sich darüber die Silhouette des Münsters von Straßburg. Der Unterricht war weniger streng. Die Lehrer – mehr weltliche als geistliche – waren feine Herren oder Käuze, die Spitznamen hatten.

Viele Freunde hatte ich auf einmal. Gegen mich waren sie schon Erwachsene, und sie wußten, welche Berufe sie nach dem Abitur ergreifen wollten: Lehrer, Priester, Offizier. Sie rauchten Zigaretten und trugen lange Hosen und Krawatten. Ich erzählte nichts von meinen Erfolgen als Sänger und nichts von dem, was ich in der Klosterschule heimlich begonnen hatte: Gedichte zu schreiben, in denen ich in gleich langen Zeilen, die am Ende sich reimten, ausdrücken wollte, was ich erlebte und was mich bedrängte. Nun wollte ich mein erstes Drama schreiben: ›Dionys‹ sollte es heißen, wie sein Held, der gegen den Abt sich erhob und bei Nacht und Nebel aus dem Kloster ausbrach.

In der Parallelklasse war ein Schüler, der sich mehr als alle anderen für die Literatur interessierte. Heinz Schöffler hieß er. Weil sein Vater ein reicher Kaufmann war, durfte Heinz außerhalb der Schule in einem kleinen Haus hinter dem Friedhof in Untermiete wohnen. Beneidenswert war er. In seinem Zimmer stand ein Regal voller Bücher: Klassiker-Ausgaben, Bücher von George, Rilke, Hofmannsthal, aber auch von Dichtern, die noch am Leben waren. Adalbert Stifter verehrte er und sagte deshalb immer den Vornamen dazu und dehnte die zwei »a« ein wenig. Er kannte Gedichte von Max Mell und Erzählungen von Franz Nabl. Von einem jungen Dichter erzählte er, der eben seine erste Erzählung veröffentlicht hatte, ein Lehrer in Tirol, Franz Tumler mit Namen; eine Erzählung, sagte Heinz, die Adalbert Stifter geschrieben haben könnte: ›Das Tal von Lausa und Duron‹.

Auch Heinz schrieb Gedichte und Dramen. Aber so ernst wie mir war es ihm damit nicht. Er wolle Schauspieler werden, sagte er; oder noch lieber »Kulturattaché«. So könne er fremde Länder kennenlernen. Auch in seiner Lebensart war Heinz mir voraus. Er nahm mich mit in die Weinstube »Zur Traube«. Er schäkerte mit der Tochter, die uns bediente. Mit Messer und Gabel aßen wir Camembert-Brote, tranken dazu Spätburgunder aus dicken Kelchgläsern und redeten über Literatur. Heinz gebrauchte gern Fremdwörter. »Sublim« und »sublimiert«, sagte er immer wieder. Er hatte schon eine Zeitschrift abonniert: ›Das innere Reich‹.

Ich wetteiferte mit Heinz. Jeden Tag ein Buch, wenigstens ein Drama oder eine Erzählung zu lesen, nahm ich mir vor und notierte alle Titel, die ich geschafft hatte. Ein Kunterbunt kam zusammen: der ›Werther‹ und ›Die Majorin‹, der ›Zarathustra‹ und ›Hilligenlei‹, ›Kraft und Stoff‹

und ›Pallieter‹, ›Aus dem Leben eines Taugenichts‹ und ›Das Wäldchen 125‹. Ich las die Machiavelli-Biographie von Giuseppe Prezzolini, die van-Gogh-Biographie von Irving Stone. Von einer Versandbuchhandlung in München ließ ich mir Bücher schicken; Restexemplare von Büchern, die vor längerer Zeit geschrieben und veröffentlicht worden waren; Bücher von Henri de Régnier, Herman Bang und Friedrich Huch. Eine Anthologie war darunter aus dem Jahre 1922: ›Verse der Lebenden‹. Sicher war es ein verbotenes Buch. Expressionistische Gedichte! Eigenartig waren sie, frech und frei. Zum Beispiel zwei Gedichte von Paul Boldt: ›Die schlafende Erna‹ und ›Friedrichstraßendirnen‹. Vor allem die Gedichte eines Gottfried Benn; und nur Heinz konnte ich wagen, das Gedicht ›Mann und Frau gehn durch die Krebsbaracke‹ vorzulesen: »Komm, hebe ruhig diese Decke auf, / Sieh, diesen Klumpen Fett und faule Säfte...«

In Heiner Lindner und Hans Giebenrath, den unglücklichen Schülern in den Romanen ›Freund Hein‹ von Emil Strauß und ›Unterm Rad‹ von Hermann Hesse, die im Selbstmord aus dem Leben sich retteten, konnte ich mich und die Ängste, die ich durch die ungeliebten Fächer Mathematik, Chemie, Physik zu leiden hatte, gespiegelt sehen. Kein Buch kam zu einem günstigeren Zeitpunkt als Hesses ›Demian‹. Was Sinclairs Freunde, Demian und Pistorius, mich lehrten, war aufregender als alles, was die Lehrer uns vorhielten. Es gab eine »lichte« und eine »dunkle« Welt, eine »unerlaubte«. Beide mußte man bejahen. »Von sich wegkommen ist Sünde«, sagte Demian. Und: »Man muß sich in sich selber völlig verkriechen können wie eine Schildkröte.« Viele Seiten im Tagebuch führten diese Gedanken fort, und noch die Schrift, die kaum zu entziffern ist, zeigt das Fieber an, in das mich ›Demian‹ versetzt hatte. Es war nicht allein die Wirkung des Buches; es war auch das Fieber der Pubertät, die eben nach ihrem Gesetz sich vollzog; unabhängig von dem, was draußen in der Welt vor sich ging.

Mitten im Hof stand ein Fahnenmast. Da hißten am Morgen uniformierte Jungen die Hakenkreuzfahne und holten sie am Abend ein. Ein Teil der Schüler gehörte dem »Jungvolk« und der »Hitlerjugend« an; mehr Schüler der Realabteilung als der humanistischen Gymnasialabteilung. Auf dem Sportplatz hinter den Schulgebäuden vollzogen sie ihre größeren Zeremonien. Da gab es Aufmärsche, wenn die Fähnlein oder die Banne zusammenkamen: Trommeln wurden geschlagen, Fanfaren geblasen, Gedichte und Kantaten rezitiert und Sonnenwendfeuer abgebrannt. In den Kellerräumen hielten sie ihre Heimabende. An den Wochenenden zogen sie aus zu Geländespielen. Ab und zu kam ein Gesandter der HJ und fragte: »Willst du nicht beitreten?« Ein Unterbannführer hatte in einer Rede über den Platz geschrien, um die, die nicht dazugehörten, zu schmähen: »Ich hasse diese durchgeistigten Gesichter!«

Gab es Spannungen zwischen den organisierten und nicht-organisierten Schülern? Feindschaft zwischen den geistlichen Herren und den Schülern, die als Anführer sich hervortaten? Ich glaube nicht. Die Schulleitung paßte sich an. Die »Heimschule Lender«, sagte man, sei »die letzte Privatschule mit staatlichem Abitur«. Also mußte ihre Leitung darauf achten, daß sie nicht verboten oder enteignet wurde. Auch wir, die nicht-organisierten Schüler, hatten teilzunehmen, wenn beim »Gemeinschaftsempfang« im Speisesaal die Führer-Reden übertragen wurden. Wir hatten, wenn die Lehrer das Klassenzimmer betraten, die Hand zu heben, »Heil Hitler!« zu sagen oder zu brüllen; wie der jeweilige Lehrer es wünschte.

Der Lateinlehrer spickte die Texte, die ins klassische Latein zu übersetzen waren, mit aktuellen Vorgängen; immer wieder mit den Siegen, die der Duce und seine Generäle eben auf den Schlachtfeldern von Abessinien errangen. Der Erdkundelehrer brachte uns bei, das ganze Mittelmeer gehöre rechtens den Italienern – so wie uns Deutschen der Osten gehöre. Der Biologielehrer zeigte

Lichtbilder, die uns den Unterschied der Rassen beweisen sollten, und selbstverständlich war die semitische die verachtenswerteste. Der gleiche Biologielehrer führte uns in die Anstalt für Unheilbare, die »Hub«, wo die irre-redenden, geifernden, triefenden Kranken – arme, zum Tod bestimmte Geschöpfe – uns Schüler überzeugen sollten, wie berechtigt es war, die »Euthanasie« zu vollziehen.

Auch wir, Heinz und ich, die sich gern absonderten, die nicht für die HJ sich gewinnen ließen, waren infiziert von den Bazillen, die umherflogen. Wir bockten auf, wir witzelten über Goebbels-Reden und verachteten die Nazi-Barden und waren doch fast der gleichen Meinung wie die Mehrheit. Und hat nicht auch die Literatur dabei mitgewirkt, die gängige und die, die im ›Inneren Reich‹ zu Wort kam? Wir waren empört, als es an den Grenzen der Tschechoslowakei zu »Übergriffen« kam. Einen Krieg wünschten wir uns – ich noch mehr als Heinz – damals schon in den Tagen der »Tschechenkrise«. Wir schwiegen, als ein externer Schüler der Parallelklasse nicht mehr in die Schule kommen durfte, weil er ein »Halbjude« war. Wir schauderten ein wenig, als man erzählte, in den Städten ständen die Synagogen in Flammen.

Wir waren selig – und es galt für alle meine Mitschüler –, als bekannt wurde, man werde uns ein Jahr der Schulzeit »schenken«; die neun Jahre, die bisher im humanistischen Gymnasium festgesetzt waren, würden abgekürzt, weil andere Tätigkeiten nun wichtiger waren als zu lernen und Wissen anzusammeln. Hatten wir nicht selber gezweifelt, ob es einen Sinn habe, mit Latein und Griechisch sich zu plagen? Tote Sprachen. Wie weit wir, auch ohne Organisation, fortgeschritten waren in unserer Zustimmung dessen, was geschah und was alle anderen dachten, bewies endgültig das Abitur, mit dem uns die Schule zu Ostern 1939 verabschiedete.

Am Pult saß der »Kommissar«; ein Abgesandter der Schulbehörde in Karlsruhe. An seinem Revers blinkte das Parteiabzeichen. Er paßte auf, ob das Abitur der »letzten

Privatschule« es noch verdiente, »staatlich anerkannt« zu werden. Paßte auf, ob wir uns den »Geist«, den er vertrat, zu eigen gemacht hatten. Er blickte freundlich, als ich in Geschichte drankam und so geläufig die Schlacht von Tannenberg in allen ihren dramatischen Phasen darstellen konnte. Er half mir, in der Mathematik-Prüfung ein paar richtige Antworten zu geben, so daß unser Lehrer hinterher die Ungenügend, die ich im Schriftlichen zu erwarten hatte, mit einer Genügend im Mündlichen addieren und zu einer mittleren Note, die ausreichte, dividieren konnte. Ich hatte ein leeres Blatt abgegeben. Obgleich wir es vorher geübt hatten und die Formel dastand, ich hatte es gar nicht versucht, »Das Gewicht des Mondes in Gramm« zu errechnen.

Als Prüfung in Deutsch hatten wir drei Themen zur Auswahl: »Die Humanität in Goethes Iphigenie« – »Ist die Euthanasie berechtigt?« – »Österreichs Heimkehr ins Reich«. Nicht die übergeordnete Schulbehörde hatte die Themen vorgeschlagen – von ihr hätte man es erwarten können –, sondern die Lehrer unserer Schule. Konsequent hatten sie uns vorbereitet auf diese blasphemische Konstellation. Ich weiß nicht, für welches Thema die einzelnen Schüler sich entschlossen haben. Keiner jedoch hätte die Fragen, die im zweiten und dritten Thema zu beantworten waren, zu verneinen gewagt. Ich habe das dritte Thema gewählt. Da konnte ich meine Kenntnis der österreichischen Literatur einbringen.

Alle bestanden das Abitur. Wir hatten es verdient. Wir waren präpariert für die Zeit, die den Schuljahren folgte, und die uns noch tiefer hineinriß in die Schuld und das Unglück unserer Generation.

Horst Krüger

Das Grunewald-Gymnasium

Eine Erinnerung an die Banalität des Bösen

Kurz vor acht klingelte es. Es klingelte laut, sehr schrill. Es klingelte, wie es damals nur in Preußens Schulhäusern klingeln konnte: unerbittlich. Es war Montagmorgen. Damals, als ich als Sextaner hier begann, wurde jeder Wochenanfang noch mit einer geistlichen Morgenandacht eingeleitet, die es in sich hatte: preußisch und protestantisch – präzis zehn Minuten lang.

Unsere Aula: Sie atmete jenen spröden, freudlos-festlichen Geist, den man von evangelischen Kirchen kennt. Man fröstelt da immer etwas. Es roch frisch nach Bohnerwachs. Luthers Wort stand im Raum. Ein kahles Kreuz an der Wand. Eine Bibel auf dem Vortragspult. Sogar über eine kleine Orgel verfügte die Aula. Wir waren etwa fünfhundert Schüler. Wir hockten auf hartem Gestühl. Eine Bibellesung begann. Wir hatten dann einen Choral zu singen. Wir bekamen einige bemerkenswerte Worte von Aristoteles oder Seneca mit auf den Weg; unser Griechischlehrer zitierte. Dann stand der Chef auf: Oberstudiendirektor Wilhelm Vilmar. Steif, streng, gravitätisch ging er zum Pult, wo die Bibel lag. Es wurde ganz still. Er faltete die Hände und sprach uns das Vaterunser vor. An jedem Montagmorgen um acht wurde gebetet.

Mit diesem Mann will ich beginnen, denn er war der letzte gute Geist dieser Schule – vor Hitler. Wilhelm Vilmar war ein strenger, fast asketischer Herr Anfang Sechzig, der aus einer alten Marburger Gelehrtenfamilie stammte. Generationen von Superintendenten und Germanisten hatten diesen klassischen Schulmann geprägt. Es ist mir in Erinnerung: sein schmales, scharf geschnittenes Gesicht mit den dunklen Augen hinter dem blitzenden

Kneifer, sein hoher Vatermörder. Im Grunde ein liberaler, ja gütiger Mann, dessen überwältigende humanistische Bildung uns Schülern aber eher Schrecken einjagte. Jeder Blick, jedes Wort war eine Zurechtweisung. Ich habe ihn immer gefürchtet, doch war in diese Furcht auch Ehrfurcht gemischt.

Das alles ist vor fünfzig Jahren gewesen. Es war in Berlin, als ich im Jahr 1930 als Zehnjähriger in jenes Grunewald-Gymnasium eintrat, das noch heute unter dem Namen »Walther-Rathenau-Oberschule« ziemlich unverändert in der Grunewalder Herbertstraße liegt. Es ist ein langgestreckter grauer Bau, das Vorderteil noch wilhelminisch, der hintere Anbau Neue Sachlichkeit: 1928. Immer noch erfüllt mich so etwas wie sentimentales Schaudern, wenn ich gelegentlich dort vorbeikomme. Schulzeit in Preußen war damals kein Zuckerschlecken. Es war eine ernste, strenge Sache. Eine elitär-liberale Kadettenanstalt für Humanisten, könnte man sagen.

Die Villenkolonie Grunewald galt seit ihrer Gründung um die Jahrhundertwende als ein vornehmes Quartier. Alter Adel, die Beamten und Diplomaten der Weimarer Republik, nach dem Ersten Weltkrieg rasch zu Geld gekommenes Unternehmertum wohnte hier in prächtigen Villen. Auch jüdisches Großbürgertum dazwischen. Walther Rathenau, der Außenminister der jungen Republik, war hier, wenige Schritte von unserer Schule entfernt, 1922 in der Königsallee von Rechtsterroristen ermordet worden. Liberal-deutsch-national möchte ich den Geist von Grunewald vor Hitler nennen. So ganz paßte ich da nicht hin. Ich kam aus dem viel bescheideneren Eichkamp, das gleich hinter der Avus begann: Kleinbürgertum siedelte dort.

Damals wußte ich es natürlich nicht, aber heute ist mir bekannt: Viele der Männer, die dann am 20. Juli 1944 gegen Hitler putschten, kamen aus Grunewald. Einige sind in den zwanziger Jahren Schüler des Grunewald-Gymnasiums gewesen. Justus Delbrück, der Sohn des bekannten Historikers, Dietrich Bonhoeffer, Hans von Dohnanyi,

Reichsgerichtsrat a. D., der Oberstleutnant Bernhard Klamroth, zum Beispiel.

Hitlers Einbruch in diese feste Burg des preußischen Großbürgertums vollzog sich merkwürdig lautlos. Es muß im Sommer 1933 gewesen sein. Eines Tages war Dr. Vilmar, unser Direktor, einfach verschwunden. Man hatte diesen unbestechlichen Mann im Rausch der nationalen Erhebung etwas vorzeitig in Pension geschickt. Wir Schüler wußten davon nichts. Ich war nun Tertianer, lernte Lateinisch, lernte Griechisch, büffelte auch an trockenen mittelhochdeutschen Texten herum. Da kam eines Tages der neue Direktor. Er hieß Wilhelm Waldvogel. Offenbar war er von höchster Parteistelle in diese Brutstätte des protestantischen Humanismus abkommandiert worden. Ist nicht das Klischee oft die Wahrheit?

Er war jedenfalls ein Nazi, wie er im Buche steht: dümmlich, aber sehr stramm; etwas gewöhnlich, aber treu, ein kurzgeschorener Quadratschädel, Anfang Vierzig. Er trug keinen Kneifer mehr, keinen Vatermörder. Irgendwie wirkte er in diesem feudalen Gymnasium komisch. Jedenfalls spürten wir Schüler vor ihm keine Furcht wie früher vor Dr. Vilmar. Wir grinsten. Der Mann roch nach Schweiß.

Montagmorgen: Ich besinne mich genau, daß wir uns jetzt statt in der Aula draußen vor dem Schulhaus um den weißen Fahnenmast zu versammeln hatten. Plötzlich ging es nicht mehr evangelisch, sondern militärisch zu. Beim Morgenappell wurden kernige Sprüche von Schlageter oder Alfred Rosenberg zitiert. Waldvogel erklärte einmal programmatisch, daß es nun vorbei sei mit jener humanistischen Gefühlsduselei, die diese Schule lange genug der nationalen Revolution entfremdet habe.

Jetzt, da die neue Zeit gesiegt habe, werde hier soldatischer Geist einziehen. Und das erlebten wir auch: Es wurde die schwarzweißrote, dann die Hakenkreuzfahne gehißt. Wir grüßten mit dem rechten Arm. Dann sangen wir das Deutschlandlied. Danach das Horst-Wessel-Lied.

Kommandos ertönten: Rührt euch! So begann die neue Zeit: zackig, sagten wir damals.

Das Komische ist: Wir Dreizehnjährigen empfanden diesen Einbruch der Barbarei damals keineswegs als bedrückend. Im Gegenteil: Vieles wurde jetzt leichter. Der Lehrplan wurde einfacher. Wir brauchten nun nicht mehr zu Hause so unerbittlich lateinische Grammatik oder griechische Hexameter zu büffeln.

Turnen und Sport waren jetzt wichtig. Die komplizierten Wurzeln unserer roten Logarithmentafeln sanken im Bildungspreis. Luthers Choräle verstummten; anheimelnde Volkslieder wurden geübt. Statt Mittelhochdeutsch mußten wir Gedichte von Agnes Miegel oder Hanns Johst aufsagen. Statt Seneca genügte es, mit wenigen Sätzen aus der ›Germania‹ des Tacitus zu prunken, die die hohe Tugend, vor allem des germanischen Weibes, schon damals priesen. Später wurde uns sogar ein Schuljahr geschenkt: Die Unter- und Oberprima wurden zu einem Jahr vereint. Wie sollte uns Pennäler so etwas bedrücken?

Es war eine merkwürdige Zeit. In meinem Buch ›Das zerbrochene Haus‹ habe ich das Phänomen zu beschreiben versucht. Die »völkische Erhebung« war ja vorwiegend ein musischer Rausch, der durch Deutschland lief. Alles erhob sich immer höher und höher. Man kann sich durchaus wenigstens den Beginn der Nazizeit als ein immerwährendes Turnfest mit sehr vielen Marschliedern vorstellen. »Unsere Fahne flattert uns voran! Unsere Fahne ist die neue Zeit!« So übel sang sich das nicht einmal, wenn wir zum Sport durch die Kolonie Grunewald marschierten. Keiner nahm die Worte ernst. Niemand glaubte daran, aber schön klang es schon, musikalisch.

Ob das heute einer, der es nicht miterlebte, überhaupt noch versteht? Die blutigste Epoche deutscher Geschichte, Hitlers Totentanz, fing, jedenfalls für die Mehrzahl der Bürgersöhne damals, harmlos an. Wir machten uns keine Sorgen. Keine Spur von politischer Angst. Es ist natürlich leicht, heute zu sagen: Aber die Rassengesetze, der Exodus all der jüdischen Klassenkameraden, der dann einsetzte – war das kein Menetekel, kein Signal für das große Morden, das dann später begann? Natürlich war es das, objektiv und vom Ende her gesehen. Die Ehrlichkeit aber zwingt mich zu sagen: Von uns Unbetroffenen wurde das so dramatisch gar nicht erfahren. Geschichte, wenn sie geschieht, ist eher trivial. Nur selten ist das Leben heroisch; meist ist es banal.

Kurt Simon, Fritz Goldstrom, Hans Leiser, Gerhard Dreifuß: das waren jüdische Schüler, zu denen es mich zog. Sie waren intellektueller, witziger, kesser. Das zog mich an. Sie verschwanden in den Jahren 1933 und 34 langsam, wie auch Dr. Vilmar verschwunden war. Nicht unbemerkt von mir. Ich spürte Verluste. Sie wurden von ihren Eltern gelegentlich abgemeldet: der eine in eine jüdische Schule in Charlottenburg, der andere in ein Internat bei Lausanne. Fritz Goldstrom, so hieß es, würde mit seinen Eltern nach Palästina auswandern. Wir kannten das Land nur vom Religionsunterricht. Da konnte man tatsächlich hinfahren, wo Jesus gelebt hatte? Wir fanden das komisch, vergaßen es dann.

Eine Weile war ich glücklich, Dr. Gerstenberg als Englischlehrer zu haben. Dr. Gestenberg war offenbar Oberstudienrat am Französischen Gymnasium gewesen, dann aber, weil er als »Dreivierteljude« galt, zunächst zu uns zurückversetzt worden. Ich habe diesen noblen Mann, der mit seinen eleganten Schneideranzügen und mit seinen vollen, silbergrauen Haaren auf mich immer wie ein Lord wirkte, verehrt. Aber als er dann weg war, es hieß, er sei nach London gegangen, habe ich ihn auch langsam vergessen. Es waren alles Einzelfälle. Der große Zusammenhang wurde nicht klar.

Ich weiß, das schmeckt heute nicht. So will man's nicht hören. Hinterher will man immer Hitler oder blutige Opfer. Aber so großartige Szenen kann ich nicht erinnern. Der Alltag in dieser Schule ist unglaublich banal gewesen, für mich. Es mag hinzukommen, daß meine Klasse bis zu ihrem Abitur 39 nie vom Ungeist des Nazismus wirklich erfaßt wurde. Dazu waren die Söhne der großbürgerlichen Konservativen nun doch zu liberal. Es mag weiter hinzukommen, daß wir Lehrer von provozierendem Nazigeist nie hatten, außer Waldvogel, der uns aber nicht unterrichtete. Man meckerte manchmal, man rümpfte die Nase. Wir grinsten etwas höhnisch, wenn im Biologie-Unterricht Rassenkunde erteilt wurde. Wir gingen zu zweit oder zu dritt abends ins »Kabarett der Komiker«, wo Werner Finck seine geistvoll-zersetzenden Witze riß. Ironie als Waffe: das gab es; mehr nicht.

Es muß auch gesagt sein: Viele Fächer liefen fast unverändert weiter. Physik und Chemie, aber auch Musik, Zeichnen, der Religionsunterricht wurde nicht anders als früher erteilt. In Geschichte sind wir nie über Bismarck hinausgekommen. Der Sport, das dauernde Turnen vergrämte mich. In entzog mich der »Leibesertüchtigung« durch ein ärztliches Attest. Man mogelte sich eben so durch, irgendwie. Ich bin nie in der HJ gewesen, gehörte nie einer Naziorganisation an. Auch das gab es.

Im Abitur allerdings mußte ich einen deutschen Aufsatz zum Thema »Hans Grimm – Volk ohne Raum« schreiben. Ich erinnere mich an dieses Frühwerk nicht mehr. Bin ich ein Verdränger? Ein Meisterwerk kann es jedenfalls nicht gewesen sein. Meine Deutschnote im Abiturzeugnis ist ein kümmerliches »Ausreichend«. War das ein Omen? Nicht für die Schule – für das Leben lernen wir.

Es muß noch drei Jahre vorher, es muß im Herbst 1936 bald nach den Olympischen Spielen gewesen sein, da begann diese Geschichte mit Wanja. Auch sie paßte nicht ins Klischee der Epoche. Auch so etwas gab es damals, als Einzelfall. Eines Tages kam nämlich ein Neuer in unsere Untersekunda. Er hieß Lothar Killmer. Er war ganz anders als all diese glatten Großbürgersöhne, mit denen ich die Schulbank drückte: jetzt sechzehnjährig. Der Neue war klein und stämmig; er wirkte ungepflegt, fast etwas ordinär. Die Haare hingen ihm wirr im Gesicht und wuchsen ihm zottig im Nacken, und er besaß so ziemlich alle Fehler, die man damals in Berlin-Grunewald unter Adolf Hitler haben konnte: er kam aus dunklen, offenbar proletarischen Kreisen. Er war unehelicher Geburt. Seine Mutter war jedenfalls eine Arbeiterin, ein »Fräulein Arbeiterin«, wie die anderen feixend registrierten. Es ging weiter das Gerücht, daß er eigentlich Halbrusse, möglicherweise auch noch »Vierteljude« sei.

Klar war nur, daß ich dieser Inkarnation des Außenseiters verfiel. Er war so ganz anders. Das zog mich an. Er wurde mein Freund. Ich nannte ihn Wanja. Wanja war wild, kraftvoll, primitiv und von herrlicher Einfachheit. All meine Zweifel und Fragen lösten sich bei ihm in einem breiten Grinsen auf, in seinen Grimassen von vitaler Komik. Er liebte sein Außenseitertum. Er ging zum Schwimmen und Boxen und besaß schon mit siebzehn eine Freundin, mit der er am Wochenende schlief. Halb russischer Anarchist, halb freideutscher Wandervogel, gehörte er genau zu jenem Typus der dreißiger Jahre in Berlin, aus dem Ernst Niekisch, der Herausgeber des ›Widerstand‹, damals seinen skurrilen Trutzbund der Nationalbolschewisten rekrutierte. Und so kam es dann auch mit uns. Ich machte da mit, bei Wanjas geheimen Treffen in Halensee. Und im Dezember 1939, ein halbes Jahr nach unserem Abitur, wurden wir alle wegen »Vorbereitung zum Hochverrat« von der Gestapo verhaftet. 103 Oppositionelle wurden in Berlin-Moabit hinter Schloß und Riegel gebracht – ich mit.

Schön und skurril ist diese Schülerfreundschaft mit Wanja gewesen. Ihr zeittypischer Teil begann dann erst später. Obwohl das im strengen Sinn nicht mehr zu meiner Schulzeit gehört, gehört es hierher, denn hier im Grunewald-Gymnasium unter Adolf Hitler hatte das alles begonnen. Wanja wurde 1942 vom Volksgerichtshof in der Bellevuestraße zu fünf Jahren Zuchthaus verurteilt, was damals nicht so schlimm war, wie es heute klingt. Zuchthaus schloß nämlich KZ-Folter aus. Man hatte Überlebenschancen in Preußens Zuchthäusern. Wanja wurde

1945 von der Roten Armee befreit. Er wurde ihr Freund und Bewunderer: ein glühender Kommunist – wie nicht? Er trat später in die neugegründete SED ein, studierte in Ost-Berlin Marxismus-Leninismus und trat dann Ende der vierziger Jahre in die Redaktion Außenpolitik von ›Neues Deutschland‹ ein. Dort wurde er Korrespondent für Afrika. Wer will, kann noch heute dann und wann Lothar Killmer mit kleineren Beiträgen in Sachen Afrika in diesem maßgeblichen Blatt lesen. Es lohnt aber nicht. Sein Stil ist sehr schlecht.

Der triviale Rest? Er wird erst heute hinterher offenbar. Mein Gott, – das also blieb? Zwei sechzigjährige Männer, die einmal auf der Schule in tiefer Freundschaft vereint waren, vereint als Außenseiter und gegen Hitler: es blieb nichts. Nichts als Verlegenheit, Schweigen, Sich-aus-dem-Weg-Gehen. Der eine sitzt in Frankfurt am Main und schreibt für den Westen. Der andere sitzt in der Leninallee, Hauptstadt der DDR, und schreibt für den Osten. Das könnte eine wunderbare Kitschgeschichte zur deutschen Teilung abgeben, aber nur im Fernsehen, nicht im Leben. In Wirklichkeit ist alles ganz banal. Wir haben uns einmal gesprochen. Wir hatten uns nichts mehr zu sagen. Aus Wanja, dem stolzen Außenseiter, dem Wunder der Wildheit, ist ein strammer, knarrender SED-Funktionär geworden. Was aus mir wurde, ist hinreichend bekannt: auch nicht gerade ein romantischer Revolutionär.

Es liegt ein Foto vor mir: unsere Obertertia 1935, übrigens schon rein arisch. Auf rätselhafte Weise hat das Bild den großen Brand von Berlin überstanden. Das kahle Klassenzimmer, die hohe, gußeiserne Zentralheizung im Hintergrund, lauter schäbige, häßliche Schulbänke mit Klappult und verkleckststen Tintenfässern oben. Es sitzen einundzwanzig Pennäler auf diesen hölzernen Marterbänken, übrigens sehr leger, einige schon wie kleine Herrchen. Ganz hinten steht unser Griechisch-Lehrer: Dr. Focken. Immer noch trägt er diesen schäbigen Sportanzug, der uns lachen machte. Immer noch hält er beide Hände über dem

Unterleib fromm gefaltet. Immer noch schielt er mit seinem rechten Auge steil nach oben. Er trägt kein Parteiabzeichen. Er blickt verinnerlicht, als wenn er Homer zitiere.

Ich sehe mit meiner schwarzen Hornbrille, der hohen Stirn, der schwarzen Haarmähne exakt wie ein Berliner Judenjunge aus, aber der Schein täuscht, wie man weiß. Neben mir Karlpeter Rahts, mein Freund, damals aus Dahlem. Er starb 1947 an Lungentuberkulose. Neben Dr. Focken Wolfgang Borstell. Ein treues, dümmliches Kindergesicht. Er war der einzige aus dieser Klasse, der ein begeisterter Hitlerjunge wurde. Er glaubte an die neue Zeit und ist dann im Polenfeldzug gleich gefallen. Vor mir Werner Wölber. Er hat die Knickerbocker an, hält beide Beine elegant übereinandergeschlagen. Er soll heute als Arzt in Amerika leben. Davor sitzen die Brüder von Kleist-Retzow, der eine noch in kurzen, der andere in langen Hosen. Werner und Hasso Wrede, gefallen. Ganz links außen Hans Jürgen Thieme – ich glaube, ihn gibt es noch. Er soll irgendwo beim Fernsehen als Kameramann wirken.

Aber was soll's? Warum zähle ich Namen auf, die keiner mehr kennt? Ich will nur sagen: Von Einundzwanzig, die damals hier saßen, lernten, grinsten, manchmal sich mokierten, sich eben so durchmogelten, sind heute noch vier am Leben. Nicht für die Schule, für das Leben damals nenne ich sie hier. Eine von Hitler verbrauchte, zerstörte Generation. Was so harmlos, so sorglos begann, endete als stummer Totentanz. Wer will es wissen? Erinnerungen kommen immer zum Schluß, also zu spät.

Und auch dieser Epilog gehört wohl noch zu meiner Variation über die Banalität des Bösen? Nämlicher Wilhelm Waldvogel, der uns den Nationalsozialismus lehrte, ist nicht für seinen Führer gestorben wie die anderen. Er siedelte nach dem Krieg in die Bundesrepublik über. Ab 1948 war er wieder als Lehrer am Mädchen-Gymnasium in Bad Homburg tätig. Bis zu seinem Ruhestand 1955 war er sogar Direktor dieser hessischen Schule. Er ist 1973 in Bad Homburg in allen Ehren gestorben.

Geschichte, hautnah erlebt, ist eben unglaublich banal. Es bleibt nichts als ein schlechter Geschmack. Man möchte beinah ausspucken – hinterher.

Marcel Reich-Ranicki

Geliehene Jahre

»Mein Sohn ist Jude und Pole. Wie wird er in Ihrer Schule behandelt werden?« – fragte meine Mutter den Direktor des Fichte-Gymnasiums in Berlin-Wilmersdorf. Es war 1935. Übrigens hatte sie ein wenig übertrieben. Denn obwohl in einer polnischen Stadt geboren (in deren unmittelbarer Nachbarschaft bis zum Ende des Ersten Weltkriegs die Grenze des Deutschen Reichs verlief), hielt ich mich, der ich als kleines Kind nach Berlin gekommen war, zwar natürlich für einen Juden, doch keineswegs für einen Polen, ja eher schon für einen Berliner. Aber ich war polnischer Staatsangehöriger, also ein Fremdling und Außenseiter in doppelter Hinsicht.

Indes hatte meine Mutter mit ihrer provozierenden Frage erreicht, was sie erreichen wollte: Der Direktor versicherte überaus höflich, ihre Befürchtungen seien ihm unbegreiflich. In einer deutschen, einer preußischen Schule sei Gerechtigkeit oberstes Prinzip. Daß ein Schüler seiner Herkunft wegen benachteiligt oder gar schikaniert werde, sei am Fichte-Gymnasium undenkbar. Die Schule habe ihre Tradition.

Über dieses Gespräch berichtete meine Mutter am Mittagstisch mit unverkennbarer Genugtuung: Es hatte sich wieder einmal erwiesen, woran sie nach wie vor zu glauben entschlossen war – daß in Deutschland, den Tatsachen zum Trotz, wackere Männer dafür sorgten, daß Recht und Ordnung nicht überall mit Füßen getreten wurden.

Als ich nach den Osterferien, inzwischen Untersekundaner geworden, zum ersten Mal das Gebäude des Fichte-Gymnasiums in der Emser-Straße betrat, war der Direktor, der meiner Mutter so gefallen hatte, nicht mehr zu sehen. Man munkelte von Zwangspensionierung. Sein Nachfolger hieß Heiniger. An nationalen Feiertagen erschien er in (verhältnismäßig) eleganter brauner Uniform mit viel Gold. Er war ein »Goldfasan« – so nannte man die höheren Funktionäre der N.S.D.A.P.

Ein besonderer Umstand hatte meine Umschulung nötig gemacht: Das Werner-Siemens-Gymnasium in Berlin-Schöneberg, meine bisherige Schule, wurde 1935 aufgelöst. Dies war eine ungewöhnliche Maßnahme: Noch unlängst, in den Jahren der nun so geschmähten Weimarer Republik, pflegte man Schulen zu gründen und nicht zu liquidieren. Die Auflösung hatte einen zeitbedingten Grund. In Schöneberg, zumal in den Vierteln um den Bayerischen und den Viktoria-Luise-Platz, wohnten viele Juden. Manche von ihnen konnten es sich nicht mehr leisten oder sahen keinen Sinn darin, ihre Söhne weiterhin auf die höhere Schule zu schicken. So war schon bald nach der Machtübernahme die Zahl der Schüler des Werner-Siemens-Gymnasiums stark zurückgegangen. Überdies soll es bei den neuen Behörden einen besonders schlechten Ruf gehabt haben: Es galt als liberal, wenn nicht gar als »links«.

Die nationalsozialistische Herrschaft hatten wir sofort zu spüren bekommen, zunächst auf sonderbare Weise. Am Morgen des 28. Februar 1933 waren wir Quartaner in der großen Pause gegen zehn Uhr mit einem »Schlagball« genannten Spiel beschäftigt, das mit dem wirklichen Schlagballspiel nur noch wenig gemein hatte und zu dem wir kunstvoll aus Butterbrotpapier gedrehte »Pillen« verwendeten. Daß die älteren Schüler auf dem Hof in Gruppen zusammenstanden und sich aufgeregt unterhielten, fiel uns kaum auf.

Erst nach der Pause, als vor der Klassentür einer unserer Lehrer stand und uns mit rüden Worten in die Aula trieb, ahnten wir, daß Außerordentliches geschehen war. Der Direktor des Werner-Siemens-Gymnasiums, ein ruhiger Mensch, hielt eine kurze Ansprache, die nicht markig klang. Der wichtigste Satz lautete: »Ich verbiete allen Schülern zu behaupten, die Nationalsozialisten hätten den

Reichstag angezündet.« Wollte er provozieren? Oder war er bloß naiv? Jedenfalls verschwand er bald von der Schule – aus politischen Gründen, hieß es.

Im Unterricht spürte man vom neuen Geist vorerst nichts – nur daß die im Lesebuch (›Deutsches Erbe‹) gedruckten Heine-Gedichte nicht mehr durchgenommen wurden. An einen antisemitischen Vorfall erinnere ich mich doch. Beim Handballspiel fühlte sich der Schüler R. von dem Schüler L. angerempelt. Beide waren sie gute Spieler, der eine HJ-Führer, der andere Jude. In der Hitze des Gefechts brüllte R. den L. an: »Du Dreckjude.« Solche Beschimpfungen waren unter den Schülern im Jahr 1934 nicht üblich. So gab es einen kleinen Skandal.

Von der Sache erfuhr unser Klassenlehrer, Dr. Reinhold Knick. In seiner nächsten Stunde hielt er eine etwas feierliche Ansprache: »Auch unser Heiland war Jude... Ich als Christ kann es nicht billigen... usw.« Alle lauschten wir stumm, auch der HJ-Führer R. Aber sein Schweigen dauerte nicht lange. Denn nach wenigen Tagen wurde Knick in die HJ-Gebietsführung (oder eine ähnliche Dienststelle) vorgeladen und bald auch von der Gestapo vernommen. Er berief sich auf sein christliches Gewissen, man warnte ihn, man drohte ihm. Die Folgen ließen nicht lange auf sich warten: Mit Ende des Schuljahres wurde er ans Hohenzollerngymnasium versetzt, ebenfalls in Berlin-Schöneberg.

Keinem meiner Lehrer in den Jahre 1930 bis 1938 verdanke ich so viel wie diesem Doktor Knick. Ob er wirklich aus der Jugendbewegung kam, weiß ich nicht, aber er hatte immer etwas Jugendbewegtes. Er war damals Anfang oder Mitte Fünfzig, groß und schlank, das schon spärliche Haar blond, die Augen hellblau. Früher wurde er, wie ältere Schüler zu berichten wußten, »der blonde Schwärmer« genannt. Ja, das war er: ein Schwärmer, ein Enthusiast, einer vom Geschlecht jener, die glauben, ohne Literatur und Musik, Kunst und Theater habe das Leben keinen Sinn. Die Dichtung seiner Jugendzeit hatte ihn geprägt: Rilke, Stefan George und auch der von ihm (mit milder Nachsicht) geliebte frühe Gerhart Hauptmann. Die George-Zeile »Wer je die Flamme umschritt...« war in seinem Mund nicht eine Mahnung, sondern ein Bekenntnis.

Knick war nicht nur ein vielseitiger und leidenschaftlicher Pädagoge – er lehrte ebenso Mathematik, Physik, Chemie und Biologie wie Deutsch –, sondern auch ein Regisseur, ein Schauspieler, ein Rezitator und ein Musiker. Von den Theateraufführungen, die er in den zwanziger Jahren in der Aula des Werner-Siemens-Gymnasiums veranstaltet hatte, wurde noch zu meinen Zeiten viel erzählt. Da nicht nur die Lehrer, die Schüler und deren Eltern den Zuschauerraum füllten, mußte jede Inszenierung mehrfach wiederholt werden.

Der Regisseur Victor Barnowsky, damals – es war wohl 1924 – Direktor des Lessing-Theaters, hörte von diesen Aufführungen, sah sich eine an und war begeistert. Sofort bot er Knick an, am Lessing-Theater ein Stück zu inszenieren, überredete den Zögernden und war sicher, eine große Entdeckung gemacht zu haben. Aber nach der ersten Probe gab Knick auf: Er bat um Auflösung des Vertrags. Der Grund: Schon diese eine Probe habe ihm gezeigt, daß er das Theater, das ihm vorschwebt, nicht mit Berufsschauspielern realisieren könne. Er ziehe es vor, weiterhin mit Amateuren zu arbeiten.

Nur eine seiner Aufführungen habe ich gesehen. Es muß um 1936 gewesen sein, als ich längst am Fichte-Gymnasium war. Knick hatte am Hohenzollern-Gymnasium Shakespeares ›Sturm‹ inszeniert und selber den Prospero gespielt. Ich war beeindruckt, wollte jedoch, als ich ihn wenig später besuchte, meine Bedenken nicht verheimlichen.

Er hatte den Text kräftig bearbeitet und unter anderem den Epilog Prosperos mit der Schlußzeile aus Hebbels ›Nibelungen‹ enden lassen: »Im Namen dessen, der am Kreuz erblich.« Diese Christianisierung Shakespeares schien mir nicht zulässig. Zu meiner Verwunderung gab mir Knick sofort recht. Aber angesichts dessen, was sich in Deutschland abspielt, fügte er hinzu, genüge es nicht, gutes Theater zu machen, vielmehr komme es darauf an, mit dem Theater an Ideale zu erinnern, die jetzt wichtiger denn je seien.

Mein anderer Einwand: Im ›Sturm‹ seien doch zwei Welten gegeneinander gestellt – eine aristokratische, zarte und melancholische mit Prospero und seiner Tochter Miranda im Mittelpunkt und eine vulgäre, teils plebejische und teils animalische Welt um Caliban, den Spaßmacher Trinculo und den immer betrunkenen Stephano. Mich fasziniere in diesem Stück die poetisch-intellektuelle Welt und stoße jene andere, die derbe und primitive, eher ab. Knick aber habe die simplen und ordinären Elemente leider breit ausspielen lassen und damit ein Gleichgewicht hergestellt, das dem ›Sturm‹ gar nicht nütze.

Er hörte sich alles aufmerksam an, war keineswegs ungehalten und sagte mir etwa folgendes: »Das Leben – das ist nicht nur Prospero, dazu gehört auch Caliban, sowenig er dir gefallen mag. Das sind zwei Seiten derselben Frage, beide sind wichtig. Achte darauf – heute zumal –, daß du nicht nur die eine Seite wahrnimmst und die andere verkennst.«

Ich habe in der folgenden Zeit Knick noch mehrfach in seiner Steglitzer Wohnung aufsuchen dürfen – stets um 17 Uhr nachmittags, und stets klopfte um 18 Uhr seine Frau an die Tür, zum Zeichen, daß ich mich zu verabschieden hatte. Um die mir zur Verfügung stehende Zeit gut zu nutzen, bereitete ich mich auf jeden Besuch vor: Ich kam immer mit einem Zettel, auf dem viele Namen und Titel notiert waren. Ich berichtete ihm von meinen Lektüreeindrücken, er bestätigte oder korrigierte meine Urteile. Warum hat er sich eigentlich soviel Mühe mit mir gegeben? Wer weiß, vielleicht hatte auch dies mit dem »Dritten Reich« zu tun.

Als ich Anfang 1946 zum ersten Mal nach dem Krieg in Berlin war, fuhr ich sofort nach Steglitz. Natürlich fragte er mich, wie ich überlebt hatte und wie es meiner Familie ergangen war. Nach meinem Bericht, der sich auf Stichworte beschränkte, wollte er über das, was die Nazis ihm und den Seinigen zugefügt hatten, nichts mehr sagen. Er war nun Gymnasialdirektor geworden.

Fast täglich bekomme er – erzählte er mir – Besuch, die Gäste trügen meist amerikanische oder englische Uniformen. Es seien seine früheren jüdischen Schüler. Sie alle redeten – sagte er – von Dankbarkeit. Dankbar – wofür? Ich kann nur für mich sprechen. Er, Reinhold Knick, war der erste in meinem Leben, der etwas verkörperte, was ich nur aus Büchern kannte und woran zu glauben es ab 1933 immer schwerer wurde – den deutschen Idealismus.

Indes: Dieser Knick war ein zwar ungewöhnlicher, aber doch kein ganz untypischer Vertreter seines Berufsstandes. Fast alle Lehrer, mit denen ich zu tun hatte, lassen sich mühelos in zwei große Gruppen einteilen. Die Nazis und die Nicht-Nazis? Nein, die Trennungslinie ist auf einer anderen Ebene zu suchen.

Die einen waren ordentliche, pflichtbewußte Beamte – nicht mehr und nicht weniger. Ob sie Latein unterrichteten oder Mathematik, Deutsch oder Geschichte – es war ohne Bedeutung. Sie kamen in der Regel gut präpariert in die Stunde und erledigten das vorgeschriebene Pensum. Wenn sie uns nicht ärgerten oder überforderten, verhielten auch wir uns korrekt. Es dominierte – und zwar auf beiden Seiten – Gleichgültigkeit.

Die anderen Lehrer waren auch nicht unbedingt passionierte Pädagogen. Und doch spürte man bei ihnen eine starke Leidenschaft. In ihrer Jugend träumten sie wohl von einem ganz anderen Beruf: Sie wollten Wissenschaftler oder Schriftsteller werden, Musiker oder Maler. Es ist nicht viel daraus geworden, aus welchen Gründen auch immer. So waren sie schließlich im Schuldienst gelandet oder steckengeblieben. Aber sie hörten nicht auf, die Musik oder die Literatur zu lieben, sie sehnten sich nach der Kunst oder der Wissenschaft, sie bewunderten den französischen Geist oder die englische Mentalität. Und daraus eben, aus dieser Liebe, aus dieser Sehnsucht und Bewunderung schöpften sie, die sie sich täglich mit Kindern und Halbwüchsigen mühen mußten, die Kraft, ihre Bitterkeit zu verdrängen und ihre Resignation zu überwinden.

Gewiß, sie waren nicht immer sorgfältig vorbereitet, und sie hatten auch keine Bedenken, hier und da von dem offiziell vorgeschriebenen Lehrstoff abzuweichen. Wir waren ihnen dafür dankbar. Denn was sie uns gleichsam am Rande des Unterrichts erzählten, war nie langweilig und regte unsere Phantasie an. Gelegentlich versetzte es uns sogar in Begeisterung.

Ein solcher enthusiastischer Lehrer war Fritz Steineck. Er kannte nur eine Leidenschaft: die Musik. Ob er uns ein Haydn-Oratorium, ein Schubert-Lied oder eine Wagner-Oper erklärte, er sprach immer mit größtem Engagement, mit leidenschaftlichem Nachdruck. Es war für ihn – jedenfalls glaubten wir dies – unerhört wichtig, uns davon zu überzeugen, daß und warum eine Passage von Mozart oder Beethoven so herrlich sei. Und er war, so schien es mir, allen, die sich für Musik ernsthaft interessierten (auch den Juden), dafür dankbar. An Nazi-Lieder in seinem Unterricht kann ich mich nicht erinnern.

Als die Schüler, die ein Instrument spielen konnten, etwas zum besten geben sollten und einer, übrigens ein Jude, im Unterschied zu den anderen, die mit klassischen Stükken aufwarteten, einen miserablen Schlager klimperte, befürchteten wir, Steineck werde ihn streng zurechtweisen. Doch was vorgefallen war, hatte ihn nicht empört, nur betrübt. Er sagte leise: »Dies war schlechte Musik. Aber auch schlechte Musik kann man anständig spielen.« Er ließ sich die Noten geben, die er angewidert mit spitzen Fingern anfaßte, und setzte sich ans Klavier: Es war nicht unter seiner Würde, uns den Schlager vorzuspielen. Das war ein glänzender Pädagoge, ein liebenswerter Mensch.

Nachzutragen bleibt, was ich erst jetzt, im Juli 1982, erfahren habe: Der Musiklehrer Steineck war langjähriges Mitglied der N.S.D.A.P. und nicht etwa nur ein kleiner Mitläufer. Und noch etwas habe ich über ihn erfahren. Im

Fichte-Gymnasium war es üblich, die Abiturienten alljährlich mit dem (vom Schülerchor gesungenen) Lied ›Nun zu guter letzt‹ zu verabschieden. Indes hatte dieses um 1848 entstandene Lied, dessen Worte von Hoffmann von Fallersleben stammen, plötzlich einen fatalen Schönheitsfehler: Ein Jude hatte es komponiert, nämlich Felix Mendelssohn-Bartholdy. Steineck fand einen Ausweg aus der heiklen Situation: Zu dem alten Text schrieb er kurzerhand eine neue Melodie. Er, der sich jahrelang bemüht hatte, uns beizubringen, daß es nichts Schöneres auf Erden gebe als die Musik, kannte also keine Hemmungen, das Lied zu »entjuden«, zu »arisieren«. Warum hat er sich dazu hergegeben, was stand dahinter? Gewiß weder Ahnungslosigkeit noch Musikliebe, eher schon Ehrgeiz und Eitelkeit. Oder wollte er dem Direktor, dem »Goldfasan« Heiniger, gefallen?

Dieser Heiniger war unter allen unseren Lehrern der einzige, der sich im Unterricht als eifriger, ja fanatischer Nationalsozialist präsentierte. Aber auf keinen Fall sollten wir ihn mit den SA-Leuten von der Straße verwechseln. Im Habitus dieses etwa fünfzig Jahre alten, schon etwas rundlichen Mannes mit Glatze war nichts Zackiges oder Militärisches. Offensichtlich war ihm eher an der Lässigkeit eines Generals gelegen. Mitunter ließ er durchblicken, daß er ungleich mehr über den neuen Staat wisse, als man in den Zeitungen lesen konnte. Kein kleiner Nazi also, sondern einer, der zur Elite der Eingeweihten gehörte – so sollten wir ihn sehen.

In unserer Klasse unterrichtete er Geschichte. Er redete viel und prüfte selten. Als Dozent wollte er gelten, nicht als Pauker. So behandelte er uns auch besonders höflich, als seien wir schon Studenten. Auch die jüdischen Schüler konnten sich nicht beklagen – und ich am allerwenigsten: Er war zu mir freundlich, nie fragte er mich (wofür ich ihm dankbar war) nach historischen Fakten und Daten. Er meinte, ich sei für die Deutung der Geschichte zuständig. Bisweilen unterhielt er sich mit mir im Unterricht wie mit einem ebenbürtigen Gesprächspartner. Das war freilich nur Taktik: Er wollte meine Ansichten hören, um sie vom nationalsozialistischen Standpunkt aus um so effektvoller widerlegen zu können – was ihm natürlich mühelos gelang.

Eines Tages teilte er mit, daß die jüdischen Schüler von der nächsten Geschichtsstunde »befreit« seien: Die Stunde war, wie sich später herausstellte, der Auseinandersetzung mit dem »Weltjudentum« gewidmet. Auf die Zensuren, die er erteilte, hatten seine Anschauungen über die Juden keinen Einfluß: ich bekam von ihm stets »gut«, auch auf dem Abiturzeugnis. Eine bessere Note hat es in unserer Klasse in Geschichte nicht gegeben. Gerecht war er, dieser Heiniger. Wenn aber die vorgesetzten Behörden angeordnet hätten, daß die Juden am Unterricht nur stehend teilnehmen könnten oder die Schule nur barfuß betreten dürften, hätte er die Anordnung ohne Zweifel korrekt ausgeführt und bestimmt in schönen wohlgesetzten Worten als historische Notwendigkeit begründet.

Nein, wir mußten nicht barfuß die Schule betreten, aber unsere Schädel hat man vermessen, allerdings auch die einiger nichtjüdischer Schüler. Es geschah im Rassekunde-Unterricht. Das im »Dritten Reich« eingeführte Fach wurde von den Biologielehrern übernommen, bei uns von einem vernünftigen Mann. Zu der neuen Wissenschaft verhielt er sich ohne Enthusiasmus. Er langweilte uns mit endlosen Darlegungen über den Neandertaler und andere Menschen aus der Vorzeit. Offensichtlich hatte er kein Bedürfnis, sich mit jener Frage zu befassen, die im Mittelpunkt des neuen Faches stehen sollte – mit der Frage der Minderwertigkeit der Nichtarier, also der Juden. Dazu mögen die erwähnten Schädelmessungen beigetragen haben. Sie wurden nach einer entsprechenden Anleitung des Lehrbuchs vorgenommen und sollten wissenschaftlich einwandfrei beweisen, welcher Rasse der Vermessene angehöre.

Es zeigte sich, daß den typisch nordischen Schädel, den

in rassischer Hinsicht besten, nur ein einziger Schüler hatte. Es war ein Jude. Der Lehrer schien verlegen, aber nicht unglücklich. Er fragte ihn, ob er unter seinen Vorfahren vielleicht doch Arier habe. Die Antwort lautete: »Nur russische Juden.« Alle lachten. Nein, der Rassekunde-Unterricht war in unserer Klasse nicht erfolgreich – zumal der schnellste Hundertmeter-Läufer und der beste Deutsch-Schüler Juden waren.

Meine Deutsch-Lehrer waren, von einer Ausnahme abgesehen, gute, verständnisvolle Pädagogen, die einen Schüler, der manches sagte und schrieb, was sich mit dem offiziellen Lehrplan nicht ganz vereinbaren ließ, in der Regel eher ermunterten als bremsten. Das begann in der Obertertia, als ein Mitschüler, der einen Vortrag über ›Wilhelm Tell‹ hielt, schon nach kaum fünf Minuten fertig war. Der Lehrer, der wohl mit längeren Ausführungen gerechnet hatte, fragte, ob jemand etwas hinzufügen könnte. Ich meldete mich, zumal ich das Stück genau kannte, da ich es im Schauspielhaus am Gendarmenmarkt gesehen hatte – mit Werner Krauß als Tell und mit einem jugendlich-schlanken, raffiniert leisen Gessler, dessen Darsteller mir unbekannt war. Er hieß Bernhard Minetti.

Aber nicht über diese Aufführung sprach ich in jener Stunde, sondern über das Stück. Es verherrlichte den politischen Meuchelmord und einen individuellen Terrorakt. Um dies und ähnliches zu erklären und zu begründen, muß ich viele Worte gebraucht haben, denn nach dreißig oder vierzig Minuten, als es zur Pause klingelte, sprach ich immer noch. Doch ließ mich der Lehrer meine Darlegungen zu Ende führen und kommandierte dann knapp: »Setzen.«

In der Klasse wurde es ganz still, man erwartete einen Schuldspruch – wegen unverschämter Kritik an einem klassischen Werk. In der Tat sagte unser Lehrer, was ich da geredet hätte, sei nicht hinreichend belegt und zum Teil falsch, andererseits wiederum – bemerkte er amüsiert – so übel nicht. Ich bekam (zur Verwunderung der Klasse) die beste Note: eine Eins. Damals habe ich gelernt, daß man in der Literaturbetrachtung auch etwas riskieren muß.

Später, am Fichte-Gymnasium, hatte ich innerhalb von drei Jahren drei verschiedene Deutsch-Lehrer. Der erste war ein Deutschnationaler, der zweite ein Liberaler, der dritte ein Nazi. Was uns der Deutschnationale über seine Erlebnisse in den Wirren der ersten Nachkriegszeit allzu häufig erzählte, war dümmlich, jedenfalls engstirnig. Aber wenn er über den ›Prinzen von Homburg‹ sprach (seine Sympathien gerecht auf den Prinzen, den Kurfürsten und Kottwitz verteilend) und uns am Beispiel Storms erklärte, was eine Novelle sei – dann sah man, daß er ein solider, ein auf seine Weise vorzüglicher Germanist war. Er behandelte mich anständig: Er schätzte mich, ohne mich sonderlich gern zu haben.

Anders der Liberale, ein gewisser Carl Baeck, der einst über Gottfried Keller promoviert hatte und wohl ein gescheiterter Literat war. Ich glaube, ich war sein Lieblingsschüler. Wir hatten zufällig den gleichen Schulweg. Ich grüßte ihn, wie die Schulordnung es erforderte, mit »Heil Hitler«, er hob die Hand, murmelte »Guten Tag« und unterhielt sich mit mir über Heine.

Ein Musterschüler war ich nicht, doch für meine Aufsätze (als Glanzstück galt ein Klassenaufsatz ›Mephistopheles – eine Charakteristik‹) bekam ich fast immer eine Eins. Einmal allerdings befürchtete ich eine nur mäßige Note. Es war ein Klassenaufsatz, und zwar eine Interpretation des Schiller-Gedichts ›Pegasus im Joche‹. Mir war etwas Schreckliches passiert: Ich hatte, als wir die Hefte schon abgeben mußten, plötzlich gemerkt, daß ein längerer Abschnitt des sorgfältig gegliederten Aufsatzes auf eine falsche These zulief. Schnell entschlossen strich ich diesen Teil durch und änderte die Numerierung der Abschnitte. Das aber war, wie ich meinte, eine unverzeihliche Sünde. Zu meiner größten Überraschung beurteilte Baeck die Arbeit mit »Sehr gut«. Er sagte mir etwa: »Ich gebe Ihnen eine Eins aus zwei Gründen: Erstens wegen des Gedankens in dem gestrichenen Abschnitt und zweitens dafür, daß Sie diesen Gedanken schließlich doch verworfen haben.«

Als ich aber meiner Sache ganz sicher war – mein Hausaufsatz über Büchner füllte mehrere Hefte –, wurde ich bitter enttäuscht: Die Note lautete nur »Im Ganzen gut«. Doch sollte ich mich in der Pause bei Baeck im Lehrerzimmer melden. Er kam zu mir heraus, denn das Betreten des Lehrerzimmers war den Schülern verboten. Meine Arbeit sei – meinte er – kein Schulaufsatz mehr, doch als literarischer Versuch noch nicht gut genug. Daher die Note. Er sah sich um, ob jemand in der Nähe stand, und fügte dann leise hinzu: »Aber wenn Sie in Paris Kritiker geworden sind, dann schreiben Sie mir mal eine Postkarte.« Paris war damals das Zentrum der deutschen Exilliteratur. Als meine Mutter im Winter 1937 in Baecks Sprechstunde ging, kehrte sie wieder einmal begeistert zurück. Er hatte sie überaus höflich empfangen und ihr einen Rat erteilt: »Lassen Sie sich, gnädige Frau, von den zeitbedingten Umständen nicht beirren – und ermöglichen Sie Ihrem Sohn das Studium der Germanistik.«

Im letzten Schuljahr unterrichtete Deutsch ein Studienassessor, der, als er das erste Mal in die Klasse kam, besonders laut »Heil Hitler« rief und sich damit gleich als entschiedener Nazi vorstellte. Er war bei fast allen Schülern unbeliebt, aber natürlich nicht wegen der Zugehörigkeit zur N.S.D.A.P., sondern weil er sich damit brüstete. Das weckte Mißtrauen. Es zeigte sich auch bald, daß dieser Germanist nicht zu den Intelligentesten gehörte und daß seine Fachkenntnisse eher dürftig waren.

Anders als seine Vorgänger hielt er es für seine Pflicht, die nationalsozialistische Literatur in den Unterricht aufzunehmen. In der Regel hatten die Lehrer, ob nun Nazis oder nicht, keineswegs Lust, auf Schriftsteller einzugehen, die sie bisher nicht kannten. Sie blieben am liebsten bei dem, was sie vor 1933 gelernt hatten – nur daß einiges wegfallen mußte: natürlich Heine und Börne, ferner Lessings

›Nathan‹, die ›Judenbuche‹ der Droste-Hülshoff oder Hebbels ›Judith‹.

Autoren, die in der Gunst des neuen Regimes standen – also etwa Grimm und Kolbenheyer, Johst und Blunck –, kamen im Unterricht nicht vor. Und als jener Studienassessor mit uns Gedichte von NS-Lyrikern interpretierte (wir mußten uns zu diesem Zweck eine kleine, gerade als Reclam-Heft erschienene Anthologie anschaffen), war die Klasse wenig erbaut: Offenbar hatten die Schüler von diesen Liedern, die in der HJ viel gesungen wurden, genug.

Der Studienassessor war es auch, von dem ich beim Abitur geprüft wurde. Damals mußte jeder Schüler seine Kenntnisse in einem Fach seiner Wahl beweisen. Nur zwei Schüler entschieden sich für Deutsch, beide Juden. Mehrere Wochen vor der Prüfung hatte man ein Thema vorzuschlagen, das vom Lehrer akzeptiert werden mußte. Das meinige wurde sofort und ohne Begründung abgelehnt. Denn ich hatte mich zu Georg Büchner entschlossen, der aber im »Dritten Reich«, was ich nicht wußte, unbeliebt war und jahrelang nicht gespielt werden durfte. Eine Aufführung von ›Dantons Tod‹ erlaubte man in Berlin erst während des Krieges. Auch bei meinen anderen Vorschlägen war der Studienassessor mißtrauisch, vielleicht kannte er die Autoren nur unzulänglich. Wir einigten uns schließlich auf Gerhart Hauptmann.

Unmittelbar vor der Prüfung erhielt man einen Zettel mit der Frage, über die man referieren sollte. Dann hatte man eine halbe Stunde Zeit, um sich in einem abgeschlossenen Zimmer vorzubereiten. Auf meinem Zettel stand: »›Die Kunst hat die Tendenz, wider die Natur zu sein. Sie wird sie nach Maßgabe ihrer jeweiligen Reproduktionsbedingungen und deren Handhabung.‹ (Leiten Sie hieraus die Wesensbestimmung des Naturalismus ab.)« Wie man sieht, war das Fichte-Gymnasium eine anspruchsvolle Schule.

Ich hatte noch nicht lange über dieses Thema geredet, als ich von unserem Direktor, dem »Goldfasan«, unterbrochen wurde. Er wollte wissen, wie das Verhältnis des Nationalsozialismus zu Hauptmann sei. Auf diese Frage war ich nicht gefaßt. Ich hätte antworten können, ich sei unlängst in der Première des Lustspiels ›Die Jungfrau vom Bischofsberg‹ gewesen, in der Ehrenloge habe Hauptmann zusammen mit Hermann Göring gesessen. Für den enthusiastischen Beifall, an dem sich auch Göring kräftig beteiligte, habe Hauptmann mit dem Hitler-Gruß gedankt. Aber das fiel mir nicht ein. Statt dessen sagte ich nur: Das »Dritte Reich« schätze ganz besonders, daß Hauptmann in den Mittelpunkt seines Werks die soziale Frage gestellt habe. Man wollte nichts mehr von mir hören. Sollte etwa der Direktor, der mich mit einem knappen »Danke« entließ, meine Antwort für Ironie gehalten haben? Wie auch immer: Meine Abiturnote in Deutsch war, im Unterschied zu den vorangegangenen Jahren, nur »Gut«. Ich war enttäuscht.

Mit dem Studienassessor verbindet sich auch die Erinnerung an einen ebenso geringfügigen wie aufschlußreichen Vorfall. Als ihm einmal die Klasse zu laut war, rief er unwillig: »Hier ist es ja wie in einer Judenschule.« Sofort wurde es still. Die Atmosphäre blieb frostig. Etwas später sagte er, es sei ihm nicht recht verständlich, warum die Klasse auf eine im Deutschen doch übliche Redewendung so verwundert reagiere.

Der Vorfall beweist, daß offene antisemitische Äußerungen, die man täglich in den Zeitungen lesen und im Rundfunk hören konnte, im Unterricht nicht üblich waren – jedenfalls nicht an dieser Schule und in dieser Klasse. Verdankten wir es dem von den Juden seit ihrer Emanzipation geschätzten preußischen Geist, daß wir auch von den Nationalsozialisten unter unseren Lehrern gerecht behandelt wurden? Und unsere Mitschüler? Sie gehörten alle der Hitler-Jugend an, einige einer angeblich vornehmeren Formation, der Marine-Hitler-Jugend, die auf der Havel übte. Sie waren unentwegt dem Einfluß der antisemitischen Propaganda ausgesetzt, die man 1936 (der Olympischen Spiele wegen) vorübergehend etwas gemildert hatte, die jedoch 1937 und erst recht 1938 immer heftiger wurde. Auf dem Weg zur Schule mußten wir täglich an den roten Schaukästen vorbeigehen, in denen der ›Stürmer‹ ausgehängt war. Sicherlich haben die meisten unserer Mitschüler an das neue Deutschland geglaubt, einer war ein hoher HJ-Führer, ein anderer ein hoher Jungvolk-Führer. Aber von keinem habe ich ein Wort gegen die Juden gehört. Warum?

Eine gewisse Rolle spielte bestimmt das Vorbild der Lehrer. Überdies stammten die Schüler aus gutbürgerlichen Elternhäusern, in denen man sich wie eh und je um die Erziehung der Kinder und um deren Umgangsformen kümmerte. Vor allem aber: Die offizielle Propaganda gegen die Juden betraf in der Vorstellung dieser jungen Menschen doch wohl ein Abstraktum (etwa das »Weltjudentum«) und wurde von ihnen, so vermute ich, nicht unbedingt auf den Mitschüler bezogen, den man seit Jahren kannte und respektierte.

Andererseits: Die Juden waren von den meisten Schulfeiern ausgeschlossen. Sie durften an den Schulausflügen nicht teilnehmen. Private Kontakte zwischen jüdischen und nicht-jüdischen Schülern, vordem gang und gäbe, waren etwa ab 1935 kaum noch üblich. Dies alles, so schien es mir, haben unsere nicht-jüdischen Mitschüler für selbstverständlich gehalten. Jedenfalls habe ich ein Wort der Verwunderung oder gar des Bedauerns nie gehört.

Einer von ihnen erzählte mir vor mehreren Jahren, er habe während des Krieges, wohl 1940, in der Nähe des Stettiner Bahnhofs in Berlin inmitten einer von der Polizei geführten und bewachten größeren Anzahl von Juden unseren alten Freund T. entdeckt. Er habe einen elenden Eindruck gemacht: »Ich dachte mir: Es wird dem T. peinlich sein, daß ich ihn so sehe. Da habe ich schnell weggesehen.« Millionen haben weggesehen.

Wie immer meine Schulzeit war – ich habe nie mehr gelesen als in diesen Jahren. Die verbotene Literatur zu bekommen, war nicht schwierig. In den Bücherschränken meiner Verwandten standen die Romane und Erzählungen von Thomas und Heinrich Mann, von Arnold und Stefan Zweig, von Schnitzler, Werfel und Feuchtwanger. Bei meinem Schwager fand ich neben allen Büchern von Tucholsky und Kisch auch noch zehn Jahrgänge der ›Weltbühne‹.

Überdies profitierte ich von Bekannten, die (oft in großer Eile) auswanderten und, da ihr Gepäck begrenzt war, meist nicht Romane oder Gedichtbände mitnahmen, sondern Wörterbücher. Als ich einem, der eine schöne Bibliothek hatte und von dem ich mich großzügig beschenkt sah, überschwenglich dankte, belehrte er mich: »Diese Bücher schenke ich Ihnen nicht. Sie sind Ihnen nur geliehen – wie diese Jahre. Denn auch Sie werden von hier vertrieben werden und die Bücher anderen überlassen müssen.«

Er hat sich nicht geirrt: Als ich Ende Oktober 1938 deportiert wurde, habe ich nur ein einziges Buch mitgenommen, einen Balzac-Roman, den ich gerade las. Wenige Tage später fand im ganzen Reich ein behördlich angeordneter Pogrom statt, den man (verharmlosend) Kristallnacht nannte. Es war der Anfang eines neuen, noch ungleich brutaleren Stadiums der Judenverfolgung.

Von dem, was die Emigranten schrieben, wußten wir in meinen Berliner Jahren so gut wie nichts. Nur an zwei Ausnahmen erinnere ich mich. Anfang 1936 versammelten wir uns in der Wohnung eines jüdischen Freundes im Grunewald: Einer las Tucholskys wenige Tage vor seinem Selbstmord geschriebenen und an Arnold Zweig gerichteten Abschiedsbrief. Er war in einer verstümmelten Fassung und versehen mit einer höhnischen Überschrift im ›Schwarzen Korps‹ erschienen. Wir waren entsetzt.

Noch ein anderer ähnlicher Abend ist mir unvergeßlich. Jetzt wurde ein Dokument verlesen, dessen Maschinenabschrift uns auf illegale Weise erreicht hatte: Es war wiederum ein Abschiedsbrief, wenn auch ganz anderer Art – jener Brief an den Dekan der Philosophischen Fakultät der

Universität Bonn, mit dem sich Thomas Mann vor der Welt gegen das »Dritte Reich« erklärte. Wir waren glücklich. Später, in den Jahren des Krieges, habe ich in vielen nächtlichen Gesprächen mit Freunden und Verwandten – Gesprächen, die immer wieder um Deutschland kreisten – diesen Brief zitiert: »Sie (die Nationalsozialisten) haben die unglaubwürdige Kühnheit, sich mit Deutschland zu verwechseln! Wo doch vielleicht der Augenblick nicht fern ist, da dem deutschen Volke das Letzte daran gelegen sein wird, nicht mit ihnen verwechselt zu werden.«

Aber ich konnte mit meinen Zitaten und Argumenten nicht viel ausrichten. Denn in den Ohren meiner Gesprächspartner wurden meine Worte widerlegt – von den allnächtlich zu hörenden Schüssen der Bewacher des Warschauer Gettos. Die Zeiten, da dem deutschen Volke daran gelegen war, nicht mit jenen verwechselt zu werden, die zwölf Jahre lang in dessen Namen sprachen und handelten, haben meine Freunde und Verwandten nicht mehr erlebt. Sie wurden alle vergast.

WOLFDIETRICH SCHNURRE

Gelernt ist gelernt

Ich bin von 1928 bis 1934 im Nordosten Berlins, in Weißensee, einem Arbeiterviertel, auf eine sogenannte Weltliche Volksschule gegangen. »Weltliche Schule« hieß, daß es keinen Religionsunterricht gab. Wir hatten Lebenskunde statt dessen; und da wir keine parteilosen Lehrer hatten, andererseits der Rektor oder wer auch immer darauf geachtet zu haben schien, daß nur kommunistische oder sozialdemokratische Lehrer rangeholt wurden, konnte man »Lebenskunde« auch mit »Angewandter Politik« übersetzen.

Wer mich da am meisten beeindruckt hat, ist Herr Nitschke gewesen; ein sozialdemokratischer Kleinbürger und spießiger Nationalist im Grunde. Ich habe mal einen Tadel »wegen Besudelung von Nationalheiligtümern« von ihm bekommen. Grund: Ich hatte im Zeughaus ein Apfelgehäuse ins Mündungsrohr der Dicken Berta geschmissen. Aber Adam hat eben auch einen Tadel »wegen Verunglimpfung von Hausangestellten« erhalten. Grund: Er hatte, statt »Dienstmädchen« zu sagen, sich hinreißen lassen, von »Dienstbolzen« zu sprechen. Um es auf einen Nenner zu bringen: Herr Nitschke war ein Gerechter. Politische Gewalt und soziale Ungerechtigkeit konnten ihn bis zu anklägerischen Brüllexzessen sich vergessen lassen. Das färbte ab: das riß mit. Wenn einem bis zur Blindheit die Brille beschlug, dann war da was dran an dem, was ihn so sich aufregen ließ.

Und Herr Nitschke war ja sogar noch Alfred Sobota gegenüber gerecht. Alfred war mein Banknachbar, ein kompakter, schwerfälliger Junge, dessen Haupthandikap es war, pfiffig auszusehen, ohne es in Wahrheit zu sein. Jedes Nachdenken strengte ihn unglaublich an, und meine schlechte Schrift im Aufsatz rührte meist nur daher, daß

Alfreds Zittern sich aufs Pult übertrug. Eines Tages hat es einen Volksauflauf vor der Schule gegeben. Ich dachte an eine interessante Keilerei und drängte mich nach vorn. Doch es war nur Alfred Sobota. Er stand da in einer ganz neuen, nie an ihm wahrgenommenen Ruhe und ließ sich betrachten. Er hatte weiße Strümpfe, kurze schwarze Hosen und ein schwarzes, an den Kanten weiß paspeliertes Hemd mit schwarzer Krawatte an und trug ein blankgewienertes Koppel, dessen Schloß ein Hakenkreuz zierte.

Im Schülerparlament, dem ich als stellvertretender Klassensprecher angehörte, drang man darauf, Alfred zu isolieren; er war immerhin der erste, wenn auch einzige Nazi in der Schule. Doch für Herrn Nitschke hatte Alfreds Eintritt in die HJ auch noch eine menschliche Seite. Er fragte Alfred, ohne ihn bloßzustellen, so geschickt nach den Gründen, daß es alle kapierten: Alfred hatte Selbstbestätigung gebraucht. Herr Nitschke nannte auch, so behutsam wie möglich, den Preis: Man mußte gehorchen – bedingungslos. »Die nehmen euch das Denken ab, da die Leute.« Alfred nickte beglückt: Herr Nitschke hatte ins Schwarze getroffen – und wir wußten Bescheid und waren gewarnt.

Doch auch die anderen Lehrer haben sich nie im Abstrakten bewegt. Ob Geschichte, Erdkunde, Musik, alles war unauffällig an den politischen facts orientiert. Die Seele der Schule hatte im Rektor Gestalt angenommen. Herr Z. war ein fast zwei Meter großer, silberhaariger Mann mit grünen Augen und machtvollen schwarzen Brauen. Er war Stadtrat und Sozi, ein großer Menschenfreund und also auch Schulreformator. Nichts unerträglicher für ihn, als uns ständig in diesem nach Schweiß, Karbolineum, Kreide und Quäkerspeise riechenden, gut achtzigjährigen Schulgebäude zu wissen. Der Neubau der Schule war seine Idee gewesen; und auf seine Idee hin hatte die Schulbehörde die Planung als Wettbewerb ausgeschrieben. Herr Z. hatte mit in der Jury gesessen. Und dann, im Sommer 1932, war es soweit: Der Neubau war fertig. Es war das modernste Schulgebäude mit den modernsten Klassenräumen, die es damals in Berlin gab.

Lehrer, Eltern und Schüler feierten den Umzug abends und nachts in den Terrassen von Heidenheinrich am Oranke-See in Hohenschönhausen. Lampions brannten. Alfred Sobota hatte extra wieder seine HJ-Uniform angezogen und war, Schwarz in Schwarz, kaum zu erkennen; in Herrn Nitschkes Brillengläsern spiegelte sich zweimal das Feuerwerk wider; und als Rektor Z. sich zu dem schwimmenden Holzpodest hinrudern ließ, um von dort aus die Festansprache zu halten, fuhr ein gewaltiger Schatten in einem Schattenboot hinter ihm her.

Das Wasser trug an diesem Abend wie nie zuvor. Die ganze Ansprache lang war aus einer der ringsum liegenden Laubenkolonien ein- und dieselbe Grammophonplatte zu hören: ›Schöner Gigolo, armer Gigolo, denke nicht mehr an die Zeiten!‹ Ein hektisch ausgelassener Herr sang es mit blechern scheppernder Stimme. Doch es klang nicht komisch, merkwürdigerweise. Im Gegenteil. »Wenn das man bloß nicht ein mieses Vorzeichen ist«, sagte Herr Nitschke und versuchte, an Alfred Sobota vorbeizublicken, der, schwarz und gemütlich, vor ihm saß und mit seinem bitter einstudierten Pfiffigkeitslächeln an einem breitausladenden Weißeglas nippte.

In der neuen Schule war es phantastisch. Im Biologieraum waren etwa vierzig Tierarten untergebracht, von der Gottesanbeterin bis zum Alligator. Die Werkunterrichtsräume hätten auch Fachwerkstätten sein können. Man konnte wählen: Metall, Holz oder Papier, das galt auch für die Mädchen. Ich entschied mich für Papier, denn ich wollte meinem Lieblingsbuch ›Sigismund Rüstig‹ einen neuen Umschlag verpassen.

Die damalige Schulzeit war schön, doch je härter der politische Druck sich auszuwirken begann, desto enger rückte man ideologisch zusammen. In der großen Aula zum Beispiel wurden in ständig dichteren Intervallen sowjetische Revolutionsfilme zwischen den Streifen mit

Buster Keaton, Harold Lloyd und Charlie Chaplin gezeigt. Unsere Schulbibliothek hat zuletzt fast nur noch aus lesbar übersetzten russischen Jugendbüchern bestanden, und alle paar Monate wurden »Wanderfahrten« mit russischen Pfadfindern gemacht.

Doch die Versuchungen für einen arbeitslosen Familienvater, der immer kommunistisch gewählt hatte, waren mannigfach und, was die NSDAP betraf, oft genug mit schnell eingelösten Versprechen gekoppelt, die von der kostenlosen SA-Uniform bis zur Arbeitsbeschaffung reichten. An der Berliner Allee hatte sich ein früherer Flickschneider zum Beispiel jetzt ganz aufs Fahnennähen geworfen. Das heißt, die Fahnen brachten die Kunden mit, es sind ausschließlich die ein wenig blaß gewordenen roten gewesen. Der Flickschneider hatte drei Nähmaschinen gleichzeitig in Betrieb. Jede nähte in knapp fünf Minuten ein kreisrundes schwarzweißes Hakenkreuzemblem auf die roten Fahnen. Das sah nun am Wahltag des 5. März gar nicht mehr gut aus, denn wir Deutsche haben ja immer schon gerne Fahnen gehißt, gleichgültig, was die Farbe letztlich besagt.

Inzwischen hatten wir uns auch abgewöhnt, noch Naziplakate von den Zäunen zu kratzen, es waren einfach zu viele; und die herumflanierenden SA-Streifenposten hätten auch nicht lange gefackelt: Schlägereien waren an der Tagesordnung und wurden keineswegs nur mit den Fäusten, vielmehr mit Schlagring, Totschläger, Stahlrute und feststehender Messerklinge ausgetragen.

Der Schulhof war längst zum Abbild der herrschenden Verhältnisse geworden. Alfred Sobotas Fraktion setzte sich schon aus gut dreißig Prozent der Schüler zusammen. Die Lehrer waren alle noch bei der Stange geblieben, doch sie hatten nicht mehr viel Lust, in »Lebenskunde« noch die aktuelle Politik zu behandeln; wohin die tendierte, war 1932 ohnehin jedem klar, selbst denen, die die Entwicklung, ohne sie beeinflussen zu können, nicht wahrhaben wollten, Herrn Nitschke zum Beispiel.

Doch auch sonst tauchte Verräterisches auf, Zigarettenbilder etwa mit Uniformträgern drauf; sie wurden in der Schule lebhaft gesammelt, getauscht. Die Marke, der sie beilagen, nannte sich »Trommler«. Es gab diese Zigarette nur in Dreierpackungen, die alle anderen Dreierpackungen jedoch im Preis unterboten. Es war eine SA-Zigarette, das heißt, sie wurde – auch an uns übrigens, die wir damals zu rauchen begannen – vornehmlich in Sturmlokalen verkauft, Arbeitslosen allerdings auch umsonst angeboten.

Nach den Märzwahlen wurde die SA zwar kurzfristig noch einmal verboten. Doch in der Schulklasse hatten bei zweiunddreißig Schülern schon zwölf Väter Hitler die Stimme gegeben. Man merkte es auch an den Elternabenden und in den Ausschußsitzungen. Früher waren immer, da alle Lehrer teilnahmen, auch alle Eltern erschienen. Man kannte und duzte sich. Das hörte jetzt auf. Nichts lief mehr so richtig, überall klafften Lücken; und nach den Reichstagswahlen im November mußten die Elternabende ganz abgesagt werden: Es erschien kaum noch jemand, und Schulisches war ohnehin nicht mehr zu besprechen. Es kam im Augenblick, hatte man das Gefühl, nur darauf an zu überwintern, ob man das nun biologisch oder politisch verstand.

Und dann passierte, was man schon längst befürchtet hatte. Eines frostigen Februarmorgens, Hitler war keine vierzehn Tage an der Macht, hat eine Hakenkreuzfahne auf unserer schönen Schule geweht. Wir weigerten uns, den Schulhof zu betreten, und sangen, mit den Lehrern zusammen, die Internationale, bis wir heiser zu werden begannen. Noch nie war Herrn Nitschkes Brille so wie an jenem Februarmorgen 1933 beschlagen.

Irgendwann erschien auch Rektor Z. Er stieg auf einen Kasten für Straßenfegergeräte und hielt eine kurze Ansprache. Ich sehe noch den rauchenden Atem vor seinem Gesicht und die machtvollen, schwarzen, auf- und niedersteigenden Brauen unter der silbernen Tolle. Seine Stimme klang ganz anders als an jenem Sommerabend: heiser, würgend, gepreßt. Er stellte es jedem Schüler anheim, das Schulgelände, gar die Klassenräume zu betreten. Was ihn anginge jedoch, er könne nur sagen, jene Fahne dort oben habe aus seiner Schule eine fremde Schule gemacht. Er fühle sich hier fehl am Platze. Darauf schwang er sich auf sein Fahrrad und fuhr weg.

Wir sind dann auch fast alle nach Hause gegangen. Noch nicht mal eine Woche jedoch, und es hat jeder Schüler eine Karte erhalten. Schulstreik, war drauf zu lesen, sei ungesetzlich; wir hätten uns umgehend wieder in unserer alten Schule einzufinden, über die neue würde anderweitig verfügt. Das hat noch nicht mal Alfred Sobota gefallen; uns natürlich schon gar nicht. Denn wir wurden nicht nur wieder in die alten Klassenräume gepfercht, wir haben auch neue Lehrer erhalten. Unsrer war Kettenraucher, trug ein Parteiabzeichen und machte erfreut von der wiedereingeführten Prügelstrafe Gebrauch, die wir hinnehmen mußten, da das Schülerparlament abgeschafft war. Unsere alten Lehrer, ließ man uns wissen, seien in alle Himmelsrichtungen »straf«-versetzt worden; bis auf Rektor Z. Er, sagte man uns, habe Gelegenheit erhalten, seine jugendgefährdenden Ansichten in einem Konzentrationslager zu überdenken.

Ein Jahr später, 1934, bin ich aufs Gymnasium gekommen. Es war der humanistische Zweig, denn mein Vater wollte aus mir einen Bibliothekar und Naturwissenschaftler machen; da wäre es gut, meinte er, Griechisch zu können. Es war das Köllnische Gymnasium in Berlin-Mitte. Es galt den Machthabern als Hochburg der Reaktion; was fraglos übertrieben war. Zwar war auch Alfred Döblin aufs Köllnische Gymnasium gegangen; aber eben auch Horst Wessel; eine Mischung, die sich akkurat auch auf die Tertia übertragen ließ, die ich von nun an mitrepräsentierte.

Die meisten meiner Mitschüler hier sind katholisch gewesen, und das hieß: Sie waren auf beneidenswerte Weise gegen Nazipropaganda gefeit. Doch es gab auch acht Hitlerjungen, und einer war obendrein auch noch in der Reiter-SS, denn er war schon mehrfach sitzengeblieben.

Den Clou durfte Antek Lesser sich leisten. Er war Gebietsführer in der HJ und hatte es in dieser Funktion auf dreiundzwanzig Jahre und viermal Sitzenbleiben gebracht. Die Roten hatten ihm während einer Saalschlacht ein Loch in den Schädel geschlagen. Vielleicht lag es daran. Denn Antek wurde nicht müde zu verkünden, daß er sich liebend gern noch einmal zusammenschlagen lassen würde. Hatte doch Hitler persönlich dem Blessierten dankbar die Rechte geschüttelt.

Antek saß neben Günther S. Günther war Jude und hat sich mit Antek ausgezeichnet vertragen. Günthers beste Nummer war seine Goebbels-Imitation; niemand konnte Klumpfuß und Hitlergruß so vollendet miteinander verbinden wie er; von der umwerfenden Stimmen-Doublette zu schweigen.

Unser Klassenprimus war blind und hatte an jeder Hand nur drei Finger. Das hatte eine Handgranate bewirkt, mit der er als Kind herumgespielt hatte. Angeblich hatte sein Vater sie aus dem Ersten Weltkrieg mit nach Hause gebracht. Ernst schrieb alles in Blindenschrift mit und las das Geschriebene anschließend vor. Es stimmte immer, war immer hervorragend, hatte immer Stil. Außer Turnen und Zeichnen war Ernst auf jedem Gebiet ein einsamer Könner und Meister. Niemand mochte ihn, denn er war verletzend ironisch. Wer noch übriggeblieben sein sollte von uns, der kriegt Ernsts metallene Sprache bestimmt nicht mehr aus dem Ohr; ich jedenfalls höre sie in meinen Schulangstträumen noch immer.

Ich hatte zwei Freunde in der Klasse, Heini und Alfons. Heinis Vater war Wolgadeutscher. Da kommuneverdächtig, hatte er dem Sohn nahegelegt, in die HJ einzutreten. Heini flog jedoch schnell wieder raus; er hatte seine Uniform verkauft, um einen Tanzstundenkurs absolvieren zu können. Daraufhin ist sein Vater in die Partei eingetreten. Jetzt stimmte die Richtung.

Alfons war streng katholisch. Er hatte, da mutterlos, ein ausgesprochen irdisches Verhältnis zur Jungfrau Maria entwickelt, und es hat keinen begnadeteren Schaubeter gegeben als ihn. Kaum hatten wir eine Kirche betreten, bekreuzigte Alfons sich und lag auch schon am einsehbarsten Punkt der Kirche auf den Knien. Er wollte Mönch werden, und wir haben damals alle im Raum von Großberlin noch funktionierenden Klöster besucht und mit den Patres, die überraschend mitteilsam waren, die Erfüllung von Alfons' Wunsch zu konkretisieren versucht. Ich weiß nicht, woran es lag; als ich Alfons nach dem Krieg einmal wiedertraf, lächelte er dünn und war Kripobeamter geworden.

Meine Gymnasialzeit ist eine Schneckenhauszeit gewesen. Die Immunitätsspritze hatte man weg; dazu war man als Schlüsselkind zu lange auf der Straße gewesen und hatte als politisch wache Großstadtpflanze zu tief im demokratisch gedüngten Laubenpieper-Humus Wurzel geschlagen. Das hielt vor, hält vor noch bis heute. Doch man zog sich damals zurück. Man kroch als Sechzehn-, Siebzehnjähriger in sich hinein. Freundschaften basierten auf Gefühlen. Das Politische war ausgespart, verstand sich, um ein Wort Friedrich Theodor Vischers abzuwandeln, von selbst. Und zwar in doppelter Hinsicht: Da ständig zum Anhören von Nazireden verdonnert, wurde so dem Ekel auf dankenswerte Weise Vorschub geleistet. Auf der anderen Seite setzten einen Skepsis und selbstgewählte Distanz so instand, angstvoll und wach mitzubekommen, was da heraufzog. Man war in gewisser Weise – seelisch zumindest – gewappnet.

Logischerweise ist so etwas kaum alleine zu schaffen. Der gar nicht abzuschätzende Verdienst, uns jedoch auch mit brauchbarem geistigen Rüstzeug versehen zu haben, kommt Dr. Holz zu. Er ist im Köllnischen Gymnasium vier Jahre unser Klassenlehrer gewesen, und die paar, die heute noch von uns leben, wissen, wem sie das, vom Kopf her betrachtet, verdanken: einzig ihm.

Dr. Holz war ein körperlich schlaffer, immer leicht

müde wirkender, hellwacher, von bester humanistischer Tradition durchsäuerter Mann. Niemand konnte den inzwischen befohlenen Hitlergruß so wegwerfend spenden; niemand gezielter Gelassenheit demonstrieren, verächtlich-amüsierter die Uniformträger mustern, verlockender Stoizismus praktizieren als er. Ich sehe ihn wieder seine drei blaurasierten Doppelkinne falten und das abgeflachte Pekinesenprofil übers Klassenbuch beugen. Er mümmelt Salmiakpastillen, sammelt Zustimmung ein, repetiert Bruder Plato, bittet Aristoteles, am Unterricht teilzunehmen, und lädt Horaz und Homer zu Dichterlesungen ein. Und ständig in diese aufs Später, ins Leben zielenden Vorbereitungsexerzitien hinein jetzt der Singsang seiner leidenschaftslos schleichenden Stimme, die von melodiöser Kühle war, immer ein Ziel anvisierend, stets auf der Hut allerdings, es vorschnell zu nennen; dafür Erwartung und Gleichmut ausstrahlend und für den Kenner von nichts als dem Wunsch beseelt, gelebte Philosophie zu vermitteln.

Ein Beispielmann, von den pedantisch gewienerten Schuhspitzen bis zum iglig-grauen Scheitel. Und von jedem von uns angenommen. Obwohl er sowohl in Latein als auch in Griechisch ein, wenn auch extrem bewanderter, Langeweiler war. Doch das war es ja nicht; auch nicht die trockenen Zahlenkolumnen, die er, in verstandlicher Vereinfachung, als das Rückgrat der Weltgeschichte begriff. Sondern was Dr. Holz wollte, das war: bezeugen, es ließ sich auch unkorrumpiert leben.

Gar keine Frage, daß das im Kollegium noch andre versuchten, daß es auch andern gelang. Aber viele Beispiele gibt es ja nicht, es gibt eigentlich nur immer das eine. So war Dr. G. zwar imstande, uns das Hildebrandslied nahezubringen, als hätte er selber in Hadubrands Rüstung gesteckt. Doch ebenso emphatisch verstand er eben auch von den Sturmangriffen zu schwärmen, die er als Stoßtruppenführer im Ersten Weltkrieg mitgemacht hatte. Und so versuchte Dr. B. zwar, uns, zumindest in Deutsch, als gedankliches Refugium die Klassik nahezulegen, und hat als

Schirmherrn über Esprit und Sprache Lessing gesetzt. Doch die gleiche Ironie-Breitseite, die Lessing gegen Götze verschoß, feuerte Dr. B. eben ohne Rücksicht auf Verluste auch gegen die geistig weniger Regen unter uns ab. Und so, schließlich, hatte auch Direktor K. zwar nichts dagegen, daß das Kollegium einen jüdischen Lehrer deckte. Doch hat er in Geographie seinem Parteiabzeichen und Hitlers Eroberungsplänen alle Ehre erwiesen.

Nein, ich bleibe bei meinem Mann Dr. Holz. Nämlich sein Beispiel zeitigte Wirkung ja erst, als eine neue Erziehungsphase begann. Man hatte sich darauf geeinigt, sie »Schule der Nation« zu nennen. Ich habe es Dr. Holz zu danken, sie schon damals – 1938, als ich eingezogen wurde – als Hilfsschule für emotional Zukurzgekommene zu begreifen. Ich meine den Militärdienst, den man uns zwang, mit dem Krieg gleichzusetzen – noch einem Lehrmeister, wenn man Clausewitz trauen darf. Nein, Dr. Holz ist mir lieber.

Franz Fühmann

Den Katzenartigen wollten wir verbrennen

Von meiner Schulzeit erzählen? Aber von welcher? Wie mein Leben ist auch meine Schulzeit zerrissen; ja: Nirgends mehr soviel Sprünge als im Fundament. Als ich fünf Jahre alt war, bestellte mein Vater eine Hauslehrerin, mir vorzeitig Lesen und Schreiben beizubringen; aus bitterster Armut aufgestiegen, glaubte er, mir etwas Gutes zu tun, wenn er mir einen raschen Start gab; er brachte mir Vereinzelung.

Dann fünf Jahre von dem, was bei uns »Volksschule« hieß; bei uns, das hieß: im Sudetenland, das hieß: im damals deutsch besiedelten Teil Böhmens, damals schon Land der Tschechoslowakischen Republik. – Das »schon« stößt sich ab von der Generation vor mir, für deren Volksschulzeit Böhmen noch ein Kronland Österreich-Ungarns war. – Man sieht, es ist schwierig.

Dann die Klosterschule in Kalksburg, das waren die ersten vier Jahre Gymnasium: jesuitisch und austrofaschistisch, die Mengung war zu unerträglich, in der Pubertät brach ich dort aus. Ich wurde aufs Realgymnasium nach Reichenberg getan; ein Wurf in einen Sumpf, darin sank ich unter und landete in einer der Burschenschaftsblasen, die es dort auch an Mittelschulen gab. Sie waren offiziell verboten und wurden vom Lehrkörper protegiert; dann ging ich in Stiefeln und Braunhemd in die Schule, das war nach der »Heimkehr ins Reich«; danach fiel ich durch, nicht wegen des Braunhemds, sondern weil ich in fünf Fächern der Minimalkenntnisse ermangelte; ich wurde in ein privates Reform-Realgymnasium nach Hohenelbe getan, bestand ein Kriegsabitur, wurde Rekrut, auch eine Schulzeit; dann, hinter Stacheldraht, in Kriegsgefangenschaft, eine antifaschistische Schule.

Mein Problem ist das Kontinuum. Etwa der Geschichtsunterricht: Seit ich lesen konnte, las ich Ithaka und Troja und begriff sie als kurz vor der Gegenwart; auf der Volksschule lernten wir noch keine Geschichte; in Kalksburg lernte ich habsburgische Geschichte; auf dem Realgymnasium dann eine Art frankophiler europäischer Geschichte tschechischer Prägung, vorgetragen von deutschen Nationalisten, dann preußische Geschichte und Rassenlehre; fünf Jahre später dann historischen Materialismus, wie man ihn zur Ära Stalins lehrte; nun versuche ich doch noch Geschichte zu begreifen, und man zeiht mich allenthalben eines historischen Pessimismus. Mein Problem ist das Kontinuum.

Manchmal treffe ich ehemalige Mitschüler wieder; sie stehen dann nach Lesungen vor mir, in Braunschweig, in München, in Liberec, in Wien, in Schwerin, in Bayreuth, in Basel, und sehen mich an: Na, kennst du mich nicht mehr? Und ich kenne sie mitunter dann auch nicht, wenn sie ihre Namen nennen. Dann sind sie enttäuscht; ich entschuldige mich, und dann erzählen sie mir Geschichten – Weißt du noch –; nein; ich wußte es wirklich nicht mehr. Manchmal allerdings schaudere ich, daß ich dies vergessen konnte, und dann werden Erinnerungen so mächtig, daß ich durch mein Umweltverlieren meine Mitschüler abermals vergräme; ich bitte sie alle hier um Verzeihung.

Daß mein bester Freund aus den Jugendtagen irgendwo im Osten verschollen ist, habe ich dreimal hintereinander erfahren; von jener, die ich während meines letzten Urlaubs kennenlernte und nach dem Kriege dann heiraten wollte, fehlt bis heute jede Spur. – Mitunter erhalte ich Einladungen zu Klassentreffen; ich habe sie jedesmal abgelehnt. – Viermal bekam ich einen der Briefe, die gemeinsame Schultage beschwören; meine Antwort hat sicherlich immer enttäuscht, denn die Briefwechsel brachen daraufhin ab.

Brüche um Brüche; was heißt »meine Schulzeit«? – Was ist das Gemeinsame einer gottverlassenen deutschsprachigen Dorfschule im tschechoslowakischen Böhmen, eines

Jesuitengymnasiums in Österreich und zweier Gymnasien wieder im Sudetengebiet, deren Unterricht zuerst bürgerlich tschechoeuropäisch, dann faschistisch großdeutsch dirigiert, jeweils von denselben Lehrern praktiziert worden ist?

Ich weiß auch nicht mehr, wie der Mitschüler hieß, den wir, in meinem Heimatort, eines Tages verbrennen wollten. Es sollte in einem unterirdischen Gang geschehen, und wir fingen schon an, diesen Gang zu graben, wir kamen immerhin einen Meter Gebirgsboden tief. Dieser Junge war katzenartig; er hatte eine Art, sich zu wehren, die ihn jedem Zugriff entkommen ließ. Nicht nur, daß er spuckte und kratzte und um sich schlug, er wehrte sich hemmungslos auf seine Weise: Er biß dem Gegner sofort durch die Haut, stach mit gespreizten Fingern voll Wucht in die Augen, fuhr tief in die Nasenhöhlen, krallte sich in den Kehlkopf, trat in die Hoden und entwand sich mit einem urwüchsigen Jiu-Jitsu selbst dann noch, wenn ihn zwei oder drei umklammert hielten. Er gehörte zur Gegenpartei; sonst wäre er unser Held gewesen.

Mein Heimatort zieht sich durch ein Nord Süd-Tal, weist demnach einen Ost- und einen Westhang auf, und so ergaben sich zwei Parteien, die Sommerseitler und die Winterseitler, deren Kampf auf Leben und Tod jedoch irgendwann, lang vor meiner Schulzeit, von einer Nord-Süd-Spaltung überkreuzt wurde; nach der legendären Schlacht am Hüttenbach, bei der zwei für Lebzeit Entstellte geblieben sein sollen, wuchsen schließlich zwei Clans heran, die lokal nicht mehr genau begrenzt werden konnten. Ihre Kerntruppen entstammten der Bürgerschule, wir Volksschüler waren Nachwuchs, Buben vom Troß. Die Anführer waren brutale Götter, die Programme hießen beiderseits Alleinherrschaft durch Terror, und der Kampf brach sofort aus, wenn eine Partei sich in der Überzahl glaubte. Das Los der Gefangenen war arg.

Im Winter war das Stopfen üblich, die Wasserfolter der Inquisition: Dem auf den Rücken Geworfenen wurde die

Nase zugehalten und der sich notwendig öffnende Schlund so lange, und so tief, mit Schnee vollgestopft, bis daß einem der Anführer Bedenken kamen. – Im Sommer nahm man Frösche und Schlamm.

Den Katzenartigen also wollten wir verbrennen. »Wir gießen Benzin drüber und zünden ihn an und sehen zu, wie er verbrüht«, erklärte unser Anführer. – Ich gehörte zu denen, die eingeweiht wurden, wiewohl ich nur erst ein Volksschüler war; man weihte mich ein, weil das Verbrennen unterm Grundstück meines Vaters stattfinden sollte, wo wir ungestört graben konnten. Der Schacht, den wir durch den Fels niedertrieben, maß im Quadrat einen halben Meter, so daß jeweils nur einer arbeiten konnte; wir hatten ja nichts als Hacke und Schaufel. Quarz; ich höre ihn heute noch knirschen. Wer grub, grub eine Viertelstunde, dann wurde er abgelöst: wir gruben drei Tage, dann verschoben wir es: Unser Anführer wollte Sprengstoff besorgen, und da gab's immer neue Schwierigkeiten. – Auch ich durfte zweimal hacken und hackte bis zur Erschöpfung; ich war darauf ungemein stolz.

Der Schacht sollte drei Meter tief niederführen, zu einem hüfthohen, sich rasch zum Gewölbe weitenden Gang, der, dann, sich ebenso rasch wieder verengend, in den verwahrlosten Steinbruch auslaufen sollte, der das Berggrundstück meines Vaters begrenzte. Er wurde, der Steinbruch, als Gerümpelhalde benutzt, und der Ausstieg sollte in einem Brennesselschlag zwischen verrosteten Kübeln und zerschlißnen Matratzen sein, wo ihn niemand entdekken konnte.

Ich sah den Gang, das Gewölbe; ich konnte sie mir leibhaftig vorstellen, und ich sah uns auch im Gewölbe umgehn, bei Fackelschein, mit vermummten Gesichtern; daß wir einen verbrannten, entzog sich mir. Wenn ich es mir vorzustellen versuchte, erstarrte die Szene; aber ich würde es ja erleben und schauderte der Prozedur mit einer Mischung aus Grauen und Neugier entgegen, in der die Neugier überwog.

Daß wir den Katzenartigen verbrennen würden, daran zweifelte ich nicht. Begegnete ich ihm, wußte ich sein Ende; ich begegnete ihm beinah auf jedem Schulweg und starrte ihn mit einer Mischung aus Gottesallmacht und Grauen an. Er genoß die Beachtung wohl dadurch am tiefsten, daß er sie nicht beachtete. Er ging, als ob ihm die Straße gehöre; die Hände tief in den Hosentaschen, vornübergeneigt, in den Hüften sich drehend, die Schultern rollten vor und zurück. Er pflegte bei jedem Schritt auszuspucken, gezielte Speichelstöße auf Gräser und Käfer; er nahm die geringste Bewegung am Straßenrand wahr und versuchte sie zu tilgen. Ich sah ihn übrigens nur auf der Straße, nicht am Badeteich, nicht im Wald, nicht im Gras. – Er griff mich nie an, und ich ihn auch nicht; mich verachtete er, ich kannte sein Ende, und das gab mir eine Überlegenheit, die sich bis ins Mitleid verstieg. Von seinem Schicksal weiß ich nichts mehr.

Merkwürdig, daß ich mir dies Verbrennen nicht vorstellen konnte –: Das Feuer war zu meiner Schulzeit noch eine Alltagserscheinung. Es sauste und spukte im Küchenherd; die Mutter trug Glut von Stube zu Stube, von der Straße aus sahen wir den Schmied hantieren, und mein Vater in seiner Apotheke kochte über spitzen Flammen Blut und Urin. Zweimal im Jahr wurde Laub verbrannt; Jägerfeuer, Kartoffelfeuer, jeder Bauer buk noch sein eigenes Brot. Kein Schulwandertag ohne Feuergruben, und Scheiterhaufen allenthalben: Frühlingsfeuer, Walpurgisfeuer, Johannisfeuer, Neujahrsfeuer, flammende Räder, die über Schneehänge rollten, Fackelzüge, Fackelfahrten, Sommerfeste mit brennenden Schiffen, die prasselnd über den Badeteich schwammen, und der weiße Glast in den Glasbläserhütten, eine flirrende Mauer überirdischer Hitze, da wurde, wenn Besucher kamen, die man für spendabel ansah, eine lebende Maus hineingeworfen, eine fahle, sofort versprühende Spur. Wilde Feuer in den Wirtshausküchen; uns jagten noch Blitze, die Brände steckten; auf allen Jahrmärkten Feuerfresser. Feuer als Ewiges Licht in den Kirchen, und rot am Tag die rauchverschmierte Flamme des Krematoriums. Diese Flamme sahen wir voll Schauder, es war die Flamme der unglaublichsten Empörung, die Lohe des Aufruhrs wider Gott selbst, der gebot, daß der Mensch, aus Staub geschaffen, wieder zu Erdenstaub zerfalle.

Die Schlote des Krematoriums waren für mich Ausfahrten der Hölle; im Kloster dann, bei den Exerzitien, getreu nach der Vorschrift des heiligen Ignatius von Loyola, lehrte man uns, das Höllenfeuer mit allen Sinnen vorzuvollziehen. Große Schule der Vorstellungsgabe: Wir saßen, drei Tage ins Schweigen geworfen, in den Gewölben des Konvikts und hörten die Stimme des lehrenden Paters, der uns zur Hölle niederführte:

»Die erste Übung besteht darin, daß ihr mit den Augen der Einbildungskraft jene unermeßlichen Feuergluten und die Seelen wie in feurigen Leibern eingeschlossen sehet. Sehet dies nun! Die zweite Übung besteht darin, daß ihr mit den Ohren der Einbildungskraft das Weinen, das Geheul, das Geschrei, die Lästerungen gegen Christus unseren Herren und gegen alle seine Heiligen höret. Höret dies nun! Die dritte Übung besteht darin, daß ihr mit dem Geruchssinn der Einbildungskraft den Rauch, den Schwefel, die Pfütze und die faulenden Dinge der Hölle riecht. Riechet dies nun! Die vierte Übung besteht darin, daß ihr mit dem Geschmackssinn der Einbildungskraft die bitteren Dinge, die Tränen, die Traurigkeit, den Gewissenswurm in der Hölle schmecket. Schmecket dies nun! Die fünfte Übung besteht in der Berührung mit dem Tastsinn der Einbildungskraft, wie nämlich jene Gluten die Seelen erfassen und brennen. Fühlet dies nun!«

Wir waren Zehnjährige, und die Exerzitien zwar nicht Alltag, doch in einem Alltag eingebettet, in dem die Hölle heimisch war. Das Feuer, wurde uns gelehrt, sei eine göttliche Reinigungsmacht, eine Gabe des Heiligen Geistes; und auch die Scheiterhaufen, drin die Ketzer verbrannten, seien gnädig noch für die Seelen der Ketzer gewesen, wenngleich die Kirche sie nicht verantworte, sondern allein ihr weltlicher Arm. – Später fand ich dies alles bei Joyce dann wieder: ›Portrait of the artist as a young man‹.

Wie das Feuer schmecke und rieche und brenne trat mir voll in die Sinne der Einbildungskraft, als ich mich darauf vorbereitete, durch das Feuer zu springen. Mutprobe am Lagerfeuer, Jahre vor der Eingliederung in Hitlers Reich. Ich wußte, daß man diesen Sprung, bei dem schon mancher verunglückt sein sollte, morgen nacht von mir fordern werde, bei der Aufnahme in den Sudetendeutschen Turnverein, und ich fürchtete bis zum letzten Moment, über eine Wurzel zu stolpern und der Länge nach in die Glut zu schlagen, aber ich hatte schon gelernt, daß es deutsch war, sich selbst zu überwinden, seine Angst, alles das, was man den »inneren Schweinehund« nannte, und so sprang ich gleich den Kameraden durchs Feuer und fühlte mich von den Flammen geweiht.

Ich war nun kein Mensch mehr wie irgendein andrer, nicht einmal wie irgendein andrer Deutscher; von diesen Tschechen oder Juden oder Zigeunern sowieso abgesehen. Über denen stand jeder von uns Deutschen, doch ich war nun nicht mehr irgendein Deutscher, ich war ein Deutscher, der durch das Feuer gesprungen, und ich fühlte ein tiefes Recht, diese anderen verachten und gegebenenfalls auch zertreten zu dürfen.

Wenn es Zufall gewesen, dann mehr als ein Zufall, daß einer dieser Feuersprünge just am Abend des Tages geschah, da laut Anweisung der Prager Behörde eine Unterrichtsstunde dem Friedensgedanken gelten sollte. Den Anlaß habe ich längst vergessen, wahrscheinlich wußte ich ihn nie, schwer zu denken, daß er uns mitgeteilt wurde, doch diese Stunde bleibt im Erinnern.

Ich sehe unseren Klassenlehrer in seinem schwarzgrünen zerknitterten Anzug brabbelnd wie stets und dennoch verändert an uns vorbei zum Katheder trotten; es war seine Art, schon beim Türaufreißen wie im Selbstgespräch vor sich hinzureden, im kehlig-breitmäuligen Dialekt dieses Landstrichs, ein kaum verstehbarer Strom Gemurmel, mit dem er seine Gemütslage kundtat, meist verärgert duldende Verachtung der »Maulaffen«, wie er uns zu nennen pflegte, immer sarkastisch, immer boshaft, sehr oft verletzend, mitunter verdüstert, gern darauf aus, einen Schwachen zu kränken, über körperliche Mängel nur spottend; manchmal, aus unerfindlichen Gründen, auch bereit, den ärgsten Unfug zu dulden, eine rübezahlhafte Großmütigkeit, die dann jedesmal jäh in Wüten umschlug. Je artikulierter sein Eintrittsgemurmel, um so gefährlicher seine Stimmung, und diesmal verstanden wir jedes Wort: Da hätten die also, murrte er und verschmähte, die Tür ins Schloß zu schmettern –: Da hätten die also in Prag angeordnet, daß er sich über die Wohltat des Friedens verbreite, also werde er sich über die Wohltat des Friedens verbreiten: Vor dem Frieden (er meinte den von Trianon und Versailles) –: Vor dem Frieden habe man hier als Deutscher in einem deutschen Staat gelebt, auch wenn der Österreich geheißen; nun gehöre man als Deutscher zur Tschechei (er sagte bewußt dieses Wort als Schimpfwort), das sei also so eine Wohltat des Friedens, und hätten früher Deutsche bestimmt, was deutsche Schüler lernen sollten, bestimmten das jetzt in Prag die Herren Tschechen, das sei also auch eine Wohltat des Friedens, und hätten hierzuland vor dem Frieden deutsche Arbeiter immer ihr Brot gefunden, so müßten sie heute hungern und darben, das deutsche Handwerk breche zusammen, der deutsche Bauer sei überschuldet, das seien alles Wohltaten des Friedens, und daß die Welschen und Polacken heute urdeutsche Gebiete beherrschten, sei auch so eine Wohltat des Friedens, und was gar die Kolonien angehe, dürfe er sich *darüber* nicht verbreiten; nicht zuletzt das sei auch so eine Wohltat des Friedens: Vordem habe des Deutschen freie Rede gegolten, nun also der gestopfte Mund. –

Ob wir Maulaffen das begriffen? Wir hatten's begriffen; er murrte weiter, noch immer zwischen Tür und Katheder: Man habe ihm auch aufgetragen, auf einige Bücher hinzuweisen, die sonst noch was über den Frieden erzählten, er habe die Titel zufällig vergessen, wolle aber nicht versäumen zu sagen, daß – und da trottete er zu seinem Pult hoch – daß man mit Papier sich auch den Arsch abwischen oder einen Fidibus drehen könne, sich eine Pfeife anzünden, notfalls heize es auch einen Ofen.

Dann las er mit uns, mit verteilten Rollen, aus dem Nibelungenlied; und am Abend dann sprangen wir durch die Flammen, den Leib für ein anderes Feuer zu stählen, das große reinigende Feuer, das die Schmach dieses Friedens ausbrennen würde, und wir warfen auch Handgranatenattrappen und übten Gaskrieg in Zelten mit qualmendem Stroh. Wir trugen damals noch nicht Stiefel und Braunhemd, nur grobe Schuhe, weiße Strümpfe und kurze graue Hosen mit Koppel und Messer; wir sprangen mit nackten Knien durchs Feuer, und dann sangen wir schallend: FLAMME EMPOR!

Als wir dann in Stiefeln zur Schule gingen, brannte eines Tages die Synagoge. Es war ein klarer Novembertag, ich erinnere merkwürdig wenig davon, am wenigsten Bilder des Feuers. Ich sehe mich in Stiefeln und Braunhemd, in einer lautlos brodelnden Menge; wir stehen wie zum Sprung zusammengedrängt am Rande eines abfallenden Platzes; gegenüber an der Häuserfront undeutliches Hasten, Würdenträger, Melder, verworrene Rufe; wir stehn wie auf einem Felsplateau; das Haus gegenüber scheint zu erbeben, und das Gefühl, das ich erinnere, ist eine Mischung aus Grauen und Neugier, in der das Grauen überwiegt.

Ich weiß nicht, wie ich auf diesen Platz kam, den ich nun wie von einem Flugzeug aus sehe, ich weiß nicht, was ich vom Sachverhalt wußte: Mein Erinnern beginnt auf diesem Platz. Ich stehe in der brodelnden Menge und starre auf das Haus gegenüber, in dem plötzlich ein Fenster auffliegt; Johlen bricht los, im Fenster Gedränge; plötzlich ein Strick am Fensterkreuz; plötzlich quillt fetter Qualm aus dem Giebel; eine Schlinge, ein Kopf, der Platz ein Aufschrei, am Fensterkreuz ein pendelnder Körper, wir rennen brüllend auf das Haus zu, und in das Gebrüll klirrt splitterndes Glas.

Aber da ziehn wir schon eine Straße hinunter und schlagen wie rasend in zerklirrende Scheiben, stumm, verbissen, bis zur Erschöpfung; ich weiß nicht, woher wir die Knüppel hatten, wir haben plötzlich alle Knüppel, Glas regnet, knirscht unter den Stiefeln, ich sehe mein Gesicht in zersplitternden Spiegeln, neben ihm einen meiner Lehrer: Erhitzt, erschöpft, einen Knüppel in Händen; und dann sehe ich den Juden. Ich begegnete ihm, als ich nach Hause ging, nachmittags, in einem Gäßchen am Wasser, in der Altstadt, vor den Tuchfärbereien; ich kam in Stiefeln und Braunhemd heran, er drängte sich stumm an die schimmlige Mauer, ein alter Mann, im Kaftan, mit Peijes, und ich ging lässig an ihm vorbei.

Ich sah ihn kaum an; kannte ich sein Ende? – Ich kannte es nicht; ich ging vorbei und fühlte, wie die Angst ihn erstickte; er war ein Greis, ich sechzehn Jahre; er war in meine Hand gegeben, doch ich verschmähte, ihn zu vernichten.

Meine Schulzeit insgesamt ist eine gute Erziehung zu Auschwitz gewesen: *Non scholae, sed vitae discimus.* Am nächsten Tag sah ich die Brandstätte der Synagoge; sie roch abscheulich, ich ging schnell fort. – Dann brannten die Städte.

Das erste feindliche Flugzeug sah ich noch in der Schulzeit; wenige Wochen danach zog ich durch brennende Dörfer, da hatte ich schon mein Abitur, und zu meiner Mathematikprüfung hatte die Berechnung einer Geschoßbahn gehört.

Ich weiß das nicht mehr aus dem Erinnern; als ich, fünfundzwanzig Jahre nach meinem Kriegsabitur, die Stätten meiner Jugendzeit besuchte, Rokytnice, Liberec, Vrchlabi, schenkte man mir eine Mappe photokopierter Urkunden, darunter die meines Schulabschlusses.

Vorher hatte ich Kalksburg wiedergesehen; alle meine Schulen haben den Krieg überdauert; im Steinbruch noch immer Brennesseln und Schutt. Das Berggrundstück habe ich nicht betreten, auch mein Vaterhaus nicht, ich bin bald geflohn.

PETER WAPNEWSKI

Meine Schulzeit im Dritten Reich

I

Als das Jahr 1933 anbrach, kam Hitler an die Macht und der kleine Peter aufs Gymnasium. Vorgänge von freilich sehr unterschiedlicher Folgenschwere. Ein schönes Frühjahr, wenigstens im deutschen Norden. Kiel leuchtete – und tat es auch im Schmuck der vielen Fahnen. Unter denen die mit dem Hakenkreuz nicht dominierte, noch nicht, es zeigten sich vielmehr froh auch die Farben Schwarz-Weiß-Rot und die alte Reichsmarine-Flagge und das Blau-Weiß-Rot des ungedeelten Schleswig-Holstein. Nur Schwarz-Rot-Gold gab es jetzt auf einmal nicht mehr, und überhaupt hieß es nunmehr Schwarz-Rot-Senf. Auch Sprüche können einen Staat kaputtkloppen.

Ein Jahr zuvor schon war ich in die Bündische Jugend eingetreten, vielmehr ich war »gekeilt« worden. Im »Jungsturm« ging es zackig zu, da wehte ein herber Wind, wir Knäblein mußten wacker exerzieren und eine hölzerne MG-Attrappe schleppen, und ich hatte meinen Zug gegen Fliegerbeobachtung und Feindeinsicht von Norden her durchzubringen: hier ab dieser Tanne bis zu jener Weggabelung dort. Sonntags wurde gezeltet. Das alles war mir nicht sehr angenehm, aber die Erwachsenen befanden, es sei nützlich, der Junge muß doch raus an die frische Luft, mal unter andere Jungs, er wird ja ein Stubenhocker sonst, das viele Lesen macht nur dösig.

Und es ist ja wahr: »Aus grauer Städte Mauern . . ., hallihallo wir fahren, wir fahren in die Welt . . .« – das war eine schöne Nebenstimme zu den Kommandorufen, die ›Deutsche Freischar‹ oder der ›Wandervogel‹ sangen sie uns vor, und »Schneefelder blinken, schimmern von ferne her . . .«: das ist reiner Eichendorff, um hundert Jahre zeitversetzt, und ist nicht der Jugend schlechtestes Teil. Dann wurden wir also »überführt«. Die Bündische Jugend wurde en bloc zur Hitler-Jugend. Das mag 1935 gewesen sein, plötzlich hatten wir braune Hemden an statt der blauen und trugen ein schwarzes Halstuch und am Koppel ein Fahrtenmesser.

2

Alles scheint jetzt vorgezeichnet und sehr einfach. Ich hatte meinen Dienst zu tun im »Jungvolk«, der Vorschule der HJ. Mittwochs Heimabend, sonntags Geländespiele, Sport, Exerzieren. Mit Fünfzehn dann statt der Sieg-Rune auf dem linken Oberarm die HJ-Binde. Die Bezeichnungen änderten sich, statt »Jungenschaft« und »Zug« und »Fähnlein« hieß es nunmehr »Kameradschaft« und »Schar« und »Gefolgschaft«. Die Etikettierung des gesamten Volkes und Staatswesens mit Bezeichnungen von absurder sprachschöpferischer Fantasie war eines der technischen Mittel, kraft derer dieses Volk organisiert und formiert wurde. So wurde denn diese Hitler-Jugend auch eingesetzt, um scheppernd die Sammelbüchsen für das »Winterhilfswerk« zu schwenken, man lernte, einen »Affen« zu packen, und zur Sonnenwende gab es ein Feuer, einen Sprung und einen Spruch.

Die Formen des öffentlichen und privaten Lebens müssen sich damals schnell und gewissermaßen unvermerkt gewandelt haben. Der Gewerkschaftler war nun in der »Arbeitsfront«, der »Reichsbanner«-Mann in der SA, das Sonntagsmenü wich dem Eintopf, und das somit erübrigte Geld sammelte der Blockleiter ein. (Die ganz Verwegenen gaben zwar auch Geld, wie denn nicht, – aber fraßen dennoch heimlich Braten, hinter geschlossenen Gardinen...)

Alle, alle machten mit, es gab zu all dem auch noch ein »Staatsjugend-Gesetz«, ein jedes Kind von zehn bis achtzehn war Baldur von Schirach anvertraut, unter seiner Obhut wuchs man heran, schließlich war er, sein Name deutete es an, auch ein lyrischer Dichter. So wurde man achtzehn, machte Abitur, das war 1941, die Fahne rief, man meldete sich – Ehrensache! – kriegsfreiwillig, ohne Enthusiasmus zwar, eher mechanisch, und Felix Krull hatten wir noch nicht gelesen. Bis dann, bei dem einen früher, beim andern später, die große Desillusion die große Illusion ablöste. Manch einer freilich hatte diese Wandlung zu erleben schon gar nicht mehr Gelegenheit.

3

War es so? Es war so, – und doch auch ganz anders. Es gab ein Binnenklima der Lebensformen, das hatte mit all dem organisierten Jung- und Deutschsein nichts zu tun. Nicht etwa, als ob wir hinter der braunen Fassade Widerstandskämpfer oder auch nur Antinazis gewesen wären. Das deutsche Volk, es hat Hitler gewollt und gewählt, und wie die Alten sungen, so taten's auch die Jungen: gleich zwei Nationalhymnen hintereinander, der gereckte Arm mochte das nicht und rächte sich schmerzend. Jedoch zu seinen Gunsten Wahlen zu fälschen, das hatte dieser Hitler in diesem seinem Volke gar nicht nötig. Und doch: inmitten all der hochgemuten und vermessenen Geschäftigkeit und Organisationshysterie des neuen Staates breiteten sich weite Flächen von Gleichgültigkeit aus, von müder Indifferenz. Ich will das konkreter zu beschreiben versuchen.

Mein Gymnasium, das sich stolz »Alte Kieler Gelehrtenschule« nannte, hatte einen Lehrkörper, der sich etwa zu 70 Prozent als nationalsozialistisch verstand und gebärdete. Die grüßten stramm mit deutschem Gruß, die kamen im Braunhemd in ihre Klassen, waren niedrige Chargen als »Politische Leiter« der Partei, erzählten von Krieg und Kriegsgeschrei und bewährten sich im »Nationalpolitischen Unterricht« und in der »Rassenkunde«. Wunderlicherweise geriet auch die humanistische Bildung und ihr

Lehrplan mit diesem Betrieb nicht in Konflikt, das ließ sich arrangieren, die Griechen haben ja feurige Schlachtgesänge hinterlassen, und in Platons ›Staat‹ hätte die SS sich nicht übel eingenistet. »Herrlich zu sterben, wenn mutig im Vordertreffen du fielest«, sang unser Schulchor: das war Tyrtaios, die Musik hatte Sibelius gemacht. Und mein Abituraufsatz behandelte das Thema »Herrenmenschentum und Sklavenmenschentum in Platons Dialog ›Gorgias‹«. Ich wünschte, ich könnte ihn heute wieder lesen, aber er ist verbrannt mitsamt vielen Akten und vielen Herren- und Sklavenmenschen in einer der vielen Kieler Flammennächte.

So also wohl drei Viertel der Lehrer. Von den übrigen waren manche betont indifferent; und einige wenige machten keinen Hehl aus ihrer Ablehnung des neuen Staates. Das mag sie in der Kollegenschaft isoliert haben – wir Schüler nahmen es zur Kenntnis und beurteilten sie im übrigen danach, wie sie eben als Pauker waren.

4

Wir Schüler: Ich weiß ja nicht, wie es andernorts war, aber bei uns gab es keine fanatische, keine passionierte, keine heftige Jugend Hitlers. Sie alle machten eben mit, lustlos einige, lustvoll andere, gleichgültig viele, manche waren »Führer« und zierten ihre Uniform mit einer Schnur. Wenn einer aber sich schwertat mit dem »Dienst«, etwa den Heimabend schwänzte oder seinen Sonntag für sich haben wollte, dann verlor er erst sein Halstuch (weithin sichtbares Schandmal, der leere Fleck), flog dann heraus aus seiner sogenannten Einheit. Die Klassengemeinschaft aber rührte das nicht. Man versuchte, dem Staat zu geben, was des Staates war (was er jedenfalls einforderte), und war im übrigen privat. Diese Jugend hatte ihre offizielle Hymne, – ich habe nie erlebt, daß sie nach Text und Melodie je wirklich gesungen wurde, wir stockten und kippten dann ab: »Unsere Fahne flattert uns voran…« so der Refrain. Auch der Sohn des Gauleiters und der des Kreisleiters und Oberbürgermeisters wußten es nicht besser, sie waren für einige Jahre meine Klassenkameraden, ganz nette Jungs und (obwohl es heute billig klingt, aber es ist nun einmal die Wahrheit:) recht dumm.

Was freilich »Widerstand« bedeutete, das wußten wir nicht, wollten es nicht wissen, ahnten es kaum. Und was aus ihren jüdischen Kollegen und Mitbürgern geworden war, das behielten die Eltern schön für sich. Sofern sie nicht auf Führers Fahne schworen, tarnten sie sich, – tarnten sich so perfekt, daß die Tarnung schon kaum mehr zu unterscheiden war von der durch sie zu schützenden Substanz.

Es ist oft notiert worden, daß 1939 keine kriegsbegeisterte Jugend zu den Waffen strömte. Das ist wahr, damals schon war es vielfach vorbei mit der völkischen Begeisterung, – und was die Jugend angeht, so war sie im Gegensatz zur offiziellen Lesart früh müde geworden, der dumpfe Rhythmus der Landsknechtstrommeln, die uns den Marsch wummerten, klang vielen nicht gut in den Ohren. Damals habe ich meine erste Urkundenfälschung begangen, habe ich in der Handschrift meiner Mutter den Hitlerjungen P. W. von der Teilnahme am Heimabend befreit, »weil er zum Röntgen muß«. Das klang angestrengt und überzeugend, – nur: warum wohl die Eltern solche Entscheidung nicht autorisierten? Sie retteten sich in Lebensweisheiten, die sie mit Moral verwechselten, und der Großvater, er war Jurist, belehrte mich: Wer die Macht hat, hat das Recht.

Immerhin, man bestimmte mir als Klavierlehrerin Frau Lamm-Nathansen, das geschah eher um ihret- als um meinetwillen, der ich ein Instrumentenstümper war und blieb. Auch scheint es, als habe ich mich nicht gewundert, daß die Lehrerin eines Tages wechselte.

Hart wie Kruppstahl, zäh wie Leder, schnell wie die Windhunde? Dieses Postulat aus der bilderreichen Rhetorik ihres Führers hat meine Jugend müde ignoriert. Wir waren eher lahm. Das allerdings durfte man gewiß nicht Widerstand nennen, allenfalls Opposition und Reaktion, man kann Entsprechendes bei Kempowski nachlesen aus seiner und seines Bruders Jugendzeit. Wir schätzten den Friseur, der uns mit einem »Salonschnitt« versah, – lange Haare »wie ein Kommunist!« sagte mein Onkel, das war das Schlimmste, man ließ es sich gerne gefallen, obschon man kaum wußte, was denn ein Kommunist war. Wir hielten wenig von körperlicher Ertüchtigung und empfanden die Turnstunde eher als unbequem.

Ein merkwürdiges Ensemble: Lehrer mit dem Braunhemd unter dem Bratenrock, mit Parteiabzeichen und markigen Reden, Lehrer als SA-Mitglieder und Parteigenossen: ihre Schüler nahmen das alles träge hin wie naturgegeben und taten ihren »Dienst« als schicksalsbestimmt – und suchten, wie nicht selten in der deutschen Geschichte, ihre Freiheit auf leise Weise, nämlich im »Weg nach Innen«. Wir lasen Bergengruen ›Der Großtyrann und das Gericht‹ und Ernst Jüngers ›Marmorklippen‹ und Stefan George, diskutierten solche Texte konspirativ mit dem bewunderten Pastor, der uns konfirmierte. Aus dem gleichen Mangelgefühl und Kompensationsdrang schwärmten wir für Rosita Serrano und für die Big Band von Jack Hilton oder Teddy Stauffer oder Will Glahé und strebten, ein Stenz zu sein, und liefen blind in jedes Kino, wo nämlich Menschen agierten, die nie »Heil Hitler« sagten. Peter Igelhoff, der schnellzungige, sang uns zu seinem Klavier die plappernde Bekenntnis-Melodie dieser geduckten Nation in der Nation: »In meiner Badewanne bin ich Kapitän...«: gewissermaßen die Banalform des Credos der »Inneren Emigration«.

Wir gruben uns auch auf andere Weise unsere Tunnel in das, was wir wohl als Freiheit verstanden. Kletterten nachts aus dem Schlafzimmer-Fenster und machten uns, sechzehnjährig, auf den Weg in das Wiener Café oder ins Café Wegmann. Adressen, die wenig mit einem Café zu tun, aber den verwegenen Ruf von Nachtlokalen hatten. Den Eintritt verdankten wir unserem Klassenkameraden Alfred, der sich durch die Eigentümlichkeit auszeichnete, daß er schon als Quartaner sich rasieren mußte. Eine hormonelle Frühsteuerung, die wir uns bedenklich mit seiner Herkunft erklärten, war er doch als Sohn eines Missionars in China geboren.

So erlebten wir dann tolle Nächte, tranken ein Gläschen Likör oder auch zwei, vom Kellner widerwillig-mißtrauisch angebracht, und wenn wir großen Mut hatten, dann wagten wir uns in Kiels feinste Nachtbar, sie hieß »Halali« und hatte unter anderem den Nachteil, daß dort die Marinefähnriche dominierten und uns banalen Gymnasiasten bei den umworbenen Lyzeumsmädchen nicht die geringste Chance ließen.

Was nun meine Klasse und meine Freunde in ihr betrifft: Nein, »der Beste« war ich nie, immer war einer besser, Lohmeyer zum Beispiel, oder Laux, und im Sport war ich eine mittlere Flasche, in der Mathematik ein Versager. Meine Feder allerdings hatte in der Klasse eine gewisse Reputation, und so heuerten mich denn die Kameraden an, wenn es galt, einen Hausaufsatz zu schreiben, und entlohnten mich in Naturalien: So Asse zum Beispiel, der mich mit einem Abendessen in hungernder Zeit belohnte, es gab Schwarzbrot und Bückling darauf, auch wies er mit allgemeinen Wendungen auf die Reize seiner etwa gleichaltrigen Schwester hin. Sie mögen bedeutend gewesen sein, ich hatte indes nur unklare Vorstellungen von dem Glück, das sich mit dergleichen verbinden ließ, wir waren eine langsame Generation. Die übrigens auch vom Tanzen nicht viel hielt, ab und an ein Hausball, ein eher nüchternes Ereignis, und die Tanzstunde im Institut des Ehepaars Gemind in der Holtenauer Straße (Kiels erste Adresse auf diesem Parkett) war eher eine bürgerliche Pflichtstation als Ausdruck von in Bewegung umgesetzten Gefühlsenergien. Da standen wir, artig aufgereiht, und die Jungens hatten weiße Zwirnhandschuhe an und waren auch sonst adrett angezogen, zirkelten Lancier und Menuettwalzer und Polka und Foxtrott. Foxtrott, der schien uns fast schon wie Jazz, und Jazz hatte den magischen Reiz der »Negermusik«, – uns, die wir zu anderer Stunde mit Koppel und Fahrtenmesser Geländespiele absolvierten und exerzierend unsere zackigen Wendungen machten auf rauh gebrüllte Kommandos hin. Die gleiche Hitler-Jugend aber veranstaltete auch ihre Tennis-Meisterschaften auf den Plätzen am feinen Carolinenweg, da trug man strahlendes Weiß und gar die Hose lang wie Gottfried von Cramm, Gerd Laage machte bella figura und spielte lässig mit den begehrenswertesten Mädchen, für mich reichte es nur zum Platz auf der hohen Schiedsrichterleiter. Eine Enklave, braun war in ihr nur die Asche des Platzes.

Ob es je gelingen wird, einer späteren Generation klar zu machen, daß es ein Stück persönliche Bewährung, ja, so etwas wie privates Heldentum war, wenn man in Bäckerläden ging und »Guten Morgen!« grüßte? Denn an den Ladentüren mahnte den Kunden ein Schild, das sagte: »Trittst Du hier als Deutscher ein/Soll Dein Gruß Heil Hitler sein!« Ein kleiner Held war auch, wer auf der Straße den Hut lüftete statt – was aus vielen Gründen bequemer war – den rechten Arm zu recken.

5

Ich rede von meiner Schulzeit, und Schulzeit ist Kinderzeit. Auf der Universität, die im Kriege nahezu frei von Männern war, haben sich Widerstand und Aufbegehren wohl gelegentlich intelligent und moralisch artikuliert, – in kleinen Zellen freilich nur. Wie klein, mag man daraus erkennen, daß nach der Tat der Geschwister Scholl und ihrer Freunde »die Münchener Studentenschaft« den ekelhaften Hetzworten des triumphierenden Gauleiters blutrünstigen Beifall zubrüllte. So jedenfalls hat man es mir berichtet damals.

Damals: das ist nun lange her und ist nie vorbei. Rührend fast, daß wir einmal glaubten, es lasse sich diese Art von Vergangenheit »bewältigen«, solange noch die Generationen leben, die diese Vergangenheit waren, die diese Vergangenheit sind.

Das Bild der Oberprima A des Staatlichen Gymnasiums zu Kiel – Alte Kieler Gelehrten-Schule – aus dem Sommer 1940 ist ein finales Dokument. Alle diese 18jährigen tragen, wie man sieht, Erwachsenen-Kleidung (auch Hüte übrigens, richtige Herrenfilzhüte mit Ripsband und Krempe scheuten wir nicht). Das war die Flucht ins Zivile. Im Zentrum halbrechts: der Klassenlehrer Studienrat Erich Raabe (Französisch, Geographie, Leibesübungen), das Parteiabzeichen im Knopfloch, ein wunderlicher Kauz voll ärgerlicher Marotten, aber ein redlicher Mensch, trotz allem. Ein halbes Jahr später war er dann wohl der einzige, der noch Zivil trug. Uns anderen aber sangen von fernher die Stimmen der Heimat sentimentalen Trost oder kämpferische Ermutigung zu: Ein Baß mit Namen Strienz ließ alle Sonnabende lügenselig »Glocken der Heimat...!« klingen, jeweils zum Ende des sogenannten »Wunschkonzerts«. (Es handelte sich dabei um ein Lieblingslied meiner Schwester Marianne, und wer sie zu Tränen ärgern wollte – ich wollte oft –, schraubte heimlich just in jenem bombastisch-rührenden Moment die Sicherung heraus, – kein Strienz mehr weit und breit, statt dessen stumme, öde Realität).

Am Montagabend dann, weniger markig-federnd, ein Bariton namens Sven Olof Sandberg. (Ach, warum behält man dergleichen, Namen etwa wie diesen, und vergißt so vieles, das man doch besser festhalten sollte.) Der sang »Und wieder geht ein schöner Tag zu Ende, voller Glück und voller Sonnenschein.« Wieder dieser Mehltau von Lüge, über die Welt gebreitet, damals gingen Tage zu Ende und brachen Nächte an, die eben voll nur waren von Unglück und Tod und Elend und tonloser Verzweiflung. Aber wir sangen hoffnungsverliebt auch den Schlager

»Wenn die Lichter wieder scheinen / und wir wieder unsern kleinen / Bummel durch die hellen Straßen machen / werden wir lachen / und werden wir weinen...« Wenn in solches Konzert rauchige Frauenstimmen wie die der Lale Andersen oder der Zarah Leander melancholisch und satt von Tränen sich einmischten, dann war auch das eine sehr merkwürdige Konzession der zynischen Obrigkeit an das Moment des Sentimentalen, das augenblicksweise nahezu den Schein des Defätismus zuließ, und es tat in einer Art Ventilfunktion, – eben um die Sache selbst zu verhindern. Kriege brauchen Musik. »Wir zogen in das Feld...« Uns mußten also nun die Ohren klingen, klingen von überallher und überallhin, »...zu Wasser, zu Lande, in der Luft...«

Fünf Jahre später hätte ein Photobild allenfalls noch die Hälfte dieser Gruppe aufnehmen können. Das war, als Marlene Dietrich sang: Von den Blumen und den Mädchen und den Männern, wo sind sie geblieben; und: »Wann wird man je verstehn...«

Nachschrift:

Auf den Vorabdruck dieses Artikels (um ein weniges gekürzt) in der FAZ erhielt ich eine Reihe von Zuschriften, deren einige mich fragten, ob ich denn nicht »wisse«, daß Hitler bei den Wahlen im März 1933 nicht die Mehrheit der abgegebenen Stimmen erhalten habe. Ich wußte es und weiß es; aber meine Erinnerung, um die es in diesem Aufsatz ging, malt mir ein anderes Bild. Dieses Volk wuchs Hitler zu, so wie er ihm zuwuchs. Die Wahlen der folgenden Jahre bewiesen es nur allzu schrecklich und zu deutlich. Nahezu alle wählten sie mit »Ja«. Die Ergebnisse waren so eindeutig, daß es der (gelegentlich gewiß riskierten) Fälschungen gar nicht bedurfte. »Ein Volk, ein Reich, ein Führer«, – dieses inbrünstige Bekenntnis überdauerte auch noch den Kriegsausbruch. Wer's nicht glauben will, studiere u. a. die erregende und erschütternde Auswahl

›Deutsche Feldpostbriefe 1939–1945‹, herausgegeben von Ortwin Buchbender und Reinhold Sterz, München (Beck) 1982.

Walter Jens

Mein Lehrer Ernst Fritz

Sie hießen Abraham und Nathan, Levy und Wolf, Weinstein und Teitelbaum: Die Hälfte unserer Klasse bestand zu Beginn des Jahres 1933 aus Juden. Die Schule, die ich besuchte, galt, dank Koedukation und Anwendung neuer Unterrichtsmethoden, als fortschrittlich: eine »Versuchsschule«, wie sie genannt wurde. Diese Institution zog das liberale, auf die beste und interessanteste Ausbildung ihrer Kinder bedachte jüdische Bürgertum an. Kein Wunder also, daß sich der Einzugsbereich meiner Grundschule, Breitenfelderstraße 35 in Hamburg-Eppendorf, bis zu den Villengegenden an Alster und Alsterkanälen erstreckte. Der Weg war weit, andere Schulen, Alltags-Lernstätten wie tausend andere, lagen günstiger, aber die acht- und neunjährigen Israeliten hatten gelernt, daß es sich im Hinblick auf Wort und Schrift lohne, den kurzen und bequemen Weg zu vermeiden. Folglich ging Hannelore Mayer, die in einer Villa in der Tarpenbeckstraße wohnte, tagtäglich an der Volksschule Erikastraße vorbei, in Richtung Hoheluft, um jene besondere Bildungsanstalt zu erreichen, in der Jungen und Mädchen schon im Grundschulalter gemeinsam unterrichtet wurden – unterrichtet, in meinem Fall, von Fräulein Hildegard Hefke, die zum Entsetzen älterer Kollegen bereits in Klasse 2 den Komparativ übte.

Es war eine freundliche Schule, liberal und durchaus hamburgisch, sogar ein Kommunist unterrichtete. Ralph Weinstein, dessen Vater ein Auto besaß und bei Kindergeburtstagen als unersetzlich galt, hatte also nichts zu befürchten: jüdische Kinder galten als fleißig und intelligent. Daß es Leute gab, die sie anders sahen, sie und ihre Eltern, erfuhr ich erst durch den Kommis von Krämer Niehus in der Breitenfelderstraße: »Da gehen deine

Freunde, da drüben«, sagte er, und zwar mit Verachtung und Ekel, als er Ernst-Robert Abraham und Lotte Teitelbaum sah.

Was er meinte, habe ich erst viel später verstanden – später, als ich, Frühjahr 1933, in die Gelehrtenschule des Johanneums eingeschult wurde: Leb wohl, rote Versuchsschule, adieu Hildegard Hefke – Dank für die Unterweisung in deutscher Grammatik: »Richtig, das ist eine Adverbiale des Ortes« –, adieu Hannelore Mayer und Peter Redlich: Wer von ihnen hat überlebt?

Der Wind, der im Johanneum wehte, war rauher: Hier hatten sich Deutschnationale zu Nationalsozialisten gewandelt. Männer wie der Erzdemokrat und gewaltige Zecher Willy Thede oder der »Scheich«, konservativ bis auf die Knochen und zu gleicher Zeit ein besessener Anwalt der hebräischen Sprache, Professor Bertheau, standen für sich. Die Mehrzahl war stramm, ein wenig einfältig und national. Man sprach von »großer Zeit«, von »Schand-Epoche«, die nun vorbei sei, von »erfülltem Traum aller Deutschen«, mahnte zum Eintritt ins Jungvolk und wurde dennoch fuchsteufelswild, sobald ein Schüler sich erdreistete, den Ausmarsch oder Heimabend für momentane Unkenntnis auf dem Gebiet der unregelmäßigen Verben verantwortlich zu machen.

Nazi oder Nicht-Nazi, PG oder Nicht-PG – in *einem* Punkt waren die Gruppen sich einig: Der Optativus obliquus hatte Vorrang vor jedem Appell. Vom Geist der Gelehrtenschule freilich blieb, ungeachtet solcher Prioritäts-Bestimmung, zu meiner Schulzeit nicht eben viel übrig. Vorbei die Zeit, da ein Johanneums-Kollegium die deutsche Thukydides-Forschung bestimmt hatte – vorbei die glücklichen Tage, in denen Studienräte nachmittags neben der Korrektur von Extemporalia ihrer wissenschaftlichen Arbeit nachgingen. Helmut Kasten, der Wagnersänger mit dem Glasauge, den es nicht reute, nach Schulschluß und Mittagsschoppen (wenn er getrunken hatte, sang er am besten) seine Übersetzung der ciceronianischen Briefe zu fördern, war die rühmliche Ausnahme unter der Vielzahl von Paukern und uniformierten Marschierern, von Griese und Blunck feiernden, Ernst Wiechert verachtenden Deutschlehrern und Altphilologen, die den Deutschtümlern nicht ohne Süffisanz replizierten: Als ein Germanist in unserer Klasse die These vertrat, daß jede Moorleiche eindrucksvoller als die Erechtheion-Koren sei, beantragte, dieses hörend, der Gräzist eine Stunde darauf, für eine Griechenland-Reise seines Kollegen zu sammeln, damit der vor Ort seine aberwitzige These zurücknehmen könne: Heithabu in allen Ehren – aber Athen sei doch am Ende etwas anderes; als Muli würden wir's sehen, bei unserer Klassenreise nach dem Abitur. (Es sollte nicht dazu kommen: Als ich 1941 die Reifeprüfung ablegte, gab es schon lange keine Bildungsfahrten mehr.)

Schulzeit im Dritten Reich: Da unterwiesen uns Lehrer, die von Fontane viel und von Annacker oder Schirach nicht das Geringste hielten und keinen Hehl daraus machten, und da unterrichteten uns andere, für die Kolbenheyers Paracelsus-Trilogie den Höhepunkt deutscher Dichtung markierte. (Thema meines Abitur-Aufsatzes: »Heinrich gewinnt das Reich« – eine Interpretation von Kolbenheyers Drama ›Gregor und Heinrich‹. Ich schloß meine, wie ich fürchte, nicht gerade kritische Deutung mit dem Satz Meister Eckeharts ab: »Willtu den kernen haben, so muost du die schalen brechen.«) Da gab es alte Kämpfer von 1927, die keiner Fliege etwas zuleid tun konnten und sich in verwegenen Thesen ergingen. Wir Deutschen, hieß es, brauchten keine Maginot-Linie, nur sterbende Völker errichteten Wälle aus Stein und Beton; unsere Maginot-Linie bestünde »aus den Leibern deutscher Soldaten«. Nach dem Bau des Westwalls verstand dieser alte Kämpfer die Welt so wenig wie sein Kollege, der, als das Gerücht vom deutsch-sowjetischen Bündnis aufkam, mit den Worten das Klassenzimmer betrat, wer derartigen Aberwitz weiterverbreite, möge gefälligst bedenken, daß der Führer keinem deutschen Arbeiter mehr ins Gesicht sehen könne, sollte das Gerücht Wirklichkeit werden.

Nein, die alten Kämpfer fürchteten wir nicht, damals im Johanneum, eher schon den Turnlehrer, den dummen kleinen Himmelstoß, der sein Mütchen an den sogenannten Gebildeten kühlte. (»Du« wurde er genannt, weil er die Primaner duzend anrempelte: »Du Idiot du!«) Schlimmer aber noch als Turnlehrer L. waren die Märzgefallenen, die PGs vom Frühjahr 1933, die sich an forschem Auftreten, an Geistverachtung und Militär-Kult nicht genug tun konnten – unser Klassenlehrer auf der Oberstufe allen voran, die »Speckrolle«, wie wir, seiner allem zackigen Gehabe widersprechenden Feistheit willen, den Mann mit dem beschmißten George-Grosz-Gesicht nannten. »Speckrolle« oder einfach »das Schwein« hieß der Mann, den Schüler ebenso wie die wenigen aufrechten Demokraten der Schule fürchteten: Mathematiker Wagner etwa, der stolz darauf war, »Bubi« zu heißen, jawohl, er sei einverstanden mit dieser Bezeichnung, da er nicht als Respektsperson, sondern als unser Freund auftreten möchte – lieber belächelt als gehaßt.

Gehaßt wie »das Schwein«, Studienrat F., der mich am liebsten »Sie Kaffeehausliterat« titulierte – einen Spitzweg-Schöngeist aus dem Bilderbuch der Poesie, der in die große Zeit so wenig wie jene Mischlinge passe, die er – Egon und Ralph Giordano immer voran – mit Vorliebe aufs Korn nahm, wobei er, das machte seine Gefährlichkeit aus, nicht etwa Hitlers ›Mein Kampf‹, sondern die griechischen Verben auf -mi als Disziplinierungselemente wählte: »Gerade Sie sollten etwas strebsamer sein«, pflegte er zu den jüdischen Schülern Wolff oder Weinberg zu sagen, wobei er in das scheinbar unverfängliche Wort *gerade* den ganzen Rosenberg und den ganzen Streicher hineinlegte. *Gerade Sie*: Das war der Ton des ›Stürmer‹ auf den höheren Rängen, die zynisch-sanfte Suada eines Altphilologen. Dann doch lieber »Du« mit seinem Gepolter, das die Jeunesse dorée vom »Club an der Alster« eher snobistisch als politisch überzeugend für das Barmbeckisch oder Eimsbüttlerisch eines Proleten hielt und dementsprechend wertete – ein kleiner Mann halt, dieser »Du«. Und hier nun stimmte »Speckrolle« zu. So gern er sich mit den Schwächeren anlegte, den Mischlingen, den Kaffeehausliteraten aus nichtakademischen Kreisen oder den Unterschichts-Kindern, die rot wurden, wenn F. ihnen bedeutete, sie möchten gefälligst morgen »ihren« Goethe mitbringen, so liebedienerisch und katzbuckelnd gab er sich gegenüber den Söhnen mit klingendem Namen und altererbtem Renommé: »Bitte, empfehlen Sie mich Ihrem Herrn Vater.« Wer am Leinpfad wohnte, bekam einen respektvollen Gruß mit auf den Weg. Die anderen wurden verachtet: »Wir sind nicht bei Ihnen zu Hause«, sagte F. zu mir, als ich, Sohn eines Bankbeamten und einer Volksschullehrerin, es gewagt hatte, einmal Widerspruch anzumelden. Volksgemeinschaft im Dritten Reich – so sah sie aus, praktiziert vom Nationalsozialisten Studienrat F., der zwei Dritteln seiner Klasse mit feindlichem Mißtrauen begegnete, ja, sie für »verdorben« erklärte... und dies, von ihm aus gesehen, durchaus zu Recht.

Wir *waren* verdorben, Giordano 1 und 2, Weinberg, Tügel, Jens –, waren es wirklich, ein für allemal, verdorben für »Du« und für »Speckrolle« (nicht hingegen für »Bubi«, den Humanisten, und nicht für Kasten, den Sänger) verdorben durch einen einzigen Mann – jenen Ernst Fritz, der, unser Ordinarius von Sexta bis Quarta, die Saat ausgestreut hatte, die, so »Speckrolle« und seinesgleichen, bald in bösen Prächten aufgegangen sei.

Ernst Fritz, geboren am 28. Juli 1891 in Ellrich (Harz), Schulmeister und Poet dazu, Studienrat an der Gelehrtenschule des Johanneums zu Hamburg, 1936 wegen staatsfeindlicher Gesinnung entlassen und ins Gefängnis geworfen, nach Kriegsende wiedereingestellt und, da wunderlich geworden, abermals entlassen: Ehre seinem Andenken! Dank, sehr persönlich, an einen Mann, der aus dem braven Schüler Jens »Speckrolles« Kaffeehausliteraten gemacht hat. Wie? Indem er ihm die Augen öffnete – ihm und anderen. Indem er, Aesthet, der er war, an die rüde Wirklichkeit des Dritten Reichs mit dem Handwerkszeug des Artisten heranging: Da, Jungs, schaut hin, was ich aufgespießt habe!

Wenn wir, ich schätze, anfangs mit Inbrunst, das Horst-Wessel-Lied sangen, dann ließ er uns aussingen und – den Text analysieren. Elfjährige Hamburger Schüler bei der Exegese der für heilig erklärten Hymne – ich werde den Tag nie vergessen, an dem unser Klassenlehrer den Satz »Kameraden, die Rotfront und Reaktion erschossen, marschier'n im Geist in unsern Reihen mit« grammatikalisch *erledigte,* indem er die Frage stellte, wer hier denn nun eigentlich wen erschossen habe, Rotfront die Kameraden oder, was eher anzunehmen, freilich ganz und gar nicht gemeint sei, die Kameraden die Rotfront. *Er,* Sprachmeister Fritz, verstünde den Artikel *die* als Nominativ, Horst Wessel hingegen als Akkusativ – da möchten doch, bitte sehr, wir selber entscheiden, wer hier im Recht sei! Gestorben, ein für allemal, die Hymne – als Machwerk erledigt mit Hilfe der aufklärerisch gehandhabten Grammatik!

Kein Zweifel, Studienrat Fritz verstand sein Metier. Hätte es den Begriff *Verfremdung* schon 1933 gegeben – unser Ordinarius wäre entzückt gewesen, für die richtige Methode den richtigen Namen zu haben. Es *war* Verfremdung, die enthusiasmierten Sänger mit Hilfe der Frage »Nominativ oder Akkusativ?« auf die Erde zurückzuholen; es *war* Verfremdung, die von Hitler-Reden betörten Zehn- bis Zwölfjährigen ins Kino zu schicken: »Schließt die Augen, Jungs, wenn der Mann spricht, schaut nicht hin, aber hört sehr genau zu, hört das tierische Gebrüll der Menschen, und dann stellt euch vor, was man in London davon denken wird.« Wir gingen ins Kino, wir schlossen die Augen, wir hörten zu, wir stellten uns vor und sahen, geimpft von Studienrat Fritz, die martialische Heerschau von einer Stunde zur andern mit neuem Blick: nicht feindlich, nicht so sarkastisch wie er – wohl aber nüchterner, unfanatisch und skeptisch... und eben das war anno 1934 nicht wenig.

Der Mann, der die Sprechchöre haßte und dem Menschenaufmärsche ein Greuel waren (wenn »Du« *Im Gleichschritt marsch* kommandierte, stand unser Lehrer abseits, »was sagst du dazu, Jens?«: Ton auf *dazu*, und schüttelte seinen Kopf)... der Lyriker E. F. hatte uns tatsächlich die Augen geöffnet – nicht ohne Arroganz übrigens. Ein bißchen Aestheten-Dünkel war schon dabei, wenn er sich über die Deutschverderber à la Wessel und Schirach mokierte oder, plötzlich in Wut geratend, einen uniformierten Quintaner anschrie: »Schau mich mit deinen blöden Jungvolkaugen nicht so dämlich an!« Da wurde auf einmal von oben nach unten argumentiert, da sah sich die Autorität ausgespielt, und die *misera plebs* blieb, genau wie bei »Speckrolle«, nur zu schnell auf der Strecke. Ja, es gab Augenblicke, wo auch Ernst Fritz den großen Herren markierte – »ich würde mich nie vor einem Gefreiten verneigen« –, aber er markierte eben nur, spielte eine Rolle, um zu verhindern, daß wir Kinder über dem Führer den Hitler, über den großen Worten die bescheidene Wahrheit vergaßen. Eine Sternstunde war es, als Fritz in homerischer Rede die Frauen der SA-Männer beschwor, aus seinem Bekanntenkreis, wie sie den Dienst ihrer Männer und den Einsatz für die Ideen der Bewegung beschrieben... und dann kam's, das *debunking* nach allen Regeln der Kunst: »Von wegen Dienst! Von wegen Idee! Auf den Tischen springen sie herum! Ich kann's von meinem Fenster aus sehen: Besoffen sind sie, die Kerls, pöbeln die Passanten auf den Straßen an!« Ganz ruhig sagte er das, beinahe heiter, wie wenn er Wilhelm Busch zitierte oder einen seiner berühmten, nebenbeigesprochenen Aperçus formulierte: »Die Hand zu heben, ach, das ist nun wirklich keine Kunst. Das macht auch der Hund am Baum.«

Sechsundvierzig Jahre ist das jetzt her; aber ich erinnere mich, als sei es gestern gesprochen worden, an jedes *bon-*

mot, die frechen Zynismen so gut wie die aufklärerisch-leisen Sentenzen: Kein Wunder, da wir als dreizehnjährige Schüler von den Untersuchungsbehörden wieder und wieder nach jedem Wort, das dieser Ernst Fritz *in politicis* geäußert hatte, befragt wurden: Wenn eine ehrbare Frau der Hure voranschreite, so hieße das: »Gemeinnutz geht vor Eigennutz« – wir könnten uns doch erinnern, nicht wahr, an diese Zote? Die Hakenkreuzflagge – ein Drecklappen: Du willst doch nicht leugnen, daß dein Lehrer so etwas gesagt hat? Die Juden: ein gequältes Volk; der Klassenführer: ein Jude; die jüdischen Jungen: bemitleidenswert; »wenn sie mit gewisser Begeisterung den Hitlergruß hervorbringen oder sich fürs Militär interessieren«: ob ich dergleichen bestreiten könne?

Ich bestritt es entschieden. Ich stellte mich dumm. Ich machte im Verhör, stur leugnend, statt das ohnehin Bekannte preiszugeben, alles nur schlimmer: »Jens«, so das Vernehmungsprotokoll, in das mir die Hamburger Schulbehörde Einsicht gewährt hat, »weiß grundsätzlich überhaupt nichts. Es seien keine Witze über Goebbels und Göring erzählt worden. Fritz habe niemals etwas über die jüdische Rasse gesagt. Die Aussagen von Jens sind offenbar unrichtig. Er ist in jeder Weise bemüht, Fritz in Schutz zu nehmen. Ob er diese Stellungnahme aus eigenem Antrieb einnimmt oder von irgendeiner Seite hierzu beeinflußt worden ist, konnte ich nicht feststellen.«

Aus eigenem Antrieb. Von niemandem angestiftet. Jens (seit 1935 in der HJ), aber dank eines Asthmaleidens im wesentlichen von der Dienstausübung befreit) war kein Widerstandskämpfer. Er hatte lediglich das Bedürfnis, für den Mann, der für ihn nicht nur Lehrer, sondern Vorbild war, durch dick und dünn zu gehen – also log er, daß sich die Balken bogen: so wie Fritz selbst log, als er behauptete, er habe sich über das Horst-Wessel-Lied nur »rein dichterisch« geäußert; so wie die Eltern logen, die in einem Appell der letzten Stunde erklärten, dieser Lehrer habe ihre Kinder in keinem Augenblick politisch indoktriniert.

Nun, die Rettungsversuche kamen zu spät. Fritz wurde entlassen. Die Denunzianten hatten ihr Ziel erreicht: sie, die doch nur vorgeschoben waren – aufgehetzt von einem niederträchtigen Mann, einem Lehrer, der es später zum Direktor bringen sollte; beeinflußt von Hitlerjugend-Führern, die das Anzeigen für eine Ehrenpflicht erklärten; angetrieben von einem Vater, der als Nazi-General in die (schlechte) Geschichte einging. Also schrieben sie mit unter der Bank, die Zwölfjährigen, notierten Fritzens Aperçus, gingen zur Behörde, machten sich wichtig – und wurden verachtet: Der Sohn des späteren Generals hieß bei uns nur »Judas J., der Verräter«.

Verachtet über die Zeiten hinweg: Es hat sich nie wieder ein Kontakt zwischen den Denunzianten und den Verteidigern des Lehrers Ernst Fritz herstellen lassen. Bis heute nicht... und dies aus einem einzigen Grund: Die Denunzianten hatten nicht nur ihrem Lehrer, sondern auch ihren jüdischen Mitschülern die Solidarität aufgekündigt, hatten sich also gegen den Klassensprecher (der in der Tat nicht »rein arisch« war) erklärt, hatten mit ihrer – freilich von außen forcierten – Kampagne jene überwältigende Mehrheit der Klasse diskreditiert, die einen jüdischen Mitschüler, als dessen Vater starb, spontan beschenkte: Was damals ebenso selbstverständlich wie das Gebot war, daß man seinen Lehrer nicht verklagte.

Die Denunzianten und ihre Hintermänner freilich scherte das nicht: Strahlend saßen sie da, die Klassenkameraden, und erwarteten, in die Untertertia versetzt, eine Belobigung von seiten des neuen Lateinlehrers, der ein überzeugter Nationalsozialist war. Und dazu, anno 36 noch möglich, ein ehrenhafter und bedächtiger Mann – und also sagte er zu den Denunzianten: »Eure Betragensnote wird nicht gut ausfallen in diesem Jahr«, und zu uns sagte er: »Richtig so. Wer denunziert, ist ein Lump. Ein deutscher Junge tut so etwas nicht« – und siehe da, dieser Lehrer stand mit solcher Ansicht nicht allein. Als die Verleumder die Gebietsführung der Hitlerjugend einzuschalten versuchten – der Boykott von seiten der Klassenkameraden sei unerträglich –, da warnte die Schulleitung davor, die Sache auf die Spitze zu treiben: Sonst nämlich werde sich zeigen, wer unter den Schülern der Schmutzfink sei und wer nicht.

Ernst Fritz freilich nützte dergleichen Ehrenerklärung so wenig wie der empörte Schrei des Studienrats Thede, der nach der Urteilsverkündung, Gefängnisstrafe für Fritz, durchs Treppenhaus schrie: »Das ist unmenschlich! Das ist pure Barbarei!«

Nach dem Krieg haben wir ihn dann noch einmal besucht, unseren Lehrer, mein Freund Peter Tügel und ich: Er war nach langer Irrfahrt heimgekehrt an seine alte Schule, dichtete wieder, ging abends, um der Beobachtung willen, nach St. Pauli, machte, ein gern geduldeter alter Herr, seine Studien vor Ort, ließ die Zügel schleifen im Johanneum, wurde, nunmehr wegen Unfähigkeit, abermals verleumdet und suspendiert – und niemand hat ihm geholfen. Seine besten Zeugen, die am 1. Mai 1936 im Kampfblatt der Hitlerjugend, ›Nordmark-Jugend‹ hieß es, als krummnäsige, an Fritzens Rockschößen hängende Judenbengel Verhöhnten, waren tot oder verjagt.

»Armes, gehetztes und gequältes Volk« hatte er von den Juden gesagt, mitten im Dritten Reich, der Lehrer Ernst Fritz, der mein Lehrmeister war: Kaffeehausliterat – er lächelte, als ich ihm anno 45 von »Speckrolles« Schimpfwort erzählte. Für ihn war's wie eine Ehrenerklärung.

Und für mich auch.

Georg Hensel

Der Sack überm Kopf

Das Jahr 1933 brachte zwei Ereignisse, die mir wichtig schienen: Hitler wurde Reichskanzler, und ich kam in die »höhere Schule«. Die Wahl der Schule – altsprachliches Gymnasium, Realgymnasium oder Oberrealschule – bereitete meinen Eltern kein Kopfzerbrechen: sie meldeten mich in der Schule an, die ich am leichtesten erreichen konnte, es war die »Liebigs-Oberrealschule mit Reformgymnasium Darmstadt«, und sie kauften mir ein gebrauchtes Fahrrad.

Mein Vater erklärte mir meine Situation. Es war sein erster und einziger erzieherischer Eingriff in mein Leben. »Ein Jahr lang«, sagte er, »bezahle ich das Schulgeld. Dann kriegst du eine Freistelle. Damit du sie bekommst, brauchst du lauter gute Noten, nur Einser und Zweier. Du willst doch sowieso besser sein als der Durchschnitt, sonst hat der ganze Kram keinen Zweck. Das Schulgeld kann ich ein Jahr lang aufbringen. Wenn du dann keine Freistelle kriegst, mußt du zurück auf die Volksschule. Blamier dich nicht«. Mein Vater, den ich sehr liebte, hatte mir, ohne sich viel dabei zu denken, die perfekte Hölle gebaut: eine ausreichende Durchschnittsnote, über die meine Klassenkameraden jubelten, trieb mir die Tränen in die Augen, ich mußte besser sein, immer und in allen Fächern.

Daß Hitler nun Reichskanzler war, erschien mir weniger wichtig. Dennoch ließ es mich nicht gleichgültig, denn die politische Atmosphäre zu Beginn der dreißiger Jahre war auch für einen Schuljungen heiß. Damals war ich noch keine zehn Jahre alt und malte vor den Wahlen mit meinen Freunden Plakate im Kleinformat.

Ich bin in Arheilgen, vier Kilometer nördlich von Darmstadt, aufgewachsen: ein Dorf, in dem Bauern lebten, meist »Quälbauern«, die sich mit ein paar Äckern, einem Gaul und vier Kühen durchs Leben quälen mußten. Daneben gab es Eisenbahner, sie arbeiteten auf dem Güterbahnhof Kranichstein, darunter mein Vater. Und es gab Arbeiter, sie fuhren mit dem Fahrrad nach Darmstadt, in das Reichsbahn-Ausbesserungswerk; andere gingen zum Schenck oder »zus Mercke«, der chemischen Fabrik Merck, nach deren Abgasen das Dorf bei Südwestwind stank. Das störte niemand besonders. Man schloß die Fenster und sagte: »Der Merck stinkt, es gibt Regen.« Es war alles ganz unromantisch. Die Baumäcker lieferten Äpfel, Birnen und Zwetschen. An den noch unregulierten Bächen wuchsen Kuhblumen und Mairich, das Futter für die Stallhasen, die Belgier Riesen, die ich versorgen mußte.

Bei den Wahlen hatte meine ganze Sympathie der letzte auf der Liste der mehr als dreißig Parteien, ein Mann namens Winter, von dem es hieß, er sitze im Zuchthaus und wolle den rotgestempelten Tausendmarkscheinen wieder Gültigkeit verschaffen. Er hatte nicht die geringste Chance, es gab einfach zu wenig Leute mit rotgestempelten Tausendmarkscheinen. Am liebsten malte ich Plakate »Wählt Liste 5, Hindenburg«, denn Hindenburg konnte ich am besten zeichnen, den Quadratschädel mit der Haarbürste und dem hängenden, geschweiften Schnurrbart.

Wir Kinder liefen schaudernd hinter den Kommunisten her, wenn sie mit Schalmeien durchs Dorf zogen. Wir sangen mit den respektlosen Roten Falken den verblödelten Text der Internationale: »Brüder, hört die Signale, auf zum letzten Gefecht! Die Überlandzentra-hale versorgt Berlin mit Licht.« Von den »Drei Pfeilen«, der Kampftruppe der Sozialdemokraten, hörten wir nur, wenn die SA zur Melodie der »Drei Lilien« sang: »Drei Pfeilchen, drei Pfeilchen, die pflanzt' ich auf mein Grab, da kam ein stolzer Nazi und brach sie ab.«

Der Nazi, der sich damals stolz selbst Nazi nannte, kam am 30. Januar 1933. An diesem Tag hatten einige meiner Freunde plötzlich braune Uniformen an. Wo kamen die nur her? Und am Abend, beim Fackelzug, sah ich meinen

Lehrer, bei dem ich Lesen und Schreiben gelernt hatte, wie er die rechte Hand zum neuen Gruß erhob. Viel dachte ich mir nicht dabei.

Unheimlich wurde mir erst, als nach der Märzwahl 1933, bei der – wie mir später bewußt wurde – die Hälfte der Darmstädter Hitler gewählt hatte, der Arheilger Hühnerfutterhändler, der »Hinkelsfudderjudd« Heinrich Wechsler, bei dem auch meine Eltern das Körnerfutter kauften, von einem SA-Sturmführer aus dem Krankenbett gezerrt und mit einer Hakenkreuzfahne auf der Schulter durchs Dorf getrieben wurde. Der Wechslerheiner, ein gutmütiger und freigebiger Mann, den auch wir Kinder mochten, war zwei Tage danach tot – an einer Angina erstickt. Der SA-Führer schuldete ihm Geld für ein Motorrad, das war das Dorfgespräch.

1934, am 4. März, ein Datum, das sich mir unauslöschlich eingeprägt hat, wurde die Evangelische Jungschar, zu der ich gehörte, ins »Jungvolk« der Hitlerjugend – wie der Fachausdruck hieß – »überführt«, und zwar mit dem Segen der Kirche. Sie hatte uns, Jungen im Alter zwischen zehn und vierzehn, an die neuen Machthaber verraten. Das »Abkommen über die Eingliederung der evangelischen Jugend in die Hitlerjugend«, unterzeichnet von Reichsjugendführer Baldur von Schirach und von Reichsbischof Ludwig Müller, bestimmte: »Wer nicht Mitglied der Hitlerjugend wird, kann fürderhin nicht Mitglied des Evangelischen Jugendwerks sein.« Die Übernahmefeier fand an jenem 4. März 1934 im Berliner Dom statt.

Für die Kämpfe zwischen Hitlerjugend und Evangelischer Jugend hatte man uns das schöne Trotzlied von Novalis beigebracht, das schon Max von Schenkendorf während der Freiheitskriege ins Politische umgedeutet hatte (es wurde später von der SS und nach dem Krieg von der »Wiking«-Jugend übernommen): »Wenn alle untreu werden, so bleib ich dir doch treu.« Untreu aber wurde die Kirche uns, und so verwandelten sich »dem«

– wie man in Arheilgen sagte – »Parre seu Buwe«, dem Pfarrer seine Buben, in »dem Hitler seu Buwe«.

Nicht alle evangelischen Pastoren machten da mit. So gab es die »Bekenntnisgemeinde«, zu der in Arheilgen der Pfarrer Karl Grein gehörte, den jedermann den »Schwarzen Kall« nannte. Als ihm seine neuen evangelischen Brüder, die »Deutschen Christen«, 1935 die Tür zur Kirche und die Tür zum Gemeindehaus zunagelten, sie brauchten dazu einen Schmied aus Darmstadt, ließen Mitglieder der Bekennenden Kirche den Schmied Ernst-Friedrich Göbel aus Arheilgen die Nägel herausziehen. Der Schmied kam auf den Gedanken, aus ihnen ein Kreuz zu schmieden. Der Pfarrer Grein hängte es in der Sakristei auf. Es trug die Inschrift »Wir wissen, daß denen, die Gott lieben, alle Dinge zum Besten dienen«. Ein Jahr danach konnte man die ehemaligen Mitglieder der evangelischen Jungschar von den Pimpfen des Jungvolks nicht mehr unterscheiden: ihr Streit hatte sich überlebt, sie trugen die gleiche Uniform. Sogar mit dem Fahrtenmesser der HJ hatten wir uns abgefunden: es war nur ein Dekorationsdolch, kein brauchbares Messer wie in der Bündischen Jugend.

Am 19. Mai 1935 zockelten wir Hitlerjungen über Feldwege und durch den Wald zu einer neuen Autobahnbrücke, um »Sieg Heil!« zu schreien, wenn »der Führer« die erste vollendete Autobahnstrecke zur Einweihung abfuhr, das war zwischen Frankfurt und Darmstadt. Seltsamerweise war über diese Aussicht kaum einer begeistert: Nicht einmal ein Tag Schule fiel aus, es war ein Sonntag, und da hatte jeder etwas anderes vor. Viele zogen es vor, im Wald zu verschwinden, nur ein vom langen Weg mißmutiges Häuflein stand schließlich auf der Brücke, und ehe man noch recht schreien konnte, war »der Führer« schon unter der Brücke durchgefahren. Mehr als seinen Mützenschild, darunter den Schnurrbart und seine mit abgewinkeltem Arm lässig erhobene rechte Hand habe ich nicht wahrgenommen. Ich sah ihn damals zum ersten und letzten Mal.

Den Mangel an Begeisterung erkläre ich mir heute damit, daß wir die Welt, die sich für unsere Eltern so drastisch verändert hatte, für normal hielten: alles war eben so, wie es war, Hitlers Reden, die wir beim »Gemeinschaftsempfang« in der Schulturnhalle anhören mußten, sitzend auf unbequemen Hockern, langweilten uns entsetzlich. Aus dieser Langeweile entwickelte sich kein Aufbegehren, sie wurde hingenommen als ein lästiger, aber unvermeidlicher Bestandteil eines Lebens, das uns selbstverständlich war. Und für manche war diese Langeweile immer noch besser als die Langeweile des Schulunterrichts. Immer kam Schuldirektor Monjé erst, wenn die Rede schon begonnen hatte, und immer ging er, bevor zum Abschluß die Nationalhymnen gesungen wurden. Er stand an der Wand mit steinernem Gesicht, ein Monument der stummen Abweisung. Doch wen oder was wies er ab? Was konnte ein Schüler damit anfangen? Darüber nachdenken? Und in welche Richtung?

Nach der, wie man später sagte, »Reichskristallnacht« mit den von der SA niedergebrannten Synagogen und den Pogromen zerschlug der Arheilger SA-Sturm mit einem Tag Verspätung, am 10. November 1938, die Druckerei und die Wohnung des Verlegers Aron Reinhardt, der den ›Arheilger Anzeiger‹ herausbrachte. In dieser kleinen Zeitung hatte er oft selbstverfaßte, rührende Heimatgedichte gedruckt. Seine Tochter Johanna sprang vor Angst aus dem Fenster. Sie brach sich das Rückgrat, und niemand wagte, den Krankenwagen zu alarmieren, bis Pfarrer Grein kam, der mutige »schwarze Kall«, der einzige Mann des offenen Widerstands, den ich in zwölf Jahren kennengelernt habe.

Johanna Reinhardt starb in einem Darmstädter Krankenhaus, ihr Vater erhängte sich an ihrem Bett. Dora Stern, der »Sterne-Dora aus der Hundsgass'«, warfen SA-Leute die Fensterscheiben ein. Sie wurde von einem Stein schwer verletzt und starb wenige Tage später. Darüber sprach im November 1938 das ganze Dorf, doch wußte niemand, was genau vor sich gegangen war, es gab die widerspruchsvollsten Gerüchte. Hatte ein SA-Mann Johanna Reinhardt aus dem Fenster geworfen? War auf einen SA-Mann geschossen worden? Oder hatte er sich beim Ziehen der Pistole selbst in den Oberschenkel geschossen? Und wie war Aron Reinhardt zu Tode gekommen?

Über die SA, die den mir vertrauten Hühnerfutterhändler in den Tod getrieben hatte, regte ich mich 1933 auf. Ich sehe mich noch, wie ich mich auf einem Schulspaziergang leidenschaftlich empörte, es gehört zu meinen frühen Kindheitserinnerungen. Fünf Jahre danach, 1938, erschien mir der Anblick der brennenden Synagoge – ich sah sie morgens, auf dem Schulweg – unheimlich und bedrükkend, aber kein Grund zur Empörung. Es war, so hieß es, eine Demonstration gegen die Ermordung eines deutschen Würdenträgers durch einen Juden in Paris.

Was außer dem Synagogenbrand noch geschah, das zählte zu den bedauerlichen »Übergriffen«, die man Demonstranten schon damals wohl oder übel nachsehen mußte. Einige meiner Schulkameraden blieben vor der Synagoge stehen, der Brand schien ihnen Grund genug, die erste Stunde zu schwänzen, niemand würde es wagen, sie dafür zu bestrafen. Als sie endlich zum Schultor kamen, stand dort Direktor Monjé, schrieb ihre Namen auf und vier Stunden Arrest dazu. Warum tat er das? Nur um eine Disziplinlosigkeit zu bestrafen, wie es in seiner Begründung hieß? Oder aus Empörung über die Gefühlsroheit der Schüler? Wie so oft gab sein Verhalten Rätsel auf, die ein Hitlerjunge so leicht nicht lösen konnte.

Manchmal fragte ich mich damals, fünfzehn Jahre alt, ob die Juden nicht doch an vielem schuld seien: nicht die armen Juden, selbstverständlich, nicht der Hühnerfutterhändler und nicht der Besitzer der Heimatzeitung, aber die reichen Juden in New York, die internationalen Kapitalisten. Daß die Reichen immer reicher werden wollten und der Kapitalismus ein Weltübel sei, davon hatte man mich in der Hitlerjugend überzeugt. Außerdem las ich es auch in verbotenen Büchern von Jack London und Upton Sinclair, und das waren für mich Autoritäten.

Man wollte mich in einen Menschen verwandeln, der alles, was vom Staat kommt, guten Gewissens gutheißt. Wer dazu erzogen ist, an Gott als Gesetzgeber und höchsten Richter zu glauben, dem schlägt das Gewissen, wenn er gegen die zehn Gebote verstößt. Wer dazu erzogen ist, an sein Volk, an die Gemeinschaft, die Gesellschaft, den Staat als höchste Werte, als gesetzgebende Kräfte zu glauben, der kann für sie auch töten, ohne daß ihm das Gewissen schlägt, im Gegenteil, er fühlt sich gut nach verrichteter Pflicht. Das Gewissen, ach, es ist die Stimme Gottes nicht, es ist anerzogen. Dieser schlichten Einsicht war ich damals nahe, doch wollte ich an sie nicht glauben.

Der Nationalsozialismus schien an meiner Schule – außer beim Frühsport und dem Gemeinschaftsempfang der Führer-Reden – keine wesentliche Rolle zu spielen. Es gab kaum mehr als ein halbes Dutzend Lehrer, die sich vor den Schülern zu ihm bekannten, mündlich oder durch das gelegentliche Tragen von Uniformen. Es gab einen Lehrer, der eine originelle Begrüßungsvariante pflegte. Beim Betreten des Klassenzimmers schwenkte er die rechte Hand hoch, doch hielt er in ihr Lehrbücher, und wenn er die Hand mit den Büchern schwungvoll nach hinten führte, sagte er nicht »Heil Hitler!«, sondern »Setzen!« Ein Parteigenosse konnte er kaum sein, er machte neugierig. Die Neugier aber verging, wenn er einem Schüler einige Ohrfeigen herunterhieb, sachlich und kalt wie eine Exekution. Sein ziviles Gebaren machte aus ihm noch keinen guten Pädagogen. Und eine SS-Uniform – das erlebten wir auch – garantierte noch nicht den schlechten Lehrer.

Die Schule war weniger nationalsozialistisch durch das, was sie lehrte, als durch das, was sie nicht lehrte. Was uns aus politischen Gründen vorenthalten wurde, das konnten wir nicht wissen. Eine Ahnung davon bekamen wir, wenn Dr. Hermann Poepperling, der Englischlehrer, der ehemalige, 1933 abgesetzte Konrektor des Realgymnasiums, nach dem Seufzer »Ihr wißt aber auch gar nichts« plötzlich eine Unterrichtsstunde über die Grundsätze einer modernen Demokratie, über Sigmund Freud oder Thomas Mann hielt. »Das ist alles verboten«, sagte er abschließend, und er konnte das wagen, weil die sprachliche Abteilung unserer Klasse nur aus vier Schülern bestand.

Der Deutschlehrer, Studienrat Troß, dem ich viel zu danken habe, hielt sich aus der Politik heraus, doch gab es keinen Zweifel, daß er nicht in der Welt der Hitlerjugend lebte. In einem Aufsatz über ›Wallensteins Lager‹ schrieb ich das Gegenteil von dem, was er uns ein paar Stunden lang gelehrt hatte, und versuchte, die Richtigkeit meiner konträren Meinung zu beweisen. Er gab mir eine Eins, ließ mich den Aufsatz der Klasse vorlesen und verschaffte mir ein Hochgefühl, das mich später, wenn ich als Theaterkritiker in tiefen Zweifeln stak, sanft ermutigte: Wenn es möglich gewesen ist, einen Studienrat herumzukriegen, mußte es möglich sein, alle anderen Menschen zu überzeugen.

Die Lehrer hatten eine berechtigte Angst davor, denunziert zu werden. Ein Referendar, der eine Vertretungsstunde dazu benutzte, um über die Gedichte Ernst Stadlers und den Beginn des – selbstverständlich verbotenen – Expressionismus zu sprechen, wagte sehr viel. Es dankte ihm keiner: die Klasse hörte ihm nicht zu, Expressionismus war für sie kein Thema, in ihrem Lärm ging sein tapferer Versuch unter. Der Referendar ist im ersten Kriegsjahr gefallen, ich hätte ihm später über seine mißglückte Unterrichtsstunde gern einen dankbaren Brief geschrieben.

Damals las ich nicht, das wäre eine zu schwache Beschreibung, ich gab mich Exzessen der Lesewut hemmungslos hin. Die Auswahl der Schriftsteller war zunächst ziemlich zufällig, doch wenn mir einer gefiel, so las ich von ihm systematisch alles: hintereinander weg die zwanzig Bände der Rougon-Macquart von Zola, die fünf Romane Dostojewskis, die zweieinhalb von Tolstoi (bei ›Auferstehung‹ hörte ich in der Mitte auf). Dazwischen zwei Dutzend Kriminalromane von Edgar Wallace, einen Stoß Balzac, das gesamte Œuvre von Pitigrilli und alle Essays von Schopenhauer, meine erste philosophische Lektüre. Schopenhauer war einer der wenigen deutsche Schriftsteller, die mich nicht langweilten. Überall suchte ich die Bestätigung dafür, daß das Leben grauenhaft ist, war und vermutlich bleiben wird. Über Idylliker und Besänftiger konnte ich nur grimmig lachen.

In dem Chaos, das sich in meinem Gehirn ständig vergrößerte, genoß ich die Wonnen der Mathematik, soweit man von ihr überhaupt schon reden darf in den Vorhallen, die dem Schüler offenstehen. Überschaubare Situationen, einfache Operationen. Unzweifelhaft richtige Lösungen, man kann das kontrollieren. Nichts bleibt unklar, alles geht auf. Man muß sich nur fernhalten von den Mysterien der Primzahlen und von »Null« und »Unendlich«. Daß sich die Parallelen im Unendlichen schneiden, nehme ich ihnen noch heute übel.

Das Rechnen und das naturwissenschaftliche Denken, vermute ich, haben meine Art zu schreiben früher und tiefer beeinflußt als alle literarischen Stilvorbilder. Nichts war mir sympathischer als Frank Wedekinds Lebensmotto: »2 mal 2 ist 4.« Erst viel später habe ich gelernt, daß die Formel der unbegabten Schülerin in Ionescos ›Unterrichtsstunde‹ realistischer ist: »2 mal 2 ist 4. Manchmal auch 5.«

Wer in jenen Jahren aufwuchs, dem wurde der Nationalsozialismus wie ein Sack über den Kopf gezogen. Die Lebensbedingungen mußten nicht einmal bewußt gelernt werden, sie wuchsen uns zu, wir wuchsen in sie hinein. Wir kannten nur die Welt, in der wir lebten, und wir hielten sie für normal. Um die staatlich verordnete Beschränktheit nur zu erkennen, mußten viele Umstände zusammenkommen: Erlebnisse, Menschen, Bücher.

Gelegentlich schwor ich dem Lesen ab und beschäftigte mich anhand dreier Bücher, die ich antiquarisch gekauft hatte, mit physikalischen und chemischen Experimenten. Daß man ihre Ergebnisse genau voraussagen konnte, faszinierte mich. Als genau das langweilig wurde, stürzte ich mich wieder in die Literatur, die keine glatten Ergebnisse zu bieten hat.

Durch Nachhilfestunden verdiente ich regelmäßig ein paar Mark; manchmal bat ich die Eltern des Schülers um ein besonderes Buch, das ich bei ihnen entdeckt hatte. So kam ich zu einem kompletten Schopenhauer in der broschierten Reclam-Ausgabe von 1890. Bei ihm fand ich die Klarheit, die ich suchte, oft aber nur die Dunkelheiten meines Unverständnisses.

Inzwischen war ich so weit, daß ich eigentlich nur noch verbotene Bücher lesen wollte. Sie brachten auch eine Art Jagdvergnügen, man mußte sie aufstöbern wie scheues Wild. Die Lektüre hing ab von den Zufälligkeiten der Beute. Ich fand sie in den Ramschkästen der Antiquare, in der Landesbibliothek im Darmstädter Schloß, in der zweiten Reihe der Bücherschränke von Bekannten. Wenn die Hitlerjugend Literatur sammelte »für die Front«, sortierte ich die verbotenen Bücher für mich aus, bevor sie jemand erkennen und verbrennen konnte. Gelegentlich ging auch ein verbotenes Buch auf dem Schulhof von Hand zu Hand, beispielsweise Ernst Glaesers Roman ›Jahrgang 1902‹, dessen erotische Szenen uns mehr interessierten als die politischen.

Als ein neuer Buchhändler aus Berlin nach Darmstadt kam, betrat ich seine Bücherstube, die vorher Alfred Bodenheimer, einem Juden, gehört hatte, mit der hoffnungsvollen Frage: »Heil Hitler, haben Sie noch verbotene Bücher?« Der Buch- und Kunsthändler Robert d'Hooghe, der nach dem Krieg mein Freund und ein renommierter Kunstkritiker wurde, hatte keine Angst vor dem Hitler-Gruß: er wußte, daß man sich in meinem Alter bei dieser Formel nichts dachte. Schweigend griff er unter die Theke und holte hervor, was ich suchte. Das folgenreichste Buch, das er mir – für 3 Reichsmark – verkaufte, war Paul Wieglers noch heute hinreißende ›Geschichte der Weltliteratur‹; sie brachte ein wenig Ordnung in meinen Kopf und diente als Fahrplan von Buch zu Buch, von Autor zu Autor.

Die Bücher, die ich bei d'Hooghe kaufte, stammten von emigrierten Juden. Zum Teil waren es Bände aus Bodenheimers Privatbibliothek, in ihnen stand noch sein Name. Angezeigt wurde die Bücherstube oft: die d'Hooghes galten als Judenfreunde; groteskerweise bei manchen Darmstädtern aber auch als Judenfeinde, weil sie Bodenheimers Laden »arisiert« hatten – Bodenheimer aber hatte sich die d'Hooghes als Käufer in Berlin ausgesucht. Man sagte »Guten Tag«, wenn man die Bücherstube betrat. Alle sagten »Guten Tag«, irgendwann fiel das sogar mir auf.

Im Lauf der Zeit bemerkte ich, daß es besondere Freunde des Hauses gab, die durch einen roten Vorhang im Hinterraum verschwanden, dort Tee oder Kaffee tranken und sich mit gedämpfter Stimme unterhielten. Ich hätte gern mehr über diese seltsamen Menschen erfahren, zu deren Brauchtum die damals exotischen Hand- und Wangenküsse gehörten. Nach dem Krieg erfuhr ich, was ich nicht einmal ahnte: die Bücherstube war ein Widerstandswinkel; auch der spätere Außenminister Heinrich von Brentano holte sich dort Mut und Informationen. In meinen Schuljahren hat nicht ein einziger Hitler-Gegner mit mir offen gesprochen. Näher als ein Meter fünfzig bin ich an den Widerstand nicht herangekommen, weder in der Bücher-Stube noch anderswo.

Da ich einmal ein Insel-Buch von Joseph Conrad gekauft hatte, nannten sie mich in der Bücher-Stube den Conrads-Jungen, wie ich nach dem Krieg erfuhr. Hinter dem roten Vorhang war der Conrads-Junge nicht zugelassen, immerhin aber war er ein Kunde, dem man Alfred Bodenheimers Bücher verkaufte.

Ich sah aus wie einer jener Jungen, die sich Hitler wünschte, »flink wie die Windhunde, zäh wie Leder, hart wie Krupp-Stahl«, aber ich genoß in vollen Zügen den Geruch nach Krankheit, Verwesung, Sexualkitsch, Dichterpathos und Weltverlorenheit in der ›Hölle‹ von Henri Barbusse, er wurde zum Wegbereiter für die Schriftsteller, die ich für dekadent hielt. »Dekadent« gehörte zum schlimmsten, was man damals literarisch sein konnte, und nichts konnte danach anziehender sein als Baudelaire und Huysmans, Hermann Bang und Sâr Péladan. Ihnen folgten die ironischen Iren, Chesterton, Shaw und Wilde, mit ihrem angenehm altmodischen, absolut gegenwartsfremden viktorianischen Milieu.

Zwischendurch fiel ich immer wieder zurück in Groschenromane mit den Abenteuern von Tom Shark oder, lieber noch, von John Kling, in Wildwestromane von Zane Grey oder Max Brand, in die ›Fantomas‹-Bände von Marcel Alain und Pierre Souvestre, in die pastose Exotik Löhndorffs – mochte das alles noch so miserabel geschrieben sein, es spielte in Welten, die damals so unerreichbar waren wie der Mond.

Julien Green sättigte eine Zeitlang meinen Bedarf an Finsternis, und ich entdeckte den Ausweg des Witzes bei Heine und Friedell, bei Pitigrilli und Polgar, bei Schnitzler und Tucholsky. Es entging mir nicht, daß meine neuen Lieblingsautoren lauter Juden waren. Ihnen kann kein angelernter Antisemitismus widerstehen. Sie durchlöcherten mir den Sack über meinem Kopf: plötzlich gab es da Ausblicke und eine ganz andere, eine kühle, frische Luft der Rationalität.

Das alles war unbrauchbar in der Schule und unmöglich in der Hitlerjugend. Dort lernte man so interessante Dinge wie Zelten, Orientierung nach Kompaß und Marschzahlen, Kleinkaliberschießen, Boxen, Stockfechten, Kakao um die Wette trinken bis zum Erbrechen, Mutproben in den Gerüsten trigonometrischer Punkte und auf nächtlichen Friedhöfen. Die, wie man heute sagen würde, »Liedermacher« schlugen über die schrillen Saiten ihrer Gitarren, die sie Klampfen nannten, und dichteten Kampflieder vor sich hin.

Manchmal hörte man auch Parodistisches wie das beliebte »Heil Hitler, ihr alten Germanen, so sprach einst Tacitus« oder das schönste Weihnachtslied, das ich in Erinnerung habe: »Wir beten unsern Führer an. Er ist der neue Weihnachtsmann. Wir sitzen mit ihm unter Eichen im Pfuhl und feiern Jul.« Solche Parodien hatten keinen politischen Antrieb, sie wurden gesungen aus der schieren Lust, wider den verordneten Stachel zu löcken.

Wie wird man ein befohlenes Weltbild los? Wie kriegt man den nun durchlöcherten Sack endgültig vom Kopf? Wann endlich konnte man das nicht mehr gleichzeitig haben, Fahrtenmesser und Friedell, Marschkompaß und Thomas Mann, kurze Hosen und Péladan? Irgendwann mußten die bisher getrennten Welten aufeinanderknallen: das erste Mal, schmerzlich, durch meinen Fähnleinführer. Er fand in meiner Stube den kleinen Roman ›Pjotr‹ von Klabund, den ich besinnungslos liebte, sagte: »Du liest doch nicht diesen Dreck« und warf das rote Inselbuch durch die blitzschnell aufgerissene Ofentür ins Feuer. Das zweite Mal, unheilbar, bei einem Führer-Lehrgang des »Deutschen Jungvolks« in der Hitlerjugend.

Bis dahin hatte ich beim »Jungvolk« wenig Theoretisches gehört: ein feierlicher Spruch bei der Flaggenparade oder am Lagerfeuer, das war schon fast alles. Ich war »Jungenschaftsführer« geworden (das entspricht etwa dem Unteroffizier), und nach einiger Zeit sollte ich zum »Jungzugführer« (das entspricht etwa dem Wachtmeister oder Feldwebel) befördert und zu diesem Zweck in Darmstadt ausgebildet werden.

Der Lehrgang fand statt in einem gehobenen Stadtviertel, in einer luxuriösen Villa. Parkettierte Böden, Teppiche, schwere Möbel, Rupfen an den Wänden, Leuchter an den Decken, das alles war für mich neu und imponierend. Und es sollte uns auch imponieren und klarmachen, daß wir zu einer Elite gehörten, der mancherlei zustand, was den meisten verschlossen war. Damals, im Juli 1936, war ich gerade dreizehn Jahre alt geworden. Ich weiß nicht genau, was mich an den Führern des Lehrgangs mehr störte: daß sie auf alle Fragen selbstsichere Antworten hatten oder daß sie so vornehme Pinkel waren. Sie ließen keinen Zweifel daran, daß sie, über kurz oder lang zur Macht gelangen, die rauhen Sitten und die blutigen Methoden der verdienten, aber ordinären Alten Kämpfer mit dem Recht einer neuen Generation ändern würden. Sie sahen eine nahe Zukunft vor sich, in der sie den Nationalsozialismus vertreten würden: mit sauberen Händen und untadeligen Manieren.

Beim Lehrgang trugen wir nicht die üblichen schwarzen Jungenschaftsblusen, sondern graue Feldblusen und wurden auf dem nahen Exerzierplatz wie Rekruten bis zur Erschöpfung gedrillt. Dann gab es Unterricht über »das nationalsozialistische Gedankengut«, über das ich mir vorher kaum Gedanken gemacht hatte. Nun aber kam es systematisch und konzentriert und wurde ungeheuer ernst genommen. Nachts konnte ich nicht schlafen, weil all das zu dem nicht paßte, was ich gelesen und gelernt hatte. Bis dahin waren das tägliche Leben und die tägliche Lektüre beziehungslos nebeneinander hergelaufen. Zum ersten Mal, spät genug, griffen die Leselektionen in den Alltag ein.

Der bekannte Tropfen, der den Topf zum Überlaufen brachte, war kein großes Ereignis, nicht der Krieg, nicht die Deportationen, über die es Gerüchte gab, sondern der läppische Vergleich zweier Bücher. Man las uns ein paar Seiten aus dem verbotenen Roman ›Im Westen nichts Neues‹ vor, in dem Soldaten nach der Besichtigung durch den Kaiser über Kaiser, Krieg und Vaterland reden, nüchtern und skeptisch. Dann las man eine entsprechende Szene aus einem Roman von Franz Schauwecker vor: die Soldaten glühen vor Begeisterung für den Kaiser und vor Todesbereitschaft fürs Vaterland. Und das, so sagte man uns, sei eine wahrhaftige Schilderung, während Remarque, der eigentlich Kramer heiße und ein Jude sei, den Idealismus des deutschen Frontkämpfers in den Schmutz gezogen habe. Ich wußte sofort: Schauwecker ist nationaler Kitsch (ein Ausdruck, den auch die Hitlerjugend gebrauchte); wie bei Schauwecker redet kein Mensch, nicht einmal ein Hitlerjunge, und ein Soldat schon gar nicht; Remarque aber hat recht.

Das war der Anstoß, meine Karriere im »Deutschen Jungvolk« so rasch wie möglich zu beenden. Der Anlaß war nicht groß und nicht human; er war gering, fast lächerlich. Doch führte er zu einer inneren Explosion. So dramatisch ausgedrückt, wie ich es erlebte: die Wände stürzten ein zwischen Literatur und Leben. Ich wollte plötzlich weder führen noch geführt werden. In meinem »Leistungsbuch«, in dem meine Ausbildung bescheinigt wurde vom Gepäckmarsch bis zur »weltanschaulichen Schulung«, gibt es nach dem 8. August 1936, dem letzten Tag des Lehrgangs, keine Eintragung mehr.

Der Sack war halbwegs vom Kopf. Ich legte meine Ämtchen nieder und ließ mich zu gegebener Zeit vom »Jungvolk« in die eigentliche Hitler-Jugend der Vierzehn- bis Achtzehnjährigen überweisen, deren »Dienst« sich, wenigstens in Arheilgen, auf unbezähmbare pubertäre Rüpeleien gegen die Vorgesetzten beschränkte.

Keine deutliche Erinnerung habe ich an den Anfang des Kriegs, an die ersten beiden Kriegsjahre, die Verdunklung, die ersten Bombenangriffe, es betraf mich nicht unmittelbar. Es war wohl so, wie Ernst Glaeser in seinem ›Jahrgang 1902‹ die Schüler im Ersten Weltkrieg beschrieben hat: »Der Krieg war Werktag geworden. Man gewöhnte sich an ihn.« Die wichtigste Person in Glaesers Roman ist kein Staatsmann und kein General, es ist die Zugschaffnerin Anna, mit der er jeden Morgen nach D. (= Darmstadt) fuhr, wo er das Gymnasium besuchte. Wichtiger waren – für mich – die Bücher und die Tanzstunde als ein halbes Dutzend Siege an der Front.

Ich hatte mich gründlich zurückgezogen in erlesene Gegenwelten und in literarische Versuche, die allerdings entmutigend waren. Was ich auch schrieb, Aphorismen, Gedichte, Essays, Erzählungen, ein philosophisches Stationendrama, es taugte nichts, und das schlimmste war: ich sah es selbst ein.

Jahr für Jahr hatte die Direktion der Schule meinem Vater mitgeteilt, daß ich eine Freistelle bekam, und immer hieß es: »Die Verleihung gilt *nur* für das laufende Schuljahr und ist widerruflich.« Das »nur« war stets unterstrichen, es hing, zusammen mit dem »widerruflich«, drohend über meinem Kopf. Nichts flog mir zu, alles mußte ich mühsam lernen. Ich war ein guter Schüler, aber die Schule war mir ein Greuel.

Kleist war der Lieblingsdramatiker der nationalsozialistischen Pädagogik. So gehörte Jahr für Jahr zu den Themen für das schriftliche Abitur ein Aufsatz über den Prinzen von Homburg: im Krieg wegen Disziplinlosigkeit zum Tod verurteilt, kann er sich – trotz besinnungsloser Furcht beim Anblick des für ihn bestimmten Grabes – nicht freisprechen von todeswürdiger Schuld. Daraus ließ sich, zumal im Krieg, allerlei machen.

Der Soldat, der gegen die Disziplin verstoßen hat, verurteilt sich selbst. Das durch Kleist geschärfte Gewissen ist schneller und gründlicher als jedes Kriegsgericht: es erzwingt das Einverständnis des Angeklagten mit seinem Todesurteil. Befriedigt geht er dem Tod entgegen, denn er hat die Gesetze des Staats, die Gesetze des Kriegs zu seinem eigenen Lebensgesetz gemacht.

Vielleicht mußte man einen Führer-Lehrgang der Hitlerjugend mitgemacht haben, um darauf so empfindlich zu reagieren. Kleists Stück wurde mir widerlich, ich konnte darüber nichts schreiben. Ebensowenig konnte ich mich zum zweiten Thema äußern: über ein kriegerisches Ehrenmal, das der Direktor der Schule ersonnen, veranlaßt und gepriesen hatte. Athletische Schüler hatten dem Bildhauer Modell gestanden für seine heroisch gereckten Soldaten. Ich hielt das für Kitsch.

Bei der Einweihung des Reliefs, am 10. Dezember 1940, erlebte ich Direktor Monjé zum ersten Mal als Ruhmredner des Heldentods. Er bediente sich dabei einschlägiger Verse aus Goethes ›Achilleis‹: »Aber der Jüngling fallend / erregt unendliche Sehnsucht / allen Künftigen auf.« In Goethes gepflegte Bewunderung des »kurzen rühmlichen Lebens« konnte ich nicht einstimmen. Und als der Direktor die Namen und Todesdaten der zwölf ehemaligen Schüler verlas, die in den ersten sechzehn Kriegsmonaten gefallen waren, erregten sie in mir nicht die geringste Sehnsucht, ihnen in den rühmlichen Tod zu folgen.

Kleist und das Ehrenmal verlangten, daß ich gegen meine Ansichten, meine Empfindungen, mein ganzes Wesen schrieb, dazu wäre mir nichts eingefallen, das spürte ich sofort, und es machte mir angst. Zum dritten Abitur-Thema hatte ich keine Meinung. Es war das Thema für die schlechten Deutsch-Schüler. Die Notwendigkeit deutscher Kolonien mußte bewiesen werden. In Hans Grimms zitierfähigem Roman ›Volk ohne Raum‹ war ich über das Glockengeläute der ersten Seiten nicht hinausgekommen, sein Stil langweilte mich. Die Kolonien mit ihrem Safari-Südwester-Askari-Getue waren mit gleichgültig. So fiel es mir leicht, die Phrasen, mit denen uns der Geographie-Lehrer, ein Parteigenosse, vollgestopft hatte, gedankenlos aufs Papier laufen zu lassen. Meinen Deutschlehrer hatte ich enttäuscht, das nahm ich mir noch lange Zeit übel.

»Und sehen Sie zu, daß Sie Offizier werden!« Das war der letzte Satz, den mir Direktor Monjé beim Abschied von der Schule sagte, im Kriegsjahr 1941. Ich hatte nicht die Absicht, seinem Rat zu folgen. Dieser seltsame Direktor, er war wohl so etwas wie ein Deutschnationaler, ich verstand ihn ein bißchen besser, als er mir später Briefe schrieb und mich im Lazarett besuchte, doch ganz verstand ich ihn nie.

Den Sack hatte ich mir so weit vom Kopf gezerrt, daß ich, siebzehn Jahre alt, wußte: Was man mir in Zukunft auch raten oder befehlen mochte, für mich gab es nur noch eine einzige ernsthafte Aufgabe: den Kopf zu retten.

Ernst Jandl

Die Prophezeiung des Tischlers

Der Direktor stand vor der Klasse und verkündete den Verlust eines Auges. Es war das Auge eines ehemaligen Schülers der Anstalt gewesen, dessen Name mir nichts sagte, und er hatte das Auge auf dem Schlachtfeld eingebüßt. Daß es zum Höchsten gehöre, das einem jungen Manne beschieden sein könne, für Führer und Volk ein Auge zu opfern, entnahmen wir entsetzt den pathetischen Worten des Direktors. Solche Größe des Einsatzes von Leib und Leben bleibe ihm, einem Mann, zu alt für die Front, zu seiner Beschämung versagt; für uns hingegen... Wir standen da, und uns schauderte.

1925 geboren, besuchte ich von 1931 bis 1935 die Volksschule der Kongregation der Töchter der göttlichen Liebe im dritten Bezirk in Wien, zur Wahrung der Kontinuität der von meiner Mutter intensiv betriebenen katholischen Erziehung. Daher auch wurde ich Schüler des renommierten, von Benediktinern geführten Schottengymnasiums. In mein drittes Jahr bei den Schotten fiel die Annexion Österreichs durch das nationalsozialistische Deutschland. Ein halbes Jahr später wurde dem Orden das Recht auf die Führung von Schulen entzogen.

Das jähe Absinken meiner Leistungen in der dritten Gymnasialklasse hatte offenbar drei Gründe. Meine Mutter, durch *Myasthenia gravis* seit Jahren zunehmend behindert, zu Boden gedrückt durch die Haushaltsarbeit für fünf, vergeblich ihre drei tollwütigen Söhne – dreizehn, neun und sechs – in Güte wie Strenge zu besänftigen suchend, war außerstande, meine Arbeit mit derselben Genauigkeit zu kontrollieren wie in den Jahren vorher und hatte überdies keinen Zugang zum Altgriechischen, dessen Unterricht in dieser Klasse einsetzte, ehe die ersten negativen Resultate evident waren, vertraute sie meinen Beteuerungen, es funktioniere auch ohne ihre Mithilfe alles klaglos.

Sie starb, den Kopf an den Arm meines Vaters gelehnt, am 6. April 1940, nach einer letzten bitteren Klage über den Kummer, den ihr die drei Söhne seit Jahren bereitet hatten. Der zweite Grund war das stürmische Einsetzen meiner Pubertät; der dritte die politischen Erschütterungen, von denen auch ein Dreizehnjähriger nicht unberührt blieb.

Die vierte Klasse und alle weiteren bis zum Abitur am Ende der achten besuchte ich am Gymnasium in der Kundmanngasse im dritten Bezirk, meinem Wohnbezirk. Darüber hatte es eine Debatte mit meinen Eltern gegeben, wobei meine Mutter dafür plädierte, mich meine Studien, wenn es schon keine konfessionellen Schulen mehr gab, an der nunmehr einzigen ihr als Eliteschule erscheinenden Anstalt fortsetzen zu lassen: dem Akademischen Gymnasium, wo auch tatsächlich zahlreiche Schottengymnasiasten wieder zusammentrafen. Ich leistete ihr entschiedenen Widerstand, da ich mich eher nach unten gezogen fühlte, ins Allgemeine, erhofft Vulgäre, als hinauf ins angeblich Besondere, dessen Tücken ich in den letzten drei Jahren erfahren hatte.

Von meinem Vater unter Hinweis auf seine eigene Ausbildung an einer gewöhnlichen Oberschule unterstützt, konnte ich meinen Willen durchsetzen. Zwei Mitschüler von den Schotten wählten ebenfalls diese Schule, und so fand ich mich von vornherein nicht völlig isoliert. (Später erfuhr ich, daß es am Akademischen Gymnasium einen hervorstechend strebsamen Schüler gab, der die lückenlose Eingliederung der Schüler dieser Anstalt in die HJ zu organisieren und dann dauernd zu kontrollieren verstanden habe. Ich hatte ohne Zweifel die für mich bessere Schule gewählt.)

Noch am Schottengymnasium, im verbleibenden Schuljahrsrest, organisierten einige Schüler der Oberklassen den Eintritt aller in die Hitlerjugend, nahezu aller, denn jeder einzelne wurde nach der Zahl etwaiger jüdischer Großelternteile befragt, worauf einige von der Aufnahme zurückgestellt wurden. Diese konnte man von der bevorstehenden Abreise in andere Länder reden hören. Lehrer schienen sich in den Organisationsprozeß nicht einzuschalten. Als Uniformersatz diente ein weißes Hemd mit Armbinde, kurze Hosen und weiße Kniestrümpfe. Veranstaltet wurden Tagesmärsche in die Umgebung von Wien, die den Sonntag kaputtmachten. Es gab dabei Ansätze von Drill, das Einlernen von Liedern und sogenannte Geländespiele. An einem Ausmarsch dieser Art nahm ich teil und kehrte abends zerschlagen und mißmutig nach Hause zurück. Solchen Übungen wollte ich künftig zu entgehen trachten. Kurz darauf schloß das Schuljahr.

An der neuen Schule wartete ich, bis sie mich holen kämen, doch es kam niemand. Ein Jahr später drang ein neuer Jugendtyp mit Langhaar und ausgefallener Kleidung in unserer Klasse durch. Eine Kontrolle durch den Klassenvorstand, PG, Altphilologe, Zyniker und als nicht allzu gefährlich geltend, ergab, nun schon mitten im Krieg, daß nur noch ein Rest der Klasse am HJ-Dienst teilnahm. Dafür gab es mehrere aktive Mitglieder des DRK, was als Ersatz akzeptiert wurde. Meine Begründung für die Nichtmitgliedschaft bei der HJ, »weil es mich nicht interessiere«, blieb ohne Folgen. Dennoch verschaffte ich mir vorsorglich einen DRK-Ausweis und besuchte einen Rot-Kreuz-Kurs. Der ihn leitende Arzt empfahl als die rascheste und sicherste Art des Selbstmordes das Erhängen.

Turnsaalgeruch rief in mir ein im ganzen Körper spürbares Unbehagen hervor. Mit schlaffen Armen hing ich am Seil; mit dem Bauch prallte ich gegen den Bock; ich rettete Brille und Nase vor dem scharf geschossenen Ball; der Schwimmlehrer ließ mein Kinn los, und ich versank. Von der letzten Stelle des Zeugnisses an die erste gerückt, gab es Leibesübungen nun an fünf Tagen der Woche, was mir von sechs Schultagen nur einen einzigen ließ, der ohne Beklemmung begann.

Mit dem Körper, gewiß, war er der Größte von uns – und auch der Kräftigste; als ich die vierte B zum erstenmal betrat und ihn sah, sank mir das Herz. Herausfordernd trug er die kürzesten schwarzen Kordhosen, Bestandteil seiner HJ-Uniform, den Dolch an der Seite, das Haar militärisch geschnitten, und verkündete schon durch sein Äußeres seinen Führungsanspruch. Ein Jahr lang wich ich ihm aus.

Dann kam der Sommer 39, mit den Ferien, die die Schule auf Distanz rückten, und als wir wieder in der Kundmanngasse eintrafen, war bereits Krieg.

Der mit dem Körper gewiß Größte und Kräftigste von uns betrat die Klasse in leicht gebeugter Haltung; er trug lange, nach unten sich ausweitende, mit dem Saum am Boden schleifende Hosen; seine weinrote Jacke reichte fast bis zum Knie; sein langes, kompaktes, schwarzes Haar glänzte von Öl und war in der Mitte gescheitelt, über der Stirn zu zwei höckerartigen Ausbuchtungen angehoben, an den Schläfen glatt nach hinten geformt, wo die beiden Flügel (»Schwalbenschwänze«) sich mit dem zurückgekämmten Haar der Kopfkuppe zu einem hart abgehackten, horizontalen Abschluß vereinigten, unter dem der Hemdkragen einen Streifen glattrasierten Nackens sichtbar ließ. An einem winzigen Knoten hing von seinem Hals eine überaus schmale Krawatte bis zum Schritt seiner Hosen. Sein Requisit war ein aus der vorderen oberen Jackentasche herausragender schmaler Kamm, zu dem ein vorerst verborgener Taschenspiegel gehörte, um den Sitz des Haares zu überprüfen und allenfalls eine Korrektur daran vorzunehmen. Augenblicklich war er von Mitschülern umringt.

Es gebe jetzt, hub er an, und seine Stimme schien ein wenig höher und dünner als sonst, junge Männer, die meisten um einiges älter als wir, die nicht zur Schule, sondern zur Lehre gingen, also Arbeiter seien, und sich ihr Haar wachsen ließen und es pflegten wie er, überlange Sakkos trügen und lange weite Hosen und dünne, ganz lange Krawatten, und die erstklassige Mädchen schleppten und in der Freizeit in den Prater zum Tanz gingen. Ein Freund, ebenfalls ein junger Arbeiter, habe ihn mit einer Gruppe von ihnen zusammengebracht, und seitdem gehöre er dazu und gehe mit ihnen tanzen und trinken in den Prater, und keiner von ihnen sei bei der HJ, und er gehe auch nicht mehr hin, und sie nennten sich Schlurf und hätten Springmesser und Schlagring, und in HJ-Uniform dürfe sich abends keiner mehr blicken lassen im Prater, sonst würde er gestochen wie unlängst ein HJ-Führer, der sich uniformiert in ihr Revier gewagt hatte.

Einmal noch hörte ich von den Schotten. Der Abt, in seiner Predigt, hatte ein gefährliches Wortspiel riskiert: »Die Stunde der Vergeltung kommt, für jeden *naht sie.*« Der Freund, der es uns erzählte, und wir, die es von ihm erfuhren, empfanden die gleiche Genugtuung.

Unversehens brachte einer von uns eine Ahnung von Jazz in die Klasse, indem er sich ans Klavier setzte und zu improvisieren begann. Dietrich, unser musikalischer Meister, übernahm sofort diese Spielweise. In den letzten drei Klassen schloß ich mich eng an ihn an. Über mein stümperhaftes Klavierspiel, ihm lange verborgen, war er entsetzt; ich hielte mich besser an meine Gedichte. In einem Musikladen eroberten wir, für ihn als Spielenden, mich als Zuhörer, Hindemiths ›Suite 1922‹ und den Klavierauszug von Kreneks ›Jonny spielt auf‹. Von moderner bildender Kunst erfuhren wir, wenngleich nur in dürftiger Andeutung, aus dem Katalog zur Ausstellung ›Entartete Kunst‹, deren Besuch Jugendlichen untersagt war.

Bis zum Abitur besuchten wir gemeinsam den Stehplatz in Burgtheater und Oper, hörten, neben dem klassischen Repertoire, mit Spannung neue Klänge bei Orff, Egk und Wagner-Regeny und erlebten als Höhepunkt unserer gemeinsamen Opernbesuche eine umjubelte Aufführung des Balletts ›Petruschka‹ durch ein Ensemble aus Rom, zu einer Zeit, als es Strawinsky bei uns nur noch im verborgenen gab.

Nach Burgtheatervorstellungen machten Dietrich und ich gern einen Umweg über die Tuchlauben, um einen Blick in die Kleeblattgasse zu werfen, wo über einem Tor in dunkelrot leuchtenden Lettern die Aufschrift »Madame Lou« prangte. Das Tor schien fest verschlossen, und nur in großen Intervallen ging ein Mann darauf zu und wurde eingelassen, und ebenso selten trat einer heraus und entfernte sich rasch. Das war alles, was wir je davon zu sehen bekamen, und war für uns das Äußerste an Verheißung.

Die Dobner-Diele, mit den Soldaten, grüne Cocktails schlürfend, besuchten wir wegen des Anblicks der nackten Brüste der Tänzerinnen, aber für die Kapelle dort komponierte Dietrich ein Stück und legte es bittend dem erstaunten Kapellmeister vor, der die Noten schließlich verteilte. Was ich hörte, klang wunderbar. Dietrich klärte mich auf, sie hätten alles völlig falsch gespielt und nur mit Mühe zu einem gemeinsamen Ende gefunden.

Ihm, als dem einzigen, zeigte ich meine Gedichte und erhielt Zuspruch. In einer Anthologie aus dem Jahr 1926, von mir herangeschafft, wies ich ihn auf je drei Gedichte von Johannes R. Becher, Wilhelm Klemm und August Stramm hin, als die mich am meisten bewegenden; sie berührten ihn ebenso, doch er legte den Finger auf ein weiteres, das mir bisher entgangen war, das Gedicht ›Was ich liebe‹ von Felix Dörmann, mit der Endstrophe: »Ich liebe, was niemand erlesen, / was keinem zu lieben gelang: / mein eignes, urinnerstes Wesen / und *alles, was seltsam und krank.*« Wir erkannten darin Motive unserer eigenen Absage an die nationalsozialistische Auffassung von Kunst und Leben.

Ein Schüler aus einer höheren Klasse war nach Durchsuchung seiner Schultasche, in der sich Flugblätter staatsfeindlichen Inhalts fanden, zusammen mit einem Komplizen von der Schulbank weg verhaftet worden. Kurz danach ging die Rede von einem Prozeß, bei dem es ein Todesurteil gegeben habe, das jedoch in eine lebenslange Haftstrafe umgewandelt worden sei. Die Beschuldigten seien mit Kreisen im feindlichen Ausland, und zwar England, in Verbindung gestanden.

(Zwei Details wurden, ohne je bündig bestätigt zu werden, von uns Schülern gehört und besprochen: Das Todesurteil sei nicht zuletzt deshalb ausgesetzt worden, weil bereits der Vater und der Bruder des zum Tode Verurteilten wegen eines vergleichbaren Delikts hingerichtet worden seien; und der Direktor, ein durchdrungener Nationalsozialist, habe vor Gericht alle Gewalt seiner an der Antike geschulten Rhetorik zugunsten der Angeklagten aufgeboten.)

Der Mann vom Afrikakorps stand eines Morgens in der Klasse. Der Englischlehrer, in welchem wir einen Kommunisten vermuteten und den wir hochschätzten, erhob sich und begrüßte den Uniformträger als seinen einstigen Schüler. Auch einige von uns kannten den Mann, ich nicht. Er begann, von seinen Erfahrungen an der Front in Nordafrika zu berichten, äußerte sich geringschätzig über die dort ebenfalls eingesetzten Italiener und zwang durch den unaussprechlichen Satz, *wenn Deutschland den Krieg verliere,* würde das einzig die Schuld der Italiener sein, den Englischlehrer zum Eingreifen. Das Thema wechselnd, kam der Uniformträger auf die unvergleichlichen Mädchen, leicht wie Daunen, in den afrikanischen Bordellen zu sprechen. Der Englischlehrer, zu unserem laut bekundeten Mißfallen, schnitt ihm das Wort ab und gab ihm gute Wünsche mit auf den Weg nach Afrika.

In dasselbe Hofhaus, wo der hagere Tischler, der für meine Eltern manche Reparaturarbeit ausführte, seine Werkstatt gehabt hatte, ein alter Sozialdemokrat, knapp nach dem Einmarsch der Deutschen meiner Mutter prophezeiend, jetzt würde es Krieg geben, Worte, die zu glauben meine Mutter angesichts ihrer drei heranwachsenden Söhne sich verbieten mußte, traten vier Jahre später nach Ende des Unterrichts schweren Herzens zwei Gymnasiasten, der eine ich, und suchten, Tor um Tor, an den Namenstafeln im Flur nach dem Familiennamen des Mitschülers, dessen Kriegstod uns in der Schule verkündet worden war.

Er war ein mittelgroßer, stämmiger Knabe gewesen, mit schwarzem Flaum auf der Oberlippe, einem frischen, rotwangigen Gesicht, ernsthaft und arbeitsam, selbst wenn Unterrichtsstunden chaotisch verliefen, keiner Gruppierung innerhalb der Klasse, Schlurf etwa und Nicht-Schlurf, sich anschließend, nie ein Spielverderber und bei allen beliebt. Er und ich hatten nahezu den gleichen Schulweg gehabt, und das nützten wir unterwegs zu langen Gesprächen.

Jetzt stiegen der andere und ich die Treppe hoch, hielten vor der Tür, hinter der wir den Vater, einen Witwer, vermuteten, zögerten, dann drückte einer die Klingel. Wir hörten von innen schleppende Schritte, dann sahen wir uns einem kleinen alten Mann gegenüber, mit kleinen verweinten Augen. Auf ein paar gestammelte Worte von uns legte er die Hand über seine Augen und schloß vor uns langsam die Tür. Der Sohn war sein einziges Kind gewesen. Ob es die Tischlerwerkstatt noch gab, dafür hatte ich keinen Blick, als wir das Hofhaus verließen.

Barbara König

Die verpaßte Chance

Meine sieben Jahre im Dritten Reich, von denen sechs Jahre Schulzeit waren, begannen so, wie sie endeten: mit einer Flucht nach Deutschland. Nur, daß die erste weder lebensgefährlich noch endgültig war, ja nicht einmal zwingend. Es war September 1938 im deutsch-böhmischen Reichenberg, der Einmarsch der Hitlertruppen stand bevor, Schießereien mit den Tschechen waren zu befürchten, und Frauen mit Kindern wurde angeboten, die turbulente Zeit im Reich zu verbringen. Mama, reiselustig wie immer, hatte zugegriffen. Ich war knapp dreizehn Jahre alt, ein Jahr jünger als mein Bruder.

Ich hatte gehofft, das flotte Deutschland zu finden, das ich aus Romanen kannte, doch schon die Fahrt ernüchterte mich: die Menschen auf den Bahnhöfen, die uns Butterbrote und Kaffeebecher durch die Fenster reichten, sahen einander so ähnlich in ihren Uniformen und Bewegungen, daß ich schon nach der dritten Station glaubte, im Kreise zu fahren. Außerdem maulte ich, weil ich zu Hause angefangen hatte, ›Quo vadis‹ zu lesen, und das dicke Buch auf Mamas Rat nicht mitgenommen hatte; jetzt reute es mich.

Die zwei Wochen, die wir in einer Jugendherberge im Sauerland verbrachten, erschienen mir wie ein mißglückter Ferienaufenthalt: Schöne Gegend, blauer Himmel, aber spartanische Unterkunft, Pfefferminztee, Kartoffelernte, jungdeutsche Erbauungsbücher, dazwischen Nachrichten aus dem Volksempfänger, umbraust von tosendem Jubelgeschrei: das waren unsere zurückgebliebenen Landsleute, die den Einmarsch der Befreier begrüßten – das Sudetenland war heimgekehrt ins Reich.

Ich wußte, daß wir Grund zum Jubel hatten, weil wir Deutsche waren, Teil einer von den Tschechen benachteiligten Minderheit. Daß ich außerdem je eine tschechische und eine halb ungarische Großmutter hatte (dazu einen nicht bekannten Großvater) und daß meine beiden Eltern noch als k. u. k. Österreicher aufgewachsen waren, kümmerte mich nicht, ich hatte andere Probleme. Zwei Jahre zuvor war mein Vater gestorben, er hatte sich das Leben genommen, keiner wußte, warum. Mit ihm war unsere malerische Kindheit versunken, der Friedländer Park, das Hupmobil, die Pferde, der Landauer, Kati, die Köchin, und Bürger, der Chauffeur. Seither hatte ich alle meine Energien auf den Versuch verwendet, mich auf meinen neuen Status einzustellen: Halbwaise in bescheidenen Verhältnissen.

Nun plötzlich kam Entlastung von außen, die Umwelt war in Bewegung geraten, wohin, das war nicht meine Sache; gespannt sah ich die Fahnenpracht, die uns bei unserer Heimkehr überraschte, hörte die triumphale Marschmusik und wartete auf mehr; wie ein Mensch, der mit Zahnweh im Kino sitzt und auf eine atemberaubende Handlung hofft, um seinen Schmerz zu vergessen.

Vieles geschah, doch nichts Sensationelles. Neue Lehrer und Mitschüler tauchten auf, die an ihrem Tonfall als Reichsdeutsche zu erkennen waren, alte Bekannte trugen plötzlich Uniformen, die sie fremd erscheinen ließen. Die Lehrer begannen den Unterricht mit ausgestrecktem Arm, und die Klasse hatte mit einem lauten »Heil Hitler!« zu antworten. Wie eine Fremdsprache lernte ich ein neues Vokabular an Parteiausdrücken.

Daß neben den vielen neuen Gesichtern manches andere verschwunden war, merkte ich kaum. Die Freunde meines Vaters aus der »Schlaraffia« zum Beispiel, ein ganz bestimmter Typ in Stadtpelz und Melone, die wie er die Dohle lüfteten und einander mit »Lulú« begrüßten – diese Freunde hatte ich schon mit Papas Tod aus den Augen verloren, ich wußte nicht, daß sie erst jetzt wirklich gegangen waren.

Wir wechselten die Schule; zusammen mit den anderen Mädchen zog ich aus dem gemischten Realgymnasium in die neue Oberschule für Mädchen, und im Gegensatz zu meinen klagenden Mitschülerinnen gefiel mir dieser Umzug. In unserer Familie gab es außer mir keine Mädchen, ich war mit einem Bruder und vier Cousins aufgewachsen, von Karl May und Tom Shark bis zu Messerwerfen und Jiu-Jitsu hatte ich alles aufgenommen, was ein Junge braucht, nun, fand ich, war es Zeit, die Welt der Mädchen kennenzulernen.

Daß dieser Zeitpunkt ausgerechnet mit der ersten großen BdM-Welle zusammenfiel, war mein Pech. Noch war es nicht Zwang, sondern eine Ehre, in diesen Bund aufgenommen zu werden, die Mädchen rissen sich darum, man sprach von Rangabzeichen, Knoten und Schnürchen. Ich war durchaus bereit, dazuzugehören, und ich hätte auch dazugehört, wenn nicht zweierlei mich davon abgehalten hätte: das erste waren die sehr rhythmischen Lieder, die den Verstand benebelten, ein Effekt, der mich erst stutzig und dann widerspenstig machte: ich wollte diesen Zauber nicht, ich hatte ja gerade erst mein Hirn entdeckt. Der zweite Punkt war die schier unaussprechliche Öde, die von den »Heimabenden« ausging und mich beängstigte. Ob es um völkische Ideale, Rassendenken oder Führertreue ging – das Ganze strömte einen Geruch selbstgerechter Bravheit aus, der mir zutiefst widerstrebte; ich ging nicht mehr hin.

Obwohl ich im Gruppenleben versagt hatte, blieb mein gutes Verhältnis zu den Mitschülerinnen bestehen, ob sie im BdM waren oder nicht. Niemand versuchte, mich zu beeinflussen, genausowenig wie unsere einzige jüdische Mitschülerin aus der Klassengemeinschaft ausgeschlossen wurde. Politische Einstellung, so schien es, war immer noch Privatsache.

Das betraf auch die Lehrerinnen. Daß die meisten von ihnen Parteiabzeichen trugen, war mir gleichgültig, wenn sie nur fesselnd waren oder zumindest sympathisch.

Mit unserem Klassenvorstand, einer kleinen, blondierten, durch ein Hüftleiden behinderten Dame, verband mich ein jahrelanger zärtlicher Kampf wegen meiner Weigerung, Geschichte und Erdkunde zu lernen, der sich erst bei unserem Wiedersehen nach dem Krieg zu meinen Gunsten entschied: »Du hast ganz recht gehabt«, sagte sie, »daß du das nicht lernen wolltest.«

Dr. G. H. war die beste Lehrerin, die ich je gekannt habe; sie unterrichtete die naturwissenschaftlichen Fächer mit einer Leidenschaft, die ganze Jahrgänge von Schülerinnen mitriß. Und ich könnte schwören, daß ihr Ton anders wurde, trocken, distanziert, wenn sie von den biologischen Theorien der Nazis sprach: man brauchte da nicht mitzudenken. Sie war es auch, die die Hand aufs Herz legte – womit sie gleichzeitig ihr Parteiabzeichen verdeckte – und sagte: »Ich kann es nicht verantworten, Ihnen den genialen Schöpfer der Psychoanalyse zu verschweigen«, und »Sigmund Freud« an die Tafel schrieb. Das ließ mich aufmerken: eine persönliche Verantwortung außerhalb der Vorschriften? Daran hatte ich noch nicht gedacht.

Die Frau, deren Ehrgeiz darin zu liegen schien, die Grundsätze des NS-Regimes so getreu wie möglich auf unsere Schule zu übertragen, die uns zu Führerreden im Turnsaal versammelte und unseren Blick auf das allgegenwärtige Hakenkreuz lenkte, war Dr. K., die Direktorin. Sie war eine starke Persönlichkeit. Groß, ein wenig vorgeneigt, das graumelierte Haar zu einem unordentlichen Knoten aufgesteckt, ein Paket Bücher unter dem Arm, von einer losen Strickweste umweht, die hellen, scharfen Augen überall, so fegte sie durch die Gänge unserer Schule, und wenn sie den Arm zum Führergruß hochriß, dann war das mehr als eine bloße Geste, dann war das Autorität. Wahrscheinlich hat sie Hunderten von Mädchen das Zerrbild einer Weltanschauung vermittelt, das ihnen wie ein hartnäckiges Gift noch Jahre und Jahrzehnte zu schaffen machen sollte, und doch, absurd genug, war sie es, die mich das Zweifeln lehrte, den ersten Schritt zur bewußten Kritik.

Wir hatten sie in Deutsch, und Deutsch war mein

Glanzfach. Sie förderte mich. Sie ermutigte meine kleinen Gedichte und das, was sie mein kritisches Denkvermögen nannte, sie lobte meine Arbeiten, auch wenn sie das nationale Thema verfehlten, sie ließ mich wachsen. Dann geschah die Sache mit dem Hausaufsatz. Wir sollten an einem großen Mann der deutschen Geschichte die nationalen Wesenszüge darstellen, Vaterlandsliebe, Willenskraft und wie sie alle hießen. Ich weiß, daß ich zuerst Bismarck nehmen wollte, ihn aber dann zu zeitraubend fand und statt seiner Hitler wählte. An dieser sauber ausgesägten Kunstfigur war jede deutsche Tugend mühelos aufzuhängen, in einer halben Stunde war ich fertig, ich brauchte ja nur wiederzugeben, was ich aus der Direktorin eigenem Munde wußte. Um so erstaunter war ich, als sie mich nach der nächsten Stunde an ihr Pult rief. Vor ihr lag mein Aufsatz. Sie wartete, bis die anderen gegangen waren, legte die Hand auf das Heft und fragte: »Warum hast du das geschrieben?« Ich wußte keine Antwort. »Ausgerechnet du«, sagte Dr. K., schüttelte den Kopf, stand auf und ging.

Dieses knappe Wort löste in mir Gedanken aus, die ich bis dahin vermieden hatte. Eine Lawine unterdrückter Wahrnehmungen und Erinnerungen brach über mich herein, eine Zeit der Verwirrung begann: Wie war das? Der Judentempel hatte gebrannt, und man hatte uns weisgemacht, daß dies ein »Aufstand deutschen Blutes gegen die jüdischen Volksverderber« gewesen sei. Ich wußte, daß das nicht stimmte, denn mein Bruder hatte Stunden vor dem Brand zufällig mit angesehen, wie Feuerwehrleute Schlangen aus Werg um die Kuppel der Synagoge legten; außer ein paar verblüfften Zuschauern hatte es kein Publikum gegeben, von Aufstand konnte keine Rede sein. Ich hatte diese Lüge hingenommen und mich nur für die Frage interessiert: Was fühlt ein Feuerwehrmann, der gezwungen ist, Feuer zu legen, statt es zu löschen?

Da war so viel Ungereimtes; Nachbarn flüsterten Gerüchte: Soundso hatte einen politischen Witz erzählt, Soundso war verhaftet worden. – Ein Hitlerjunge hatte seine

Eltern denunziert, die Eltern wurden nach Bautzen gebracht. Das Zuchthaus Bautzen sei in ein Konzentrationslager umgewandelt worden. Das Wort war mir neu, und eine Zeitlang glaubte ich, es handele sich dabei um ein Lager, in dem die Gegner des Regimes zur Konzentration, d. h. zur Besinnung gebracht werden sollten.

Mamas Prager Cousine kam aus dem Protektorat und berichtete von Massenverhaftungen durch die Gestapo: sie hatten nicht nur Tschechen, sondern auch emigrierte Deutsche mitgenommen – Was sagt ihr jetzt? – Mama sagte: »Ein Glück, daß euer Vater nicht mehr lebt, der hätte nie den Mund gehalten, den hätten sie längst abgeholt.«

Verwirrung: Das ältere jüdische Ehepaar in unserem Haus, ehemalige Besitzer eines Delikateßgeschäftes, durfte auf der Bank im Privatgarten der Hauseigentümerin sitzen, weil ihm die Benutzung der »Arierbänke« untersagt war. Doch nun empörte sich die NS-Hauswartsfrau, eine dicke, lustige Person, der man solch eifernden Ernst nie zugetraut hätte; keiner von uns widersprach. Kurz darauf stand die Bank wieder leer. Es war eine gespenstische Leere, ich sah es, aber ich sah auch schnell wieder fort.

Das Chaos wuchs, ich begann schlecht zu schlafen, meine ohnehin sehr ungleichmäßigen Leistungen in der Schule sanken ab. Von außen kam keine Hilfe. Mein wortkarger Bruder brachte einen Spruch nach Hause: »Right or wrong, my country«. Das half, doch nur für fünf Minuten. Und Mama, mit komplizierten Fragen bedrängt, hatte nichts als einen Seufzer: »Es gibt eben überall solche und solche, man muß das trennen.« Ich versuchte, zu trennen, und die Menschheit zerfiel mir in Hälften über Hälften: gute Deutsche und schlechte Deutsche, schlechte Deutsche und böse Deutsche; Deutsche und Tschechen, Arier und Juden; jüdische Deutsche und arische Tschechen? Dazu noch die zahllosen Ausnahmen. Was blieb, das war, von Fall zu Fall, der einzelne. Der wiederum zerfiel in Hälften über Hälften...

Mitten in diesen verzweifelten Orientierungsversuch meiner vierzehnjährigen Existenz hinein fiel der große Glücksfall dieser Jahre, der anfangs wie ein Unglück aussah: ich wurde krank. Zunächst war es eine doppelte Kinderkrankheit, Scharlach mit Diphterie, dann ein Anfall von Gelenkrheumatismus, danach die tödliche Gefahr, ein Herzkollaps und noch ein Herzkollaps, man mußte das Schlimmste befürchten. Inzwischen war der Krieg ausgebrochen, ich erfuhr es nur nebenbei, denn Radiohören wie Lesen war mir von den Ärzten verboten, es berührte mich kaum, ich döste glücklich vor mich hin, auf eine nicht erklärbare, doch völlig zweifelsfreie Art wußte ich mich gerettet.

Als ich fünf Monate später auf schwachen Füßen wieder zur Schule ging, hatte ich zwei wichtige Atteste in der Tasche. Das erste befreite mich vom Dienst im BdM, der seit Kriegsausbruch keine Ehre mehr war, sondern Pflicht. Das zweite ersparte mir jede weitere »Leibesertüchtigung«, die mich eine tägliche Überwindung gekostet hatte und noch dazu viele freie Nachmittage auf dem Sportfeld vor der Stadt. Daß ich gleichzeitig auf meine liebsten Hobbys verzichten mußte, Tennis und den Ballettunterricht samt Stepptanz und Akrobatik, erschien mir als ein nicht zu hoher Preis.

Die nächsten beiden Jahre waren die glücklichsten meiner Schulzeit. Ich war auf einmal frei. Hausaufgaben machte ich in der Schule, während die anderen turnten und marschierten; an den Nachmittagen las ich, schrieb seitenlange Gedichte und sah mir Ufafilme an. Und vor allem: ich hatte ein Alibi, ja die Verpflichtung, mich um meine Gesundheit zu kümmern, und um sonst nichts. War ich bis dahin ein wildes und ungehorsames Kind gewesen, so wurde ich nun vor Dankbarkeit fast sanft, was meiner Umgebung als ein ernstes Zeichen meiner Krankheit erschien.

Eine beispiellos brutale Wirklichkeit riß mich aus dem Traum: es war Sommer 1942, die Nazis nahmen furchtbare Rache für das Attentat auf Heydrich, alle Verbindungen nach Prag rissen ab, Böhmen schwamm im Blut. Gleichzeitig zeigte sich der Terror auch für uns. Unvermittelt wurde Mama auf das Amt für »Rasse und Volksgesundheit« befohlen. Dort eröffnete ihr eine offenbar fanatische Nazi-Ärztin – sie hieß Dr. Bahr, manche Namen merken sich –, daß mein bisher unbekannter Großvater väterlicherseits ein ungarischer Jude gewesen sei. Sie warf Mama ihre »instinktlose Gattenwahl« vor und machte sie verantwortlich sowohl für den Selbstmord meines Vaters als auch für die »dekadente Erbmasse« und die ruinierte Zukunft ihrer Kinder; nach Lage der Dinge komme ein Universitätsstudium für uns nicht in Frage.

Es war diese Drohung, mehr noch als Mamas Verstörtheit, die mich wach machte. Mit meinem Bruder war nicht zu rechnen, er wurde gerade als Bordfunker zur Luftwaffe eingezogen. Mama selbst war kriegsdienstverpflichtet und arbeitete in einem Büro der Reichsbauernschaft. Die Behörden in Reichenberg verwiesen mich an das »Reichssicherheitshauptamt für Rasse und Siedlung«. Ich fuhr nach Berlin.

Diese Reise führte mich zum ersten Mal in die Stadt, von der ich seit meiner Kindheit träumte, und zeigte mir, gewissermaßen im selben Atemzug, was sie so nachhaltig zerstört hatte: den Apparat der Gewalt. Auf Trümmer und Luftalarm war ich gefaßt gewesen; der Alptraum begann erst mit meinem Eintritt in das SS-Gebäude am Fehrbelliner Platz, in dem eine spiegelblanke Maschinerie arbeitete, geräuschlos und mit tödlicher Genauigkeit. Schockiert begriff ich, daß ich hier nicht als Mensch angesehen wurde; obwohl man mir nichts tat, fühlte ich mich mißhandelt. Umgekehrt sah auch ich nichts Menschliches um mich, nur schwarze Uniformen und seltsam unbelebte Gesichter. Man schickte mich von Stockwerk zu Stockwerk, man fragte mich aus, man ließ mich stehen. Am Ende eines gespenstischen Tages wurde mir verkündet, daß ein Irrtum vorgelegen habe: der Großvater war mit seinem Anwalt verwechselt worden. Die Aufklärung verdankte ich dem Umstand, daß mein ungarischer Onkel, der Halbbruder meines Vaters und damals Oberpostdirektor von Budapest, im Amt für Rasse und Siedlung offenbar eine eigene Akte besaß.

Als ich einen Tag später nach Hause fuhr, war der »voreilige Bescheid« der Reichenberger Dienststelle zwar aufgehoben, dafür aber hatte ich mir ein Grauen eingehandelt, das mich auf Jahre nicht verlassen sollte. Für den Rest meiner Schulzeit behielt ich wohl die Freiheit, die meine Atteste mir verschafften, doch ich konnte sie nicht mehr richtig genießen; ich hatte das Fürchten gelernt.

Im Februar 1944 verließ ich die Schule nach einem eiligen Kriegsabitur. Anstelle des Reichsarbeitsdienstes wurde ich der Pressestelle der NS-Volkswohlfahrt zugeteilt; meine Aufgabe war es, über die Lager der Kinderlandverschickung, neu eröffnete Kindergärten und ähnliches zu berichten. Eine Woche später schon las ich in der Zeitung eine Anzeige der Krankenhaus-Direktorin: »Deutschunterricht für ausländische Mitarbeiter gesucht«. Ich meldete mich.

Dr. J. war Ukrainer, im Range eines deutschen Majors. Unsere Deutschstunden fanden in der Infektionsabteilung des Krankenhauses statt, deren Leiter er war. Ich hatte keine Angst vor Scharlach und Diphtherie, ich war gegen beides immun. Wogegen ich nicht immun war, das war die Liebe. Eine kurze, heftige Romanze begann, die sich für mich bald mit den Qualen der Eifersucht mischte, als Dr. J. anfing, mit allen Zeichen der Heimlichkeit halbe Tage und ganze Abende in Prag zu verbringen. Zu meiner Schande muß ich gestehen, daß ich glücklich war, als Anfang September 1944 Dr. J. und kurz darauf ich von der Gestapo verhaftet wurden und ich in stundenlangen Verhören begriff, daß es sich bei den Prager Visiten meines Freundes keineswegs um eine Rivalin, sondern »nur« um politische Verbindungen gehandelt hatte. Welcher Art diese Verbindungen waren, sollte ich auch während der folgenden fünfeinhalb Monate meiner Haft nicht erfahren. Was mir dagegen klar wurde, das war – unter dem Gebrüll des berüchtigten Leuteschinders Hauptwachtmeister Wichtl in der Reichenberger Laufergasse –, daß ich, endlich, vom Zweifler und allzu passiven Resistenzler zum Gegner des Regimes geworden war. Aber da war es kein Kunststück mehr, meine Chance hatte ich verpaßt, mir blieb – und bleibt – nichts als die brennende Bewunderung für alle, die sensibel genug sind, das Unrecht zu erkennen, selbst da, wo es als »Pflicht« erscheint, und mutig genug, zu reagieren, auch dort, wo sie selbst nicht unmittelbar betroffen sind.

Übrigens: Dr. J. habe ich nie wiedergesehen, und ich konnte auch später nichts über sein Schicksal erfahren. Dagegen traf ich Dr. K., meine frühere Direktorin, in den fünfziger Jahren in Düsseldorf, nicht lange vor ihrem Tod. Ich sagte: »Sie wissen gar nicht, wieviel ich Ihnen verdanke. Erinnern Sie sich an meinen Hitler-Aufsatz?« Aber sie wollte nicht davon sprechen und, was ich nie für möglich gehalten hätte: sie errötete sogar. Ich fragte nicht weiter, und das war mein Fehler, denn nun hat sie mir wieder einen Zweifel gelassen, noch dazu einen, der niemals geklärt werden wird: Ist sie errötet, weil ich sie an ihre Nazizeit erinnerte, oder aber, weil sie damals, vielleicht ein einziges Mal, ihren Führer verriet?

P.S. Gerade als ich diesen Bericht abschloß, kam ein Anruf aus Frankfurt, es war meine beste Schulfreundin, die ich seit 1944 nicht mehr gesprochen hatte, weil sie bis vor kurzem in der DDR lebte. Ihr Vater war, wie sie mir jetzt sagte, in Auschwitz umgekommen. Ich fragte sie nach der Direktorin – ob sie es gewußt hat? »Offiziell nicht«, sagte sie, »aber kurz nachdem mein Vater verhaftet worden war, hat sie mich zu sich gerufen und gesagt: ›Wenn du einmal Hilfe brauchst, komm zu mir.‹« – Es scheint, daß der obige Zweifel sich wider Erwarten nun doch noch geklärt hat.

P.P.S. April 1988. Die Neuauflage von ›Schulzeit im

Dritten Reich‹ ermöglicht mir zwei Ergänzungen. Die erste, betreffend die Person der Direktorin Dr. K., verdanke ich Dr. Christa F., die einige Klassen unter mir dieselbe Schule besuchte und, übrigens, eine jener Schülerinnen war, die, begeistert vom Unterricht bei Dr. G. H., Naturwissenschaften studierten; sie arbeitet heute als Chemikerin. (Vgl. S. 137) Ich zitiere aus ihrem Brief: »Sie wissen Dr. K. politisch nicht einzuordnen: Nun, sie ist sicher zunächst eine überzeugte Nationalsozialistin gewesen. Ich bin mir aber sicher, daß sie niemand je ›ans Messer geliefert‹ hat. Später wurde sie ein Opfer der Nazis. Der Grund war, daß sie sich dem Wunsche des Gauleiters Konrad Henlein widersetzte, seine Tochter Gudrun außerhalb der Schulferien aus der Schule zu nehmen, um auf dem Gut der Familie einen Urlaub zu verbringen. Als korrekte Beamtin war sie der Ansicht, keine Ausnahme machen zu können. Sie wurde zur Persona non grata, gequält mit anonymen Anrufen und Morddrohungen. Zermürbt durch diese Vorgänge, bekam sie eine schwere Gesichtslähmung. Ich weiß es deswegen so genau, weil sie sich des öfteren bei meinen Eltern ausweinte. Wir wohnten in der Nähe... Sie war eine beachtliche Persönlichkeit... Ende Mai 1945 sind wir mit ihr zusammen ausgewiesen worden. Wir trennten uns in Dresden...« – Nun, das Bild scheint sich zu runden; ich bin dankbar, daß ich die Gelegenheit habe, dies weiterzugeben.

Die zweite Ergänzung betrifft »unsere einzige jüdische Mitschülerin« (vgl. S. 136), die übrigens, als Tochter eines jüdischen Rechtsanwalts und einer »arischen« Mutter, als »Halbjüdin« galt. Zwar stimmt es, daß sie nie aus der Klassengemeinschaft ausgeschlossen wurde – dazu war »Mausi«, wie das zierliche, turnerisch hochbegabte Mädchen von Lehrern wie Mitschülern genannt wurde, viel zu beliebt – doch der friedliche Eindruck täuscht: eines Tages im Sommer 1942, kurz vor Ende der sechsten Oberschulklasse, eröffnete ihr unser Klassenvorstand, die kleine Dame mit dem Hüftleiden, daß sie, einem neuen Erlaß zufolge, die Schule noch am selben Tag verlassen müsse. »Es hat ihr sicher leid getan«, sagt Mausi heute (in Prag, wo ich vor kurzem ihr Gast war), »denn sie hatte immer eine Schwäche für mich. Aber was sollte sie machen?« – So abrupt endeten Mausis Träume von einer Zukunft als Leichtathletin. Sie konnte von Glück sagen, daß eine Prager Handelsschule sie aufnahm und danach ein Büro. Und, natürlich, daß es drei Jahre später keinen Hitler mehr gab.

Dieter Wellershoff

Ein Allmachtstraum und sein Ende

Wenn ich durch die Lupe die kleinen Fotos aus den zwanziger und dreißiger Jahren betrachte, die meine Eltern in Alben geklebt haben, von denen das erste in goldenem Prägedruck die Aufschrift »Unser Kind« trägt, wenn ich darauf mich selbst sehe, einen kleinen Jungen, der in einem Kinderbett steht, auf einem Spielzeugpferd reitet, einen zerdrückten Schneeball in der gespreizten Hand hält, in einer kunstvoll gebauten Gruppe von Kindern, seinen älteren Vettern und Kusinen, erscheint, schließlich mit einem Ranzen auf dem Rücken aus der Tür seines Elternhauses tritt, die spitze Naschtüte des Schulanfängers im Arm, und dann auf Gruppenfotos von Schulklassen auftaucht, plötzlich, etwas größer geworden, eine Uniform anhat und die Hand zum Nazigruß hochreckt, dann, seltener fotografiert und scheinbar schneller wachsend, an dieser Uniform wechselnde Rangzeichen trägt und am Ende dieser Bildserie immer noch mit einem fast kindlichen Gesicht in der Uniform eines Rekruten dasteht, wenn dieser Film aus Standbildern unter der Lupe an mir vorbeizieht, dann erscheint mir mein Leben als eine Anstrengung, wegzukommen von diesem kleinen Jungen, seiner Ohnmacht, seinen Abhängigkeiten, Ängsten und Befangenheiten, und doch auch als ein Versuch, ihm und seinen Träumen die Treue zu halten. Auf diesen bildlichen Zeugnissen seiner Existenz sieht er mich meist ernst und abwehrend an. Oder sein Blick ist dösig und nach innen gekehrt. Auf jenem Bild allerdings, auf dem er in Uniform dasteht und in gerade gelernter Haltung den Arm zum Gruß hochreckt, zeigt sich ein Lächeln, in dem sich die Anerkennung spiegelt, die er wohl für diese Darbietung bekam.

Der fremde Blick auf diesen Kinderbildern, mal dösig oder verträumt, mal sperrig, mal auf Zustimmung aus, verrät, wie schwierig es ist, in die Welt hineinzukommen und sich in ihr zurechtzufinden. Zuerst kriecht man, dann tapst man auf weichen Beinen, dann fährt man mit dem Roller zwei Straßen weit, zwei große Kinder blicken in die Luft, und oben am Himmel schwebt ein silberglänzendes Luftschiff, Leute laufen rufend durch die Straße, und hinter ihnen herrennend kommt man zu einem brennenden Haus, man fährt mit den Eltern aufs Land, eine Glucke mit Küken ist da und fliegt einem ins Gesicht, man soll widerwärtige Käsebrote essen, irgendwann mag man sie, und immer sind die Eltern da, Vater, Mutter und andere Erwachsene, die sich zu einem herabbeugen und manchmal über Dinge reden, die man nicht versteht.

Aus dieser Tagtraumhöhle der frühen Kindheit mußte ich 1930 hinaus, als mein Bruder geboren wurde. Ich kam für viele endlose Wochen zu einer ungeliebten Tante, und danach war alles anders. Wir zogen von Neuß nach Grevenbroich am Niederrhein. 1932 kam ich dort in die Schule. Auf dem Foto, das davon gemacht wurde, erkenne ich die Hand meiner Mutter. Sie hat mir die Mütze ein wenig schief aufgesetzt, um mir einen Chic zu geben, und ich habe lange Strümpfe und einen Mantel an, denn sie fand wohl, daß es draußen kalt sei. Was hatte ich an sozialem Wissen, als ich in die Schule ging? Daß mein Vater Kreisbaumeister war. Daß wir ein eigenes Haus mit Garten und ein Auto hatten, mit dem mein Vater durch den Landkreis zu den Baustellen fuhr, wo er, wenn ich ihn begleitete, überall das Sagen hatte. Daß es früher einmal einen Krieg gegeben hatte, in dem er Marineoffizier gewesen war. An der Wand im Wohnzimmer hing noch sein Dolch. Meine Mutter war für das Haus und das gesellschaftliche Leben zuständig. Sie war Mitglied in einem Bridge-, später auch in einem Kegelclub für Damen, denen ich manchmal die Kegel aufstellte. Es waren die Frauen der Direktoren und Ingenieure der ortsansässigen Industriewerke oder der Beamten der Kreisverwaltung, und ihnen galten meine ersten sexuellen Phantasien. Vor allem aber wußte ich, daß wir evangelisch waren. Das bedeutete selber nichts. Meine Eltern gingen nicht in die Kirche, und auf alle Daseinsrätsel, zu denen ich sie befragte, bekam ich die Antwort: Das ist von der Natur so eingerichtet. Aber evangelisch zu sein bedeutete, nicht katholisch zu sein. Und das war außerordentlich wichtig. Denn die Katholiken galten bei uns als verlogen, faul, unzuverlässig und rückständig. Sie bildeten die Mehrheit der Bevölkerung.

Ich kam in eine zweiklassige evangelische Zwergschule. Auf dem Schulweg wurde ich manchmal von katholischen Jungen abgefangen. Sie rissen mir den Schulranzen und die Mütze herunter, sie bewarfen mich mit Steinen. Ich konnte mich, wenn sie auftauchten, nur durch verzweifeltes Laufen retten. Auf unserem Schulhof war ich sicher, denn er war durch einen hohen Zaun vom katholischen Schulhof getrennt. Ich habe mich in dieser Zwergschule sehr wohl gefühlt. Ich hatte Freunde, und ich verliebte mich in Carla, ein Mädchen mit blonden Haaren und einer großen Schleife, das plötzlich wie ein Wunder mit einem neuen Jahrgang in die Klasse kam.

Carla war unerreichbar für mich, nicht weil sie nicht mit mir sprach oder spielte, sondern weil es für das, was ihr Anblick in mir aufrührte, keinen Ausdruck gab. So begann ich zu träumen von Abenteuern und Heldentaten, mit denen ich sie aus großen Gefahren errettete, und so baute ich etwas auf, was ich bis dahin nicht besessen hatte, eine phantastische Idealvorstellung von mir selber. Inzwischen konnte ich lesen und las uferlos, Grimms und Andersens Märchen, dann aber vor allem die Germanischen Götter- und Heldensagen. Dietrich von Bern wurde schon wegen des Namens mein Lieblingsheld, er, der gegen Riesen und Unholde kämpfte und in den Zaubergarten des Zwergenkönigs Laurin eindrang, wie auch ich damals die Manie entwickelt hatte, über Zäune und Mauern in fremde Gärten und Parks zu klettern und die Wohnhäuser zu beschleichen.

Aber vielleicht war ich da schon eine andere Phantasiegestalt geworden, denn ein älterer Vetter hatte mich mit Karl May und Cooper bekanntgemacht, und von da ab war ich Indianer. Die Kreisstadt Grevenbroich zählte damals achttausend Einwohner, und fünf Minuten von meinem Elternhaus entfernt begannen schon die Pappelwälder, Weidengebüsche und Schilfdickichte der Erftniederung, in denen meine Freunde und ich mit selbstgeschnitzten Pfeilen und Speeren jahrelang unsere freie Zeit verbracht haben. In diesem Fluß lernte ich schwimmen, auf ihm fochten wir in gemieteten Kähnen wilde Seeschlachten aus. Später ruderten wir dort mit unseren Freundinnen. Die Einladung zu einer Kahnfahrt auf der Erft hatte ungefähr denselben Stellenwert wie heute eine Einladung in ein teures Restaurant. Die poetische Verzauberung, wenn der Kahn mit eingezogenen Rudern auf dem grünlichen Wasser flußabwärts trieb oder sanft im Schilf schaukelte, war allerdings unvergleichlich größer.

Noch indem ich darüber schreibe, neige ich dazu, diese langen Nachmittage im Busch und am Fluß zum ausschließlichen Bild meiner frühen Jugendzeit zu machen, zu dem freilich noch Winternachmittage hinzukommen, in denen ich zusammen mit zwei Freunden auf dem Boden des Kinderzimmers mit den verschiedensten Materialien phantastische Landschaften baute, in denen wir mit kleinen Elastolinfiguren Indianerschlachten spielten, manchmal nach dem Muster von Geschichten, die ich selbst erfunden und in ein besonderes Heft geschrieben hatte. Ziemlich lange habe ich an diesen Spielen festgehalten, bis sie auch, vermittelt durch Bücher, in die neuen Phantasieräume mündeten, die für mich die deutsche Geschichte und dann der Krieg waren.

Die wechselnden Identifikationsmuster, in denen ich mich damals zu formen und zu verstehen versuchte, waren natürlich eingelassen in das historische Geschehen. Doch waren sie zunächst so dicht und beherrschend, daß ich wenig davon mitbekam. Ich war noch kein Jahr in der Schule, da begann, für mich ganz nebenbei, die Nazizeit. Zwar

war ich einer der ersten Jungen, der achtjährig schon in der sogenannten Spielschar die Uniform des Jungvolks trug, doch war, was wir da machten, abgesehen von lästigem Liedersingen, nur eine schwerfälligere Variante meiner eigenen Spiele, und außer der Uniform, auf die ich stolz war, beeindruckte mich noch wenig daran. Ein wirklich krisenhafter Einschnitt in meinem Leben war dagegen der Wechsel aus der kleinen Gemeinschaft der evangelischen Zwergschule auf das Gymnasium. Diese Schule wurde für mich der Inbegriff des Zwangs, der geistigen Öde und des Sadismus verkorkster, scheinheiliger Erwachsener. Dies ist sicher ein Pauschalurteil, und doch war das die beherrschende Erfahrung meiner ersten Jahre auf dieser Schule. Die Zwänge der Paukschule, die Vokabel- und Geschichtszahlenverhöre, zu denen man einzeln vor die Klasse gerufen wurde, entsprachen wohl damals dem allgemeinen pädagogischen Standard. Aber was soll man von dem bösartigen Scherz halten, mit dem ein Lehrer meinen Jahrgang empfing? Wir hatten eine Aufnahmeprüfung gemacht, und dann wurden Namen aufgerufen. Alle Aufgerufenen, auch ich, mußten sich an die Wand stellen, und der Lehrer erklärte uns, wir seien durchgefallen. Ich war fassungslos vor Schreck und Unverständnis. Die wenigen, die noch in den Bänken saßen, jubelten. Darauf erklärte der Lehrer, es sei umgekehrt, die dort an der Wand hätten bestanden, die in den Bänken nicht. Dieser Mann, Latein- und Deutschlehrer und, wie ich mir dachte, natürlich ein Katholik, den man häufig mit dem Gebetbuch sah, hatte die Gewohnheit, uns mit dem spitzen Stein seines Fingerrings auf die Köpfe zu schlagen. Ein anderer spezialisierte sich auf Boxhiebe auf die Oberarme. Mein Englischlehrer ohrfeigte mich mit solcher Wucht, daß ich mit dem geschwollenen roten Mal seiner Hand im Gesicht nach Hause kam. Ein widerlicher Sadist war der Musik- und Mathematiklehrer, der mit Vorliebe mir knifflige Aufgaben stellte und mir solange mit dem Lineal auf die Fingerspitzen schlug, bis ich sie gelöst hatte. Aber am schlimmsten war der Direktor, der ein über zwei Tage sich hinziehendes Verhör und eine Gehirnwäsche mit mir anstellte, weil ein Vater, ebenfalls ein fleißiger Kirchgänger, sich bei ihm beschwert hatte, daß ich seine Tochter geküßt hätte.

Die Gestapomethoden, die dieser Direktor anwandte, um mich in einen zerknirschten Zusammenbruch zu treiben, wären eine eigene Darstellung wert. Hier ist nur wichtig, daß ich neben dem täglichen Terror und der Abstumpfung in der Schule den Dienst im Jungvolk zweimal in der Woche nicht als eine Institution der Unfreiheit empfinden konnte. Hier gab es keine körperlichen Züchtigungen, nicht den Terror spießiger scheinheiliger Moral. Die älteren Jungen, die ich aus der Schule kannte und zum Teil bewunderte, waren die Führer, und da es am Ort keine größeren Formationen und höheren Ränge gab, blieben wir unter uns und gaben dem Dienst einen Zug ins Sportlich-Spielerische, und wenn ich an das fürchterliche Geräteturnen in der Schule denke, dann kommen mir die Geländespiele, Ballspiele und Leichtathletikwettkämpfe des Jungvolks als vergleichsweise ungezwungene Veranstaltungen vor. Doch ist das nicht die ganze Wahrheit. Es gab die Langeweile der Heimabende, stures Strammstehen in Reih und Glied bei nationalen Feiertagen und sonstigen Ritualen. Man mußte herumgehen mit der Sammelbüchse. Die Zeltlager und großen Fahrradtouren der frühen Jahre hatten aufgehört. Und als ich schließlich noch selbst Fähnleinführer wurde und wie gewohnt zum Schluß des Dienstes vor der nur noch zur Hälfte uniformierten Formation, doch mit Fanfarengeschmetter und Landsknechtstrommelgedröhne durch die enge Hauptstraße zum Marktplatz marschierte, beschlich mich manchmal ein Gefühl des Theaterhaften und Fiktiven. Alles stimmte nicht mehr, subjektiv und objektiv. Ich hätte nicht sagen können, weshalb. Ich selbst hatte mich verändert. Und auch die Blicke der Leute am Straßenrand waren anders geworden. Der Krieg hatte sich gewendet. Und fast in jeder Familie gab es Gefallene. Unser jungvölkisches Brimborium, das immer noch den Aufbruch in eine neue Zeit mimte, war inzwischen der Schnee von gestern.

Doch ich muß jetzt noch einmal an den Anfang zurück und dieses für mich ganz unauffällige Hinübergleiten in die Nazizeit beschreiben. Sie war zunächst nur ein Schattenspiel im Hintergrund. Wir lebten ja nicht in Berlin oder München, sondern weit ab von den Ereignissen in einem kleinen Provinznest, und hier wurde alles ein wenig schleppend nachvollzogen. Dennoch erinnere ich mich, daß mein Vater Besuch bekam von Männern, die ein ungewohntes militärisches Auftreten hatten und sich nach einer halben Stunde mit lauten Stimmen verabschiedeten. Später erfuhr ich, daß es SA-Leute gewesen waren, und sie hatten zu meinem Vater gesagt: »Sie als Reserveoffizier und Beamter gehören zu uns.« Viel aufregender und erschreckender war für mich aber ein Gespräch zwischen meinen Eltern, das vor oder nach diesem Besuch stattfand. Ich hörte es vom Bett aus, denn ihre erregten Stimmen hinter der Tür hatten mich geweckt. So wurde ich zum fassungslosen Zeugen von Vorwürfen, die meine Mutter meinem bewunderten Vater machte. Sie sagte, er mache nicht genug aus sich, er könnte längst weiter sein, wenn... und sie nannte Namen von anderen Männern, die es auch so gemacht hätten und an denen er sich ein Beispiel nehmen solle. Ich verstand damals nicht, worum es ging, war aber entsetzt darüber, wie energisch meine Mutter meinem Vater zusetzte und wie schwächlich er sich verteidigte.

Er wurde dann Mitglied in der SA und verschwand jeden Sonntagvormittag zu Marsch- und Schießübungen. In unserem Vorgarten wurde eine Fahnenstange für die Naziflagge errichtet, die ich immer mit dem Vater zusammen hissen durfte. Und ich bekam die erste Uniform. Wahrscheinlich alles Maßnahmen innerhalb der bürgerlichen Erfolgsstrategie meiner Mutter.

Übrigens hat das alles nichts genutzt. Mein Vater wurde nicht befördert. So eng schienen Beamtentum und SA doch nicht verknüpft zu sein. Außerdem hat er sich in der

Braunhemden-Volksgemeinschaft, die nach schweißtreibenden Übungen in die Wirtschaften marschierte und in der andere das Kommando führten, nicht wohl gefühlt. Eines Tages war er einen ganzen Tag zu einer Alarmübung weg und kam äußerst erregt nach Hause. Hitler hatte die oberste SA-Führung durch ein SS-Kommando liquidieren lassen. Es hieß, er sei einem Putschversuch zuvorgekommen. Jedenfalls kassierte er damals den sozialrevolutionären Anspruch der »Bewegung« und setzte nun ganz auf Großindustrie und Militär.

Bei meinem Vater löste das einen entschiedenen Kurswechsel aus, der auch für mein Bewußtsein deutliche Folgen hatte. Er trat aus der SA aus und nahm nun regelmäßig als Reserveoffizier an militärischen Übungen teil. Die Aufrüstung hatte begonnen, und mein Vater strebte eine Offizierskarriere an, behielt aber auf Drängen meiner Mutter doch noch seinen Beamtenposten. Er wurde Offizier bei der Flak und war wochenlang zu Schießübungen an der Ostsee, kam jedesmal braungebrannt und begeistert zurück. Er war groß, schlank und immer schon sehr auf sein Äußeres bedacht gewesen, aber er war vor allem so etwas wie ein Dressman für Uniformen. In der neuen Luftwaffenuniform mit Schaftstiefeln und Pistole beeindruckte er mich tief. Ich verglich mit ihm einen dicken, watscheligen Studienrat, einen von der gemütlichen Sorte, der den Spitznamen Papa trug und oft sonntagsmorgens in Parteiuniform mit offenen Spendenlisten für irgendwelche nationale Vorhaben an unserer Haustür klingelte, und in mir entstand das verächtliche Bild des Heimatkriegers, des Goldfasans, des Parteibonzen, das mein Votum für die Armee verstärkte. In meiner Vorstellung gehörten das Jungvolk und die Armee zusammen, während die Parteileute eine degoutante Klasse parasitärer Schwätzer und Drückeberger waren, verkleidete Spießer, vor denen man sich allerdings in acht nehmen mußte. Aus einer Unterhaltung meines Vaters mit seinem Bruder, der eine große landwirtschaftliche Staatsdomäne verwaltete und selbstverständlich Mitglied der Partei war, schnappte ich in den ersten Kriegsjahren den Gedanken auf, die Wehrmacht würde nach dem Sieg das Heft nicht mehr aus der Hand geben und die Partei entmachten.

Da mein Vater von 1938 an nur noch für kurze Urlaube nach Hause kam, blieb er meiner Kritik entzogen, und ich habe erst nach dem Krieg seine Autoritätsgläubigkeit, seinen Konformismus und seine Naivität begriffen. Um so schärfer setzte ich mich oft mit meiner Mutter auseinander, kritisierte sie wegen ihrer Hamsterkäufe, schüttelte den Kopf über ihren Tränenausbruch, als die Sondermeldung vom Einmarsch in Rußland durch den Rundfunk kam, und schämte mich für sie, wenn sie im Luftschutzkeller vor allen Nachbarn bei Bombeneinschlägen vor Angst zu zittern begann, und ging gegen ihren Einspruch nach oben, um die Leuchtspurgeschosse und explodierenden Flakgranaten, die suchenden Lichtbalken der Scheinwerfer und vielleicht einen abstürzenden feindlichen Bomber zu sehen. Am nächsten Morgen suchte ich wie viele andere Jungen nach Granatsplittern, die wir in den, nach solchen Nächten müde sich dahinschleppenden Schulstunden miteinander verglichen. Psychoanalytisch gesprochen sammelten wir das stählerne Sperma, das unsere Väter und älteren Brüder in nächtlichen Gewaltorgien in den Himmel schossen, um teilzunehmen an ihrer gigantischen Potenz.

Ja, der Krieg hatte eine untergründige sexuelle Bedeutung. Er war eine sexuell durchtönte Feier des kollektiven Narzißmus. Doch das war nicht nur eine männliche oder jungenhafte Phantasie, sondern, echohaft und verstärkend, auch eine weibliche. Nicht nur unsere ersten vormilitärischen Ausbilder im Wehrertüchtigungslager gebrauchten das Schimpfwort »Zivilunken« für alle Männer, die nicht Soldat waren, sondern auch die Mädchen und Frauen vergaben nach diesem Vorurteil ihre Gunst. Henny, eine norwegische Mitschülerin, deren Vater in der deutschen Rüstungsindustrie als Ingenieur sein Geld verdiente, Henny, die blonde femme fatale meiner Pubertätsjahre, blieb der unerreichbare Fixstern meiner nächtlichen Sehnsucht, denn sie ging nur mit älteren Schülern, die als Fähnriche und Leutnants auf Urlaub kamen. Eine andere Mitschülerin, die sich von meiner stürmischen Werbung beeindruckt zeigte, drückte auch das relativierend aus, indem sie sagte: »Wie wird das erst werden, wenn du Soldat bist.«

Das war der grundsätzliche Makel, der uns anhaftete, dank der historischen Ungerechtigkeit, die darin lag, daß der Krieg für uns zu früh begonnen hatte. Wie demütigend war es, in der Schulbank zu sitzen, während die älteren in Sturzkampfflugzeugen, Panzern und U-Booten dabei waren, die Welt zu erobern. Sie spielten die großen Heldenrollen auf der welthistorischen Bühne, wir waren der Fan-Club auf den billigen Plätzen, sie sah man in den Wochenschauen der Blitzkriegszeit staubbedeckt auf unaufhaltsamem Vormarsch die Wirklichkeit meistern, wir Zuhausgebliebenen waren Onanisten.

Realitätsschwäche und narzistische Größenphantasien waren indes nicht nur unsere Pubertätskrankheit. Diese Manie hatte große Teile der Nation ergriffen, bis hinauf zu den Generalstäben und jenem obersten Phantasten, der sich als der von der Vorsehung auserkorene Führer ausgab und im Lautsprecher mit röhrender Stimme die ganze Welt herausforderte. Das Unwahrscheinliche, alle Erwartungen Überbietende geschah und wurde uns täglich mit Fanfarenklängen bekanntgegeben. Deutsche Soldaten, überall siegreich, standen am Nordkap und in Afrika, sie hatten Frankreich besetzt und drangen gegen Moskau und die Wolga vor. Das überbot alles, was ich in der deutschen Geschichte als Vorbild und vorausschauenden Traum zu entdecken versuchte: die Reichsideen der mittelalterlichen Kaiser, die Ostkolonisation Heinrichs des Löwen, der Ordensritter und der Hanse, von Bismarcks kleindeutscher Reichsgründung ganz zu schweigen. Gegen diesen triumphierenden nationalen Allmachtstraum hatten Gegeninformationen wenig Chancen, gehört zu werden. Ein Geschichtslehrer an unserer Schule hat versucht, uns Hitler als einen mörderischen Psychopathen kenntlich zu machen, indem er über die größenwahnsinnigen Tyrannen Nero und Caligula sprach und in der mörderischen Christenverfolgung der römischen Kaiserzeit das Drama des Judenmordes zu beschwören versuchte. Niemand von uns hat diese Analogien verstanden. Erst nach dem Krieg kam mir blitzartig die Erkenntnis, wovon der Geschichtslehrer damals gesprochen hatte.

Wahrscheinlich waren solche Erkenntnissperren, die später als unglaubwürdige Schutzbehauptungen erschienen, Ausdruck eines verborgenen Schuldgefühls. Wehe, wenn das schief geht, dachte man, während auf der Landkarte Europas, die überall hing, die Fähnchen, die die Grenzen des deutschen Machtbereichs markierten, immer noch weiter hinausgesteckt wurden und dadurch der Gedanke eines siegreichen Endes und einer Befriedigung dieses riesigen Vielvölkergebietes immer unvorstellbarer wurde. »Genießt den Krieg, der Frieden wird fürchterlich«, lautete ein geflüsterter zweideutiger Spruch, der damals aufkam. Das Propagandaministerium machte später »Sieg oder Sibirien« daraus. Doch schon, daß es zur Idee des Sieges jetzt eine öffentlich formulierte Alternative gab, zeigte das Ende des Allmachtstraums.

Der Krieg dauerte nun schon lange. Die Fähnchen auf der Landkarte wurden allmählich zurückgesteckt. Der oberste Phantast meldete sich nicht mehr im Lautsprecher. Nächte im Luftschutzkeller wurden die Regel. Meine Mutter wurde immer depressiver, ängstlicher und war dauernd krank. Einer meiner beiden älteren Vettern war bei Leningrad verwundet worden, der andere, der mich vor vielen Jahren in die Indianerliteratur eingeführt hatte, schrieb aus einem Lazarett in der Ukraine: »Ich höre noch das Urrägebrüll der Russen. Aber es sind nur die Fliegen an der Wand.« Meine Tante las diesen Brief im Familienkreis vor und schwenkte ihn pathetisch wie ein Notsignal. Dann fragte sie mich, der ich stumm dabeisaß, ob ich mir das vorstellen könne. Ich sagte ja. Ich kannte dergleichen schon aus Büchern über den Ersten Weltkrieg, die ich reihenweise gelesen hatte.

Aber inzwischen las ich andere Bücher, andere Autoren – Schiller, Goethe, Shakespeare, Kleist – und schrieb selbst Theaterstücke und Gedichte. Ein Freund, der Klavier spielte, machte mich mit Beethoven, Mozart und Bach bekannt. Im Winter 41/42, als sich zum ersten Mal der Krieg gewendet hatte, standen wir beide in einem Wehrertüchtigungslager in der Schnee-Eifel, und ein Ausbilder, ein wahrer Kapotyp, brüllte uns an: »Ihr wollt Hitlerjugend sein?! Puffjugend seid ihr! Nehmt eure Wichsgriffel an die Hosennaht!« und so weiter, in einer unflätigen verbalen Aggression, die mich tief befremdet hat und einen Riß in mir hinterließ, einen der vielen Risse, die damals das idealistische Weltbild meiner Pubertät bekam. Mein Leben begann auseinanderzufallen. Da waren die Fluchtwelten der Literatur und der Musik, die mir immer wichtiger wurden. Aber es gab für meinen Jahrgang auch noch einen Tanzkursus, in dem wir so unmilitärische Dinge wie Tango, Langsamen Walzer und Foxtrott lernten. Nebenbei machte ich meinen Dienst als Fähnleinführer, und der Schulunterricht, durch Einberufung der Lehrer und häufige Fliegeralarme immer lückenhafter, ging lustlos weiter. Im Hintergrund begann die Katastrophe von Stalingrad. Ich meldete mich damals freiwillig wie die meisten meiner Mitschüler. Wir wollten weg aus dieser zerbröckelnden Existenz und suchten, wenn auch schon mit düsteren Ahnungen, eine neue Identität in der Erfahrung dabeizusein, wenn es ums Ganze ging.

Über meine eigenen Zweifel habe ich mit niemandem gesprochen. Meistens nicht einmal mit mir selber. Aber ich erinnere mich an einen denkwürdigen Abend im Mai 1943, als ich meinen Gestellungsbefehl schon erhalten hatte. Meine Mutter war vielleicht deshalb wieder einmal krank, hatte eine Gallenkolik. Mein jüngerer Bruder schlief. Mein Vater, damals bei einem Luftwaffenstab im Ruhrgebiet, war angerufen worden und wollte in der Nacht vorbeikommen. Ich saß hinter heruntergelassenen Rolläden im Wohnzimmer und hatte mein Ohr am Lautsprecher, um, wie manchmal in der letzten Zeit, den Feindsender aus London zu hören. Ich hatte mir sagen lassen, daß darauf die Todesstrafe stand. Aber der Wunsch, hinauszublicken aus der eigenen Umgrenzung und Benebelung, war übermächtig geworden. An diesem Abend nun kam eine Meldung, die mich ähnlich erschütterte, wie das Ende der 6. Armee in Stalingrad. Das berühmte deutsche Afrikakorps war von den vereinigten englischen und amerikanischen Streitkräften an der tunesischen Küste zusammengedrängt und aufgerieben worden. Über 250000 Mann waren in Gefangenschaft geraten. Versuche, über das Meer nach Italien zu flüchten, waren durch überlegene Luft- und Seestreitkräfte vereitelt worden. Die deutsche Stimme aus London zählte die Liste der erbeuteten Waffen und die Namen der in Gefangenschaft geratenen deutschen Truppenführer auf. Und dann wurde zum Hohn noch einmal das Lied ›Panzer rollen in Afrika vor‹ gespielt, das alle Siegesmeldungen aus Afrika im deutschen Rundfunk begleitet hatte und nun nie mehr zu hören sein würde. Ich lauschte mit klopfendem Herzen, und in meiner Vorstellung entstanden Bilder von ausgebrannten Panzern, zerstörten Kanonen und gefangenen Soldaten, wie ich sie aus den Wochenschauen und illustrierten Zeitungen der Blitzkriegzeit kannte, nur waren die Besiegten jetzt Deutsche. Der Sender London spielte alle Strophen des Afrikaliedes, das in meinen Ohren immer falscher klang. Dann war wieder die Stimme da und sagte: »Dies war nur noch eine Erinnerung. Hitlers Armeen können sich von ihren Niederlagen nicht mehr erholen. Jetzt beginnt der Angriff auf das Festland.«

Ich schaltete ab. Ich wußte in diesem Augenblick, daß der Krieg verloren war. Aber mitten in diesem Schock machte ich eine neue grundlegende Erfahrung mit mir: Ich erlebte mich als jemanden, der in der Lage war, den

Schrecken dieser Erkenntnis auszuhalten und auf weitere Täuschungen und Illusionen zu verzichten. Es war so. Es war fürchterlich. Vielleicht würde auch ich in den kommenden Katastrophen umkommen. Aber der Gewinn, das denken zu können und einen eigenen Blick zu haben, den ich nie mehr vor schockierenden Wahrheiten verschließen wollte, wog den Schrecken auf.

Meine Loslösung aus alten Bindungen und Befangenheiten an diesem Abend war aber noch nicht zu Ende. Um mich zu beruhigen, hatte ich angefangen, in einem meiner Bücher zu lesen, da kam Gertrud, unser Hausmädchen, zu mir herein und legte sich auf die Couch. Ohne daß sie es sagte, wußte ich, daß sie ein Versprechen wahrmachen wollte, das sie mir halb gegeben, halb noch im Unbestimmten gelassen hatte. Ich hatte mit ihr darüber gesprochen, daß ich wissen wollte, wie es mit einer Frau ist, bevor ich Soldat wurde und vielleicht sterben mußte, und sie, zwei Jahre älter als ich und im Unterschied zu den Mädchen aus dem Tanzkurs und der Schule wohl schon erfahren, sollte mich einweihen. Das also würde nun geschehen. Sie sagte etwas Freundliches, Einfaches zu mir, weil sie meine Aufregung erkannte. Aber fast gleichzeitig rief mich aus dem Krankenzimmer meine Mutter. Ich glaube, daß sie geahnt hat, was vor sich ging, denn sie wollte mich nicht mehr gehen lassen. Sie war wirklich sehr krank und voller Unruhe und Angst. Ich sollte an ihrem Bett sitzenbleiben bis der Vater kam. Ich sagte, daß ich noch zu arbeiten hätte für die Schule. Aber sie fand das nicht mehr wichtig. In zehn Tagen mußte ich ja weg, und sie wollte mich festhalten wie einen angstvoll gehüteten Besitz. Ich hörte, wie Gertrud leise auf ihr Zimmer ging, und geriet in eine Auseinandersetzung mit meiner Mutter, in der sie sich verstieg zu sagen: »Du wirst noch nach mir rufen, wenn ich nicht mehr bin!« In diesem Augenblick kam mir der zweite der beiden Gedanken, die mich an diesem Abend von meinem bisherigen Leben abgrenzten. Ich sah in ihr krankes und angstvolles Gesicht und dachte ruhig: Stirb nur. Ich brauch dich nicht.

Wenige Wochen später war sie tot. Auf der Flucht vor den Bomben war sie in Oberschlesien mit schweren Koliken aus dem Zug in ein Krankenhaus gebracht und zu Tode operiert worden. Ich, siebzehnjährig, und dank ihrer besitzergreifenden Sorge noch unwissend in den Fundamentalien des Lebens, wurde ausgebildet für den Weltuntergang.

Carola Stern

Hitlerlieder singend zogen wir durchs Dorf

Wir hörten es in den Nachrichten um 13 Uhr. Ich rannte sofort los, um es Onkel Hans zu sagen. Auch Tante Meta, Bäcker Spintig und Frau Mauksch erfuhren es von mir: »Onkel Hans sin Führer is nu dran.« Damals war ich sieben.

Die neue Zeit begann mit einem Fackelzug zum Bismarckturm. Dann hißten Onkel Hans und seine Freunde die Hakenkreuzfahne auf dem Gemeindeamt und sagten, daß wir jetzt die Sieger seien. Wenig später war von einer Mordliste die Rede, angeblich bei Hausdurchsuchungen gefunden, mit der bewiesen werden könne, daß die Kommunisten alle alten Nazis aus dem Dorf ermorden wollten; Onkel Hans als sechsten. Wochenlang zitterte ich vor Angst, fürchtete jede Nacht ein kommunistisches Mordkommando vor der Tür. Kommunisten, davon war ich überzeugt, schreckten nicht davor zurück, auch Kinder umzubringen. Ich verwechselte Verfolger und Verfolgte.

Auch Sieger und Verlierer klar zu scheiden fiel mir schwer. Während wir A und O auf unsere Tafeln malten, flüsterte Lehrer Christian Fräulein Illich zu: »Die Nazis sind doch grüne Jungs« – ein von mir aufgeschnapptes dunkles Wort, das deshalb großen Eindruck auf mich machte und mit dem ich Onkel Hans, dem Sieger, imponieren wollte. »Du bist ein grüner Junge.«

Noch ehe das Jahr zu Ende ging, waren alle sozialdemokratischen Lehrer vom Schuldienst suspendiert. Die aktivsten Kommunisten aus dem Dorf, wie Bierfahrer Krüger und Zicken-Richter, wurden abgeholt und kamen ins KZ.

Ich hatte nun nicht länger Angst, von kommunistischen Mordkommandos umgebracht zu werden, und durchlebte die normalen Tragödien siebenjähriger Mädchen. Unsere Lehrer waren pommersche Schulmeister mit Kneifer, Borstenhaar und blauen Leinenjacken. Schlegel drehte den Jungen mit Daumen und Zeigefinger das Backenfleisch so lange rum, bis sie laut schrien. Andere schickten uns – »Kopf zur Wand!« – in die Klassenzimmerecken. Friedrich hob bedächtig unsere Röckchen und schlug dann kräftig mit dem Weidenstöckchen auf die rosa Makkohöschen.

Der Sitzenbleiber Tüter-Johann zerschlug mir meinen Lebensplan. Ich hatte mich mit fünf entschlossen, Tänzerin zu werden, und mit sieben, dies öffentlich zu machen, zuerst mal in der Klasse. »Mensch, dat jeiht ja jor nich!« »Mensch, warum denn nich?« »Na, Mensch, wegen dine krummen Been!« Der richtige Schock kam erst zu Hause, vor dem Spiegel. Ich möchte noch heute schluchzen.

»Rote Haare, Sommersprossen sind auch deutsche Volksgenossen!« neckten mich die Jungen. Ich beschloß deshalb, wenigstens die Sommersprossen loszuwerden. Im Reklameteil der ›Koralle‹ sah man das geteilte Antlitz einer ondulierten Dame, links mit Sommersprossen, rechts ganz ohne. Das hatte die Creme Schwanenweiß bewirkt. Doch weigerte sich meine Mutter, dafür drei Reichsmark auszugeben. Auf den Rat von Mutter Dicksch entschloß ich mich, den Vollmond anzubeten, und ging um Mitternacht rückwärts aus dem Haus zum Strand, kniete nieder und murmelte den Zauberspruch. Doch ähnelte ich weiter der linken Hälfte der ›Koralle‹-Frau. »Laß man, min Kind«, tröstete Zirp Meißner, »hier an den Stran ham vill Möwenschiet int Jesicht.«

An den Rockzipfeln von Onkel Hans litt ich sehr darunter, wegen Schwächlichkeit und Krankheit nicht »zum Dienst« zu dürfen. Je länger ich ausgeschlossen blieb, um so mehr verklärte sich »der Dienst«. Glücklich ging ich zu meinem ersten Heimabend bei den Ahlbecker Jungmädeln. Wir saßen auf langen Bänken um einen großen Tisch und lernten das Lied vom Kleinen Trompeter, einem lustigen Hitlerjungen, von Rotfront hinterrücks erschossen und von denen, die ihn am liebsten hatten, still ins Grab gesenkt. Jedesmal beim Kehrreim übermannte mich die Rührung: »Leb wohl, du kleiner Trompeter, wir hatten dich alle so lieb…« Kein Jungmädel ahnte, daß der Kleine Trompeter, eigentlich zum Sangesgut der KPD gehörend, ein Genosse von Zicken-Richter war, Rotgardistenblut in seinen Adern hatte und ursprünglich von den Nazis hinterrücks erschossen worden war.

Schnell kam ich dahinter, daß ich dem Idealbild unseres Führers von deutschen Frauen und Mädchen nicht gerecht werden konnte. Dazu fehlte mir das Saubere, Schmucke, das Adrette. Dazu waren zuviel Essensreste auf meinem Uniformrock, dazu war zuviel Dreck unter meinen Nägeln. Auf Fahrt gehen – ja, aber Decken falten, Betten bauen, basteln, Kanon singen, häkeln, stricken – das war nicht mein Fall. Auch war ich immer noch zu sehr auf einen Solo-Ausdruckstanz mit zum Himmel hochgerungenen Armen versessen, um an Volkstänzen wie ›Im Grunewald, im Grunewald ist Holzauktion‹ sonderlich Gefallen zu finden. Die Jungvolkjungen forderten meist auch andere Mädchen auf. Der Schlagball verwandelte sich in meiner linken Hand in eine schwere Kugel, die ich, das Wurfsystem bis heute nicht begreifend, zwölf Meter in die Gegend schmiß. 180 Punkte für die Silbernadel bei den Sportwettkämpfen habe ich nie erreicht. Ich war ein furchtsames, unordentliches, unsportliches, altmodisch angezogenes Mädchen, doch unübertroffen in der Kunst, Handikaps durch Talente wettzumachen. König Drosselbart als Stegreifspiel zu inszenieren, patriotische Gedichte aufzusagen, Heldensagen der Germanen zu erzählen, zur Erheiterung auch auf sächsisch – darin war ich eine Nummer. Vor allem aber übertraf ich andere Kinder durch meine bescheuerte Gläubigkeit, durch meine Seligkeit, anerkannt zu werden, dazuzugehören, mit dabeizusein.

1936, im Olympia-Jahr, waren fast alle, die ich kannte, für den Führer. Meine Mutter war dafür. Weil Schwager Hans und andere Arbeitslose nun »endlich von der Straße« kamen, überwand sie anfängliche Bedenken gegen »den

Proletarier« Hitler, trat der Frauenschaft und mir zuliebe auch dem Reichskolonialbund bei. Opa Schwandt hatte nämlich als Matrose auf der »Elisabeth« sowie irgendeinem Kanonenboot auf Samoa und in Deutsch-Südwest die schwarz-weiß-rote Flagge hochgezogen und seiner Enkeltochter so zu ihrem neuen, zweiten Lebensziel verholfen: Farmerin in Deutsch-Südwest. Klar, daß uns Hitler die Kolonien zurückholen würde.

Unser Pastor war dafür. Am 1. Mai schritt er im Ornat und mit Gebetbuch die breite Treppe der neuerbauten Thingstätte zum Gottesdienst herab. Als deutsche Truppen in Österreich einmarschierten, riefen die Glocken zum Dankgottesdienst in unsere Kirche. »Großer Gott, wir loben dich« sang die Ahlbecker Gemeinde.

Viele Ausländer waren dafür – so jedenfalls sah es für mich auf den Bildern von der Olympiade aus. Unsere Badegäste waren dafür oder behaupteten es doch. Sie bauten Burgen und steckten Hakenkreuzfähnchen drauf.

Die Geschäfte an der Seestraße florierten. Nur von den Fenstern des Konfektionsgeschäfts geradeüber von der Molkerei hingen gelblich-graue Leinentücher. Herr Mührberg, der Besitzer, war mit seiner Familie nach Palästina ausgewandert. Rosemarie Mührberg, die Klassenkameradin, holte ich morgens auf dem Schulweg ab. Bis zu ihrem letzten Tag im Dorf? Nein. Und davor auch nicht mehr. Wenig später, am Morgen nach der Schreckensnacht, standen wir schaulustig vor der angezündeten Swinemünder Synagoge, zwischen den umgeworfenen Grabsteinen auf dem jüdischen Friedhof. Empfanden wir Mitleid, Scham, Entsetzen? Nichts von alledem.

1936 kam ich auf die Swinemünder Oberschule. Unsere Lehrer haben uns politisch weder angefeuert noch ernüchtert. Dafür hatten sie zuviel mit sich zu tun. Unsere Klassenlehrerin, die Studienrätin Fischer (Religion, Geschichte, Deutsch), und ihre Freundin, Fräulein Hoffmann (Biologie, Physik, Chemie), Damen um die Fünfzig, mühten sich, gute Christinnen zu bleiben und ihre Existenz nicht zu gefährden. Voriges Jahr erzählte mir das neunzigjährige Fräulein Fischer, wer von unseren Lehrern pro Nazi, wer contra gewesen und wie es ihr ergangen ist.

»Nach 1933 mußten wir alle dem Nationalsozialistischen Lehrerbund beitreten, und ich ging auch noch in die NSV, weil ich dachte, daß mir das helfen würde. Als Frau Brendel, die Direktorin, mir dann sagte, daß ich meinen Mädchen-Bibelkreis aufgeben müsse, habe ich geweint. Vielen gefiel das Nationale, aber allmählich merkte man, es war zu radikal. Das Schlimmste war die Rassengeschichte, das Schwerste für mich, den Geschichtsunterricht zu geben. Ich habe dieses Fach ja schon beim Kaiser unterrichtet, in der ersten Republik, bei Hitler und dann auch nach 45. Die Verherrlichung des Germanischen in der NS-Zeit ging mir ziemlich auf die Nerven. Manchmal dachte man, man müßte aufhören, man könnte das nicht weitermachen. Aber man hatte ja auch Angst. Im Herbst 1944 fragte man bei Fräulein Hoffmann und bei mir noch an, ob wir nicht in die Partei eintreten wollten. Wir überlegten lange und schrieben dann, sofern unsere Stellung zum Christentum dem nicht im Wege stehe, wollten wir es tun. Wie ich schon sagte… Angst.«

Wir wußten damals nichts von dieser Angst. Meine Vorbehalte gegen unsere Deutschlehrerin hatten auch nichts mit ihrer mangelnden nationalsozialistischen Gesinnung zu tun (»Na gut, die Fischer ist religiös«), sondern mit ihrer Weigerung, mit mir gemeinsam von der Erde in den Dichterhimmel abzuheben. Ich deklamierte innig den Kerker-Monolog des Gretchen, Annemarie Fischer verwies auf die Folgen von Liebesabenteuern ohne Gottes Segen. Ich hauchte Hölderlin »Dir ist, Liebes, nicht einer zuviel gefallen«, Fräulein Fischer kam mit Wilhelm Raabe: »Sieh nach den Sternen, gib acht auf die Gassen.« Ich hielt das für den empörenden Versuch, unsere Gefühle niederreißen zu wollen. Außer Deutsch hat mich in der Schule kaum was interessiert.

Mittags radelte ich schnell nach Hause in mein eigentliches Leben. Meine Mutter war Frauenschaftsleiterin im Dorf geworden und ich mit zwölf Führerin der Ahlbecker Jungmädel. Daher wurde Selbstbewußtsein der Fahrschülerin vom Dorf gegenüber tennisspielenden Marineoffiziersfamilien in der Garnisonsstadt abgeleitet, Selbstbehauptung des Mädchens aus der Fischerfamilie gegenüber Töchtern von Rechtsanwälten, Ärzten, Studienräten, Repräsentanten einer Provinzbürgerwelt in Pommern, deren Dünkel wir durch Schüchternheit, Kleinbürger-Ressentiments sowie Bewunderung schürten.

Traurig lächelnd erinnere ich mich, wie sich die verhinderte Tänzerin als Backfisch wieder Bretter suchte, um das Glück des Auftritts zu erleben, und sei es auch in einer Farce. Hundert Mädchen auf dem Sportplatz angetreten. »Achtung! Stillgestanden!« schrie Gertraude Peterleuss. Dann kam ich. »Jungmädelgruppenführerin, ich melde dir, hundert Jungmädel angetreten!« – »Danke! Rührt euch!« murmelte ich lässig. Dann setzte ich mich an die Spitze der Kolonne und zog mit ihr, Hilterlieder singend, durch das Dorf.

Meine eigentlichen Auftritte hatte ich in Räumen; in Klassenzimmern bei der Verleihung von Halstuch und Knoten an die Kleinen, im Gemeindesaal bei der feierlichen Überführung der Vierzehnjährigen in den BDM. Anfangs sagte ich Gedichte auf, mit vierzehn hielt ich in Anlehnung oder auch mit Abschrift von Schirach, Goethe, Miegel, Baumann, Fichte selber Reden. Kindlich-pastoral rief ich Worte in den Saal wie heilig Vaterland und deutsche Erde, ewig, edel, Treue und der Toten Tatenruhm, das geloben wir, o Deutschland – bis Frau Koenen, bei der ich Nachhilfe in Englisch hatte, Tränen kamen. »Frau Assmus, Ihre Tochter spricht zu schön.« Den Führer zu sehen oder im Radio zu hören ernüchterte mich eher. Vor seinem Ölgemälde quaste es sich leichter. Ich erhob mich und andere. Ich produzierte mich.

Konnte ich so reden, weil ich nichts wußte? Wir wußten mehr, als wir zugeben mochten. Aus der nahen Kaserne kam der Freund der Freundin und erzählte von dem jüdischen Adoptivvater, der ins KZ gekommen sei. Ob wir nicht ein Gesuch an den Führer richten könnten? Bierfahrer Krüger war noch immer nicht zurück. In Berlin kannten wir den jüdischen Hausmeister im Haus von Onkel Karl und Tante Liesbeth, der nur deshalb noch nicht abgeholt worden war, weil seine Frau nicht Jüdin war. Eines Tages, während des Krieges, wurden die beiden alten Leute doch noch ins KZ gebracht. Wenn wir die Opfer kannten, empfanden wir mit ihnen Mitleid. Doch Folgerungen zogen wir nicht. Zwei, dreimal versuchte ich, mit einem älteren Menschen über die KZ zu sprechen. Niemand bestritt, niemand verteidigte – Achselzucken, Schweigen oder »Der Führer weiß das nicht«. Eine unbewältigte Gegenwart ging unserer unbewältigten Vergangenheit voraus.

O nein, wir waren keine mit allem einverstandenen Jubel-Deutschen. Auch wir, die Nazis, hatten unsere Vorbehalte und fragten manchmal sorgenvoll nach Anstand und nach Sitte. Es gab da so Gerüchte, daß der Ley soff und die Frau des Ministers eine Tingeltangel-Tänzerin gewesen sei. Und betrog nicht Goebbels seine Magda? Nach dem Abzug junger SS-Leute, die vor dem Überfall auf Dänemark und Norwegen bei uns einquartiert worden waren, fanden wir in den Zimmern zurückgelassene Flugblätter, unterschrieben vom Reichsführer SS, mit denen die jungen Männer aufgefordert wurden, angesichts des deutschen Schicksalskampfes auch ohne Trauschein Kinder für das Deutsche Reich zu zeugen. Das ging zu weit, befanden wir. Während täglich Tausende umkamen, führten meine Klassenkameradinnen und ich Moraldispute, ob man bis zur Ehe »rein bleiben« müsse.

Im Herbst 1944/45 zogen lange Flüchtlingstrecks von Ostpreußen und Hinterpommern über unsere Insel weg nach Westen. Im März hörten wir zum ersten Mal Geschützlärm von der nahen Front. Russische Truppen bildeten einen Kessel, in dem auch unsere Insel lag. Meine

Mutter ging nun wöchentlich zweimal in den Wald, um bei dem verkrüppelten Ortsgruppenleiter zusammen mit anderen Frauen schießen zu lernen. Am 20. April faßte sie noch einmal Hoffnung. Im Rundfunk sprach Goebbels: »Berlin bleibt deutsch, Wien wird wieder deutsch!« »Kind«, sagte meine Mutter, »glaubst du etwa, der Mann belügt uns? Jetzt, in dieser Stunde! Zu Führers Geburtstag! Nein, nein, jetzt kommen die Wunderwaffen!« Aber es kamen die Russen.

Mehrere unserer Lehrer nahmen sich das Leben. Lehrer Christian wurde abgeholt und starb in einem Lager. Wir wurden enteignet. Meine Mutter ist bald darauf gestorben. Auf meinem einstigen Schulweg, links umrahmt von Dünen und der See, rechts von Kiefern und Wacholderbüschen, steht jetzt ein hoher Zaun. Hinter den letzten Häusern unseres Dorfes beginnt Polen mit seiner Grenzstadt Swinoujście.

Siegfried Lenz

Kurze Hosen und halblange Söckchen

Bei unserer letzten Begegnung fragte plötzlich der Jugendfreund, der Klassenkamerad Dieter Gütt, mich und sich selbst: Was wohl aus uns geworden wäre, wenn wir nicht diesen Deutschlehrer gehabt hätten?

Stichwortartig beschworen, stand er sogleich vor mir, der Magister Adolf Paul, unser Deutschlehrer an der Oberschule für Jungen und Mädchen in Samter, stand in seiner charakteristischen Zaghaftigkeit da, ein schmächtiger, ein kurzwüchsiger Mann mit einer fast träumerischen Geringschätzung für gewisse Realitäten. Keinen der anderen Pädagogen, die uns während des Krieges der sogenannten Reife näherzubringen versuchten, kann ich mir auf Abruf so mühelos vergegenwärtigen wie ihn, den scheuen, gerechten, literaturbesessenen Balten, der bis zum Tag meiner Einberufung zur Marine nicht nur mein Deutsch-, sondern auch mein Klassenlehrer war. Auch wenn es unentscheidbar bleiben wird, was ohne seinen Einfluß aus mir geworden wäre – heute weiß ich: er war eine Autorität auf Taubenfüßen, ein stiller Anstifter zum Zweifel, der uns, die wir fünfzehn, sechzehn waren, nicht ausschließlich der offiziellen Lehrdoktrin aussetzte, sondern bemüht war, uns auf unmerkliche Art die Augen zu öffnen für das Nichtgefragte.

Immer, wenn ich an meine entscheidenden Schuljahre denke, fällt mir unweigerlich zuerst mein Deutschlehrer ein, nicht der Direktor, ein düsterer Pädagoge, der sich mitunter das EK I aus dem Ersten Weltkrieg ansteckte, nicht die ansehnliche echauffierte Mathematiklehrerin, und selbst der verläßlich kumpelhafte Lateinlehrer nicht, den ein Leiden davor bewahrt hatte, Soldat werden zu müssen. Erst wenn der zarte Herr aus Dorpat hinter der spanischen Wand der Vergangenheit hervortritt, belebt sich die östliche Kleinstadt, wächst als trüber Kasten das Schulgebäude auf, sehe ich die anspruchslosen Gebäude des Internats, in dem wir Schüler, Jungen und Mädchen streng voneinander getrennt, wohnten. Er, mein Deutschlehrer, gibt sozusagen den wertenden Blick frei, imprägniert wie von selbst alle Erinnerung.

Im Jahre 1941, als die deutsche Wehrmacht die Sowjetunion überfiel, hatten wir immer noch einen männlichen Zeichenlehrer, einen männlichen Musik- und Sportlehrer, offenbar konnte der Krieg sie entbehren, augenscheinlich verlief er auch ohne sie rentabel. (Nur der Geographielehrer hatte den »Frankreichfeldzug« mitgemacht und war verwundet heimgekehrt.) In Englisch, in Mathematik und Physik und bald auch in Biologie hatten wir Lehrerinnen, Pädagoginnen mit einem Hang zu rigoroser Sachlichkeit. Ich sage »hatten« und weiß, daß ich sie für immer haben werde, denn mit seinen Lehrern lebt man zeitlebens.

In der Klasse sprachen meine Lehrer auffällig wenig über den Krieg, da wurden keine Schlachten nachgespielt, keine allgemeinen Lagebesprechungen riskiert; außer Sondermeldungen, die hin und wieder der Musik- oder der Geographielehrer zum Beginn einer Stunde wiederholte, wurden kaum Kriegsthemen berührt, selbst der Auftritt eines hochdekorierten Offiziers, der uns mit Stimmungsbildern von örtlichen Siegen kam, wurde im Klassenunterricht nicht breit erörtert.

Was wir über den Krieg wissen mußten – und da wir gleichsam auf der Reservebank saßen, verlangten wir ungeduldig nach allen nur denkbaren Informationen –, erfuhren wir aus preiswerter Heldenliteratur, aus zerpliesserten Heftchen, die die Runde machten. Ich ließ mich von den Bezwingern der Maginotlinie in ihre Methoden einweihen, durchbrach mit Kapitänleutnant Prien die Sperren von Scapa Flow, hielt mit entschlossenen Verteidigern die Stadt Narvik gegen ein englisches Expeditionskorps. Was im Klassenzimmer kaum zur Sprache kam, beschäftigte mich außerhalb der Schule um so mehr.

Wenn auch nicht alle, einige meiner Lehrer bekannten sich zu den verfügten oder selbsterkannten Pflichten eines Parteimitglieds, leisteten unter den Photos von Hitler und Rust ihr Soll an ideologischer Impfarbeit: Sie machten uns mit ausgewählten Passagen aus Rosenbergs ›Mythus‹ bekannt, interpretierten Kapitel aus ›Mein Kampf‹, gaben Görings Biographie eine goldschnitthaft heroische Fassung. Und mein Deutschlehrer, von dem ich bald erfuhr, wer Erich Kästner, wer Thomas Mann waren, Kasack – so sein Spitzname –, der uns bei aller respektvollen Zuneigung unablässig rührte, er diktierte uns mit verkniffenem Mund das Aufsatzthema: Luftschutz tut not. Mir ging damals nicht auf, daß es ideologische Spannungen gab unter meinen Lehrern und daß wir, die Schüler, im Zentrum dieses Spannungsfeldes standen; erst nach dem Krieg, bei einem Besuch meines alten Deutschlehrers, hörte ich davon.

Strenger als in der Schule wurden wir Schüler im Internat behandelt; unser Musiklehrer, der eine Zeitlang das Schülerheim beaufsichtigte, wachte darüber, daß wir nach dem Wecksignal an die Waschtische stürzten, er ließ uns, Mädchen und Jungen für sich, auf dem Hof antreten, musterte uns, beschnupperte uns, ließ sich oft genug die Hände vorweisen. Er nannte das Fingernägel-Appell. Immerhin durften die Mädchen als erste in die Speiseräume »einrücken«, schmucklose, ineinandergehende Zimmer, in die wir mitunter auch zu einem Radio-Gemeinschaftsempfang gerufen wurden.

Hier fanden sich am Nachmittag die Kleinen zu gemeinsamer Schularbeit zusammen; von sechzehn an durften wir auf den eigenen Zimmern arbeiten, schlichte Doppelzimmer zumeist. Ein Anlaß zur Freude bestand immer dann, wenn unser Lateinlehrer die Aufsicht führte; mit seiner fast konspirativen Bereitschaft zur Nachhilfe, durch seine riskanten, aber unbelangbaren Kommentare gab er uns so manches Mal das kaum begriffene Gefühl, dem gleichen Schicksal ausgeliefert zu sein. Da er in Hamburg lebt, haben wir ihm, einige seiner ehemaligen Schüler, dann und wann gemeinsam die Rolle erläutert, die er für uns damals spielte – zu seiner eigenen Verblüffung. Der Abend im Internat war frei, er gehörte der Lektüre, dem Sport.

Was mich als Pimpf begeisterte, erfüllte mich als Angehörigen der Staatsjugend HJ mit kaum schwankender Leidenschaft: Sport. Zwischen vierzehn und siebzehn fragte ich nicht danach, welchem Ziel die neuerliche Entdeckung des Körpers diente, begriff auch nicht, wodurch eine außerordentliche sportliche Leistung der herrschenden Ideologie zugute kam.

Schule und HJ förderten gleichermaßen jede Art von Leibesübung, und nachdem ich herausgefunden zu haben glaubte, in welcher Disziplin meine Stärke lag, machte ich den Sportplatz zum Ort meiner Hoffnung. Ich wurde Werfer, Speerwerfer. Ich war ein leidlich guter Handballer, hab' sogar an Kunstsprungmeisterschaften der Jugend teilgenommen (Drei-Meter-Brett), doch der Speer, den ich knapp über fünfzig Meter weit schleuderte, war mein liebstes Sportgerät. Gerhard Stöck, der Olympia-Sieger dieser Disziplin, wurde mein Vorbild, ich las seine Trainingsmethoden wie ein Losungsbüchlein. Ich träumte nicht von der Siebzig-Meter-Marke, die er längst überschritten hatte, mein ersehntes Ziel, dem ich fast alles opferte, für das ich mich allabendlich plagte, war die Fünfundfünfzig-Meter-Grenze – ich erreichte sie nie: die Marine, die naturgemäß nur ein begrenztes Interesse an Speerwerfern haben kann, beendete meinen leidenschaftlichen Umgang mit dem archaischen Wurfgerät.

Auf dem Sportplatz war ich nur sehr selten allein, viele meiner Mitschüler waren bemerkenswerte Jungathleten, die sich in ihren Disziplinen – vierhundert Meter, Weitsprung, Langstrecke – zu vervollkommnen suchten, auch einige Mädchen waren dabei. Fachmännisch begutachteten wir gegenseitig unsere Leistungen, korrigierten einander in stilistischer Hinsicht, leisteten uns sogenannte Hilfestellung, ich zweifle nicht, daß wir es alle gern taten. Der Sportplatz war eine unverfängliche Begegnungsstätte, er war der Ort, an dem erste Pennäler-Lieben entstanden oder Bizepsstolz bestätigt wurden. Unwillkürlich muß ich an meine schöne busenlose Hochspringerin denken, die, bei seltsam verzögertem Anlauf, im Rollstil über einsachtundvierzig setzte und gewiß war, sich unter meiner Betreuung auf einsdreiundfünfzig steigern zu können.

Der Krieg kam in die Jahre und stellte seine Forderungen; wir merkten es daran, daß einige unserer Lehrer – der Direktor zum Beispiel – eingezogen wurden, merkten es aber auch an der verringerten Qualität des Essens und der Seife. Und plötzlich wurden wir gewahr, daß wir selbst, die Schüler, im Vorraum, im Wartesaal standen, ich gebe zu: so manchen von uns beherrschte die Ungeduld, die Pennäler-Existenz zu beenden und dorthin zu kommen, wo »etwas los« war, wo Entscheidendes geschah. Doch bevor wir den Zug bestiegen, mußten wir vorbereitet werden.

Mit sechzehn schickten sie uns in »Wehrertüchtigungslager«, wir schliefen zwar, wie bei längeren Geländespielen, in Zelten, doch unsere Ausbilder waren Soldaten, hochdekorierte Unteroffiziere zumeist, die gerade von Verwundungen genesen waren. Unter ihrer Anleitung lernten wir das Alphabet des Tarnens, sie brachten uns bei, wie man sich nach Sternen orientiert, wie man Karte und Kompaß in schwierigem Gelände gebraucht. Unter ihren Augen zog ich meine erste – und einzige – scharfe Handgranate ab, feuerte meinen ersten Schuß aus einem Gewehr. Nachsichtig quittierten sie unsere Leistungen. Sie schikanierten und demütigten uns nicht – wie ich's bald darauf bei meinen Marineausbildern in Stralsund erlebte –; von anscheinend unaufhebbarer Müdigkeit erfüllt, machten sie uns mit dem Nötigsten vertraut und streckten sich unter Büschen oder auf warmem Sand zum Schlafen aus.

Ich weiß noch, wie überlegen wir uns vorkamen, wenn wir in die Schulklasse zurückkehrten; der Lehrstoff, sonst ein alpines Lebenshindernis, schmolz ins arg Harmlose zusammen. Schularbeiten: eine unangemessene Pflichtübung. Wir hielten es nur für angezeigt, daß unsere Lehrer Sie zu uns sagten. Das frisch erworbene Selbstbewußtsein ließ es zu, daß wir auf dem Heimweg die Schulmappen unserer Mädchen trugen, öffentlich.

Lebenslänglich wie die Lehrer, die gleich verankerten Fesselballons über der Schulzeit stehen, begleiten uns auch einige Mitschüler und Klassenkameraden, die Modelltypen, die Passionsbrüder, die Mitverschworenen, die bei unzähligen Wiederbelebungsversuchen längst anekdotischen Rang erworben haben. Sei gehören zur Schulzeit, sie bestimmen sie auf ihre Weise, sie rufen wir auf zum Beweis eigener Jugend. Auch in meiner Klasse gab es den Sonderling, den Musterknaben, den Juxmacher, den faulen Frühreifen, gab es den Mitschüler, der für Gelächter sorgte. Und fast jeder hatte seinen Spitznamen, wurde Munni genannt oder Wutschnucke – mich nannten sie »Seemann«, vermutlich wegen meiner erklärten Hingezogenheit zur Seefahrt. Immer, wenn ich mich an meine Mitschüler erinnere, wird mir der Einfluß deutlich, den sie auf mich ausübten. Als Schüler folgt man ja dem Bedürfnis, sich sozusagen neu und wunschgerecht zusammenzusetzen, man borgt sich Haltungen, übernimmt Gewohnheiten, eifert Praktiken und Neigungen nach – mit dem Ziel, sich eine Verfassung nach idealem Maß zu geben.

Hielt ich es mit einem Mitschüler für an der Zeit, mich nun auch mit Nietzsche auseinanderzusetzen, so übernahm ich von einem anderen den Einfall, zu kurzen Hosen halblange Söckchen zu tragen. Imponierte mir an Viktor Strauch die souveräne Lässigkeit im Umgang mit den Lehrern – seine leicht gebeugte, weltmüde Art des Dastehens erschien mir einfach beispielhaft –, so elektrisierte Dieter Gütt mich durch seine Kenntnis von Schlagern und Schlagertexten, die ich sofort von ihm lernen zu müssen glaubte, nicht, weil ich sie als ein Protestmittel empfand, sondern als Weihe, als letzte Stufe auf dem Weg zu einer privaten Unabhängigkeitserklärung.

Plötzlich, mit der Entdeckung des Schlagers mitten im Krieg, mit der erstaunten Wahrnehmung, welch eine bezwingende Wirkung von Jazz ausging, gab es einen Aufruhr in meinem Gefühlshaushalt: die offiziell mißbilligte, nur abschätzig quittierte oder sogar untersagte Musik wurde zu einer Obsession. Sie wurde Erkenntniszeichen, Ausdruck einer Sehnsucht und eines Selbstgefühls, das imitierte Geräusch des Jazz-Besens – tz, tz, tz – gehörte zwischen einigen meiner Klassenkameraden zum Verständigungsritual. Wir konnten ausdauernd einander gegenüberstehen mit verhangenem Blick, einen Rhythmus wiederholend, der uns schon nach wenigen Sekunden auf wohlfeilen Trip brachte, es war wie bei Kempowski.

In jener Zeit lud mich mein Deutschlehrer Adolf Paul ein, gemeinsam mit ihm und meinen Klassenkameraden Gütt und Strauch, die vorübergehend bei ihm wohnten, literarische Texte zu lesen und auszulegen, an Nachmittagen, bei unschädlichem Tee. Stockend, begleitet von nervösem Augenzucken, machte er uns mit den Biographien von Schriftstellern bekannt, deckte ihre Leidensgründe auf, fragte nach den inspirierenden Eigenschaften eines privaten Unglücks, eines Schmerzes. Wir lasen Lessing, ich hörte zum ersten Mal von Dostojewski und Heine, und durch Mithilfe der beiden Freunde geriet ich an Texte von Klabund, Kästner und Thomas Mann.

Ich kann nicht sagen, daß sich durch die Bekanntschaft mit diesen Autoren mein Weltverständnis prompt änderte; zunächst spürte ich nur den Zwang, einzelne Sätze, Glaubens- und Erkenntnissätze, aus meiner Lektüre herauszuschreiben und sie einem Heftchen anzuvertrauen, das ich mir selbst auf Taschenformat zurechtgeschnitten hatte. Heute weiß ich, daß die vermittelten Erfahrungen von einst mich bei meiner Berufswahl entscheidend beeinflußt haben – ebenso wie die beiden Jugendfreunde, die schreibend und redigierend heute gleichfalls den Einfluß unseres alten Deutschlehrers bestätigen, der, sonderbar genug, nach dem Krieg Lehrer für Russisch in der DDR wurde.

Im letzten Winter vor meiner Einberufung stellte meine Klasse eine Handballmannschaft, die sich bei Schul- und Jugendwettkämpfen unstreitig hervortat – nur der Torwart war, wenn ich mich richtig erinnere, aus einer unteren Klasse. Wenn wir auch nicht gerade gefürchtet wurden, so wurden wir doch respektiert, eine Tatsache, die uns zahlreiche Einladungen verschaffte. Wir spielten im Schnee und bei Regen, auf sonnigem Feld und in der Halle, einmal in der Sporthalle der Berliner Borsigwerke. Auf der Rückreise sangen wir, analysierten das letzte Spiel, nicht die allgemeine Lage. Wir genügten uns. Wir waren sieggewohnt. Wir wußten nicht, was auf uns wartete, welche Zeugenschaft uns vorbehalten war.

Nicht Endzeitstimmung oder düstere Prognose, sondern Ahnungslosigkeit und ein Verlangen nach Selbstbestätigung ließen uns damals sogar Feste feiern, Abschiedsfeste zumeist, die in Privatwohnungen für die Schüler gegeben wurden, die gerade ihren Stellungsbefehl erhalten hatten.

Sie waren um ein Jahr, manchmal nur um einige Monate älter als wir, dennoch kam es mir so vor, als gehörten sie zu einer anderen Generation: ihre Schulzeit, ihre Jugend lag hinter ihnen, der Krieg holte sie, morgen schon würden sie uns das Erlebnis voraushaben, das jetzt auch uns mehr und mehr in Gedanken beschäftigte. Mit Limonade oder kalter Ente »feierten« wir ihren Aufbruch und hörten brav zu, wenn sie zum Beispiel begründeten, warum sie lieber an die Eismeerfront als an den Atlantikwall zu kommen wünschten. Tags darauf fehlten ihre Gesichter auf dem Schulhof, und plötzlich ging uns auf, daß wir, die Siebzehnjährigen, nun die Ältesten und beim nächsten Aufruf an der Reihe waren, unmündige Senioren vor der großen Schütte.

Und es dauerte dann nicht mehr lange, bis auch ich meinen Abschied bekam – mit einem Zeugnis, das ich bei aller wohlmeinenden Selbsteinschätzung nun wirklich nicht verdient hatte. Fast alle Zensuren in meinem letzten Zeugnis waren freundlich angehoben, man gab dem seegehenden Schüler Grund, mit sich selbst zufrieden zu sein. Munni schenkte mir einen Schal, mein Deutschlehrer gab mir dunkle Ermahnungen mit, und die Hochspringerin versprach, mir zu schreiben – sie hat's gehalten. Ich verschenkte meine Schulbücher.

Mit Köfferchen und Pappkarton gondelte ich dem kleinen pommerschen Hafen entgegen, gewiß, die Zeit der Lehre, der Zwangsaufklärung, der Erziehung endgültig hinter mich gebracht zu haben. Ich täuschte mich. Gleich nach der Grundausbildung begann schon die nächste Lehrzeit, bei der es allerdings weniger darauf ankam, einsichtsvoll zu begreifen als blind zu beherrschen – meine Lehrzeit als sogenannte Ladenummer am dritten Steuerbordgeschütz auf dem Schweren Kreuzer »Admiral Scheer«.

Martin Gregor-Dellin

Die Angst vor dem befremdlich »Anderen«

Das Düstere begann gar nicht düster, sondern heiter und sonnenbeglänzt. Das ist die Wahrheit, eine Summe aus Unschuld, Kindheit und Kaiserwetter: Fahnen, Volksfeste, ein herausgeputzter Marktplatz, auf dem alle Abenteuer anfingen und endeten. Der Gummiknüppelsalat, wie wir die Straßenschlachten zwischen Polizei, SA und Kommunisten genannt hatten, lag in kaum noch erinnerter Vergangenheit. Seit 1932 ging ich in die Volksschule, die auf einem Berg lag und vorwiegend von den Kindern des Armeleuteviertels besucht wurde. Ich schleppte sie der Reihe nach in meine Welt, in der sie sich vorsichtig, aber mit Neugier bewegten. Ich wuchs in einem alten Patrizierhaus am Markt auf, in einer weitläufig verschachtelten Wohnung, deren Straßenfenster gute Aussicht boten. Immer wurde ja etwas gefeiert, das hörte nie auf.

Siebenjährig lief ich mit einer Schar rotznäsiger Buben einer SA-Kapelle nach, die von einem Viertel ins andere zog und unentwegt jenen Marsch anstimmte, welcher besagte, man habe den Kanal, man habe den Kanal noch lange nicht voll. Die Straßen wurden umbenannt. Der arme Narr, der das Paukenwägelchen hinterherzog, ein schwer debiler junger Mann, der früher den Schalmeienbläsern gedient hatte und sich jetzt für die braun Uniformierten nützlich machte, wurde von den Kindern gehänselt. Ich zog mit bis vor die Stadt, zum Kirschweg hinaus, der nun nicht mehr Kirschweg hieß, und wußte den Weg nicht mehr zurück. Ich hatte mich zum erstenmal verlaufen und gelangte auf abenteuerlichen Umwegen, die Saale entlang, wieder nach Haus.

Erst mit zehn Jahren begann die Angst vor dem »Anderen«. Da bog ich nicht mehr nach rechts ab zur Bergschule, sondern nahm den Weg nach links durch die Klosterstraße, die wenigen hundert Meter bis zum Gymnasium, das nun Oberschule hieß. Am Weg lag das Haus des Dramendichters Adolf Müllner, des »Schuld«-Müllner, in dessen Tür mittags der von den Nazis entlassene Schulrat Gleitsmann auf seine Nachhilfeschüler wartete. Ich kam an dem kleinen Schaufenster vorbei, in dem der Klempnermeister Teichert mit der blauen Backe die neuesten Klosettbecken ausstellte, an einer Schmiede, aus deren Torfahrt es nach verbranntem Huf roch, schließlich an einem Laden für Weiß- und Wollwaren, dessen Auslagen verschmutzt waren und nur selten erneuert wurden. Die Schilder waren vergilbt und von der prall einfallenden Sonne verbogen und verzogen. Ihre eigentümliche Rechtschreibung hielt keiner Regel stand. Niemals sah man einen Kunden den Laden betreten, und doch schien das Leblose den endgültigen Verfall auf unerklärliche Weise hinauszuzögern.

Auf der anderen Straßenseite das Novalis-Haus, der große gelbe Würfel mit dem Magnolienbaum an der Giebelwand, in dessen Hinterhof die HJ-Dienststelle eingerichtet worden war. In diesem Hinterhof, gleich neben dem Gartenpavillon des Dichters Friedrich von Hardenberg, der hier die ›Hymnen an die Nacht‹ geschrieben hatte, erlebte ich, aus der Schule weggeschickt zum »Stellplatz«, am Morgen des 1. September 1939 den Ausbruch des Zweiten Weltkriegs. Ein sechzehnjähriger Schüler, der Leiter der HJ-Spielschar, raste mit dem Fahrrad die Straße auf und ab und rief immerzu »Mob-Befehl«. Einige wiederholten das Wort »Mob-Befehl«, worunter wir uns nichts vorstellen konnten als Aufregung, den permanenten Ausnahmezustand.

Am Novalis-Haus stieß die Straße auf das alte Kloster, und dahinter lag die Schule, der Seitentrakt mit Aula und Turnhalle. Meine Schulzeit, denke ich zurück, ist in beklemmendem Grade gemischt aus Glück und Angst. Eines geht ins andre über, als sei Freude und Schmerz eine ähnliche Verwundung. Die Angst war Schulangst. Aber ich stand doch vorzüglich? Es ist schwer zu begreifen. Es gab Schulstunden, in denen ich auflebte, Lehrer, die ich respektierte. Es half wenig, die Angst blieb.

Sie galt dem Turnen, dem Schwimm-Unterricht, den Appellen, dem Drill. Ich hege kein Vorurteil gegen den Sport, und ich habe einige Jahre gern gerudert, als mich niemand dazu anhielt. In dieser Schule jedoch wurde der Unterricht zur Folter und Kasernenhofpein. Die Schule hat mir mein Gefühl für das Körperliche, die Lust, jung zu sein, auf eine Weise vergällt, daß ich in alle Gegenideale flüchtete, in die Vorwegnahme eines Daseins am Schreibtisch, in eine zu frühe Besonnenheit, in eine Verstandesschärfung an allem und nichts und in die tiefe Verachtung alles dessen, was die Zeit – und ich mit ihr – als starkmachend und stählend pries. Ich war nicht hart, nicht schnell, nicht unempfindlich genug, ich ging langsam und bedächtig, schlief lange und war am liebsten allein, als hätte ich ein Alter abzuwarten, das mir gemäßer sein würde; ich fuhr mit dem Rad auf den Weißen Berg vor der Stadt, lag in der Sonne und rauchte Halbe Fünf, träumte vor mich hin, ja versteckte mich vor einer Welt, deren Zudringlichkeit ich fürchtete.

Der Geruch des Umkleideraums mit dem schmierig geölten Boden, die schmutzig-klebrigen Ledermatten, die kalten Eisenstangen des Recks, die drohend hochgeschraubten Böcke und Seitpferde, über die wir in Horden getrieben wurden, verekelten mir das Entblößen des Körpers. Mit Kommandos und zynischer Schadenfreude am Nichtgelingen goß dieser Unterricht mir kaltes Grauen in die Magengrube. Wie gern hätte ich mir eine Sportart gewählt und wäre einmal das gewesen, was ich sein wollte. Aber dicht gedrängt, nur im Freien, meist in der ungeheizten Halle, die von Geschrei barst, fühlte ich mich preisgegeben der Tücke von kaltem Metall und Leder. Wer am langsamsten die Stangen hinaufkletterte, bekam mit dem Ende des Klettertaus eins übergezogen. Auf den Barren gehoben zur Seitwärtsgrätsche, unter den Blicken der

Riege – wer half uns zum Absprung? So nahm ich Zuflucht zu Entschuldigungen, besorgte mir Atteste, schob Krankheiten vor oder erschien einfach nicht zum Unterricht. Half einmal alles nicht, so lag das einzig Tröstliche in dem Gedanken: Es geht vorbei. Niemand vermochte die Zeit anzuhalten, das Vorbeigehen siegte, und es war gut, sich das immer vor Augen zu halten. Alles schrumpfte zusammen und war in lachhaft kurzer Zeit vorbei und gewesen. Das Unangenehme konnte sich anstellen, wie es wollte – der große Zeiger der Uhr rückte um einiges vor, eine Runde oder zwei, und die Frist war abgelaufen. Ich ging erleichtert nach Haus, nahm den Weg durch eine Parallelstraße, die am Novalis-Grab begann und hinter dem Haus von Heinrich Schütz endete, mit den Gedanken schon bei Bach, Schubert und den Geheimnissen meines Schreibtisches.

Zuweilen gab es so etwas wie Erkenntnisglück auch in der Schule, das »Unbeschreibliche«, wie ich es nannte. Es kam vor, daß es sich in Deutsch oder Geschichte ereignete, bei einer Blickwendung, einem erdachten Satz, oder in der Physikstunde, die ich, von einem milden, mir gewogenen Studienrat in Ruhe gelassen und nie befragt, in den oberen Bankreihen des Physiksaals versäumte, indem ich zum Fenster hinaussah, komponierend an Variationen für Blasrohr und Einbildung, oder unter der Bank Nietzsche lesend und Luthers Tischreden. Es riß mich weg in ein wortloses Hochgefühl, viele Gedanken zusammengeballt zu einer Klarheit, die mich abseits stellte: schmerzhafte Deutlichkeit der Welt, der ich so entrann, Innewerden der eigenen Existenz, abgetrennt gegenüber dem »Anderen«, das mich demütigte und bedrohte. Es war manchmal nichts mehr zwischen Himmel und mir – und manchmal war es ein Luftloch, in das ich mit Beängstigung und schwindelnder Wollust meines Körpers stürzte.

Ich durchschaute diese Wirklichkeit des »Anderen« nicht, ich fand auch keinen Ausweg aus ihr, ich wollte sie doch bejahen. Ich habe, wahrscheinlich um meinen Mangel an äußerer und innerer Eignung für diese Welt vor mir selbst zu verbergen und durch eine Gegenleistung zu kompensieren, lange Zeit geistige Anpassung geübt. Ich glaubte, was in den Schulbüchern stand, ich zimmerte mir eine Ersatz-Religion aus Mystik und Lebensphilosophie, sagte mich mit vierzehn von religiösem »Dunkelmännertum« los und bemerkte die Dunkelmänner dieser Zeit nicht. Es war auch im Grunde nicht das in der Schule Geforderte, das mir die Kindheit verdarb, sondern ihre Verquickung mit »Dienst«, das immer unvermeidlichere Hineinwirken von Uniform-Alltag, das Unbehagen an Koppelzeug und Schulterriemen, der Gedanke an Absurditäten wie Ausmärsche, Geländespiel und Mutproben. Dafür konnten Schule und Lehrer nun wohl wenig, am allerwenigsten Klassenlehrer Deutschendorff, der Deutsch, Englisch, Französisch und zeitweise auch Geschichte gab. Gewiß war er kein »Oppositioneller«; ich kann mich nicht erinnern, daß jemals ein Lehrer den Widerhaken des Zweifels in uns gesenkt hätte. Der »Anschluß« Österreichs, der Krieg brachte sie wohl zum Schweigen. Deutschendorff war deutsch-national wie beinah alle älteren Studienräte. Aber der alte Weltkriegsoffizier hatte andre Ideale als die zeitgemäßen, er predigte beharrlich seine Lebensdevise: »Man muß wissen, was ist«, und hielt mitten in den martialisch paradierenden Jahren, es muß kurz vor Kriegsausbruch gewesen sein, in der Aula eine Abiturrede auf den »Gentleman«. Er war groß und ungerecht. Er zog Schüler vor, aber er hatte Niveau. Er verwaltete die Schulbibliothek. Sein Deutsch-Unterricht endete mit Gerhart Hauptmanns Drama ›Die Weber‹. Er liebte Fontane. Den Namen Thomas Mann habe ich nie von ihm gehört. Er empfahl Bulcke. (Carl Bulcke, ein Dorf-Romancier, war gerade siebzigjährig gestorben.) Im übrigen verband der enorm eindrucksvolle Herr das lässige Handheben zum Hitlergruß bei Betreten des Klassenzimmers stets mit dem Abstreifen des über die Schulter geworfenen Mantels, den Schönherr aus der ersten Reihe auffing, während der Studienrat schon mit der Linken den Schal in der Luft wirbelte, die »Schlang-gee«.

Der Auftritt Dr. Hechts, unseligen Angedenkens, vollzog sich dramatischer: aufgerissene Tür, Hereinstürmen, das lange Lineal auf das Pult geknallt, aus der tiefen Schwingung kehrt, Blick zur Klasse, die reglos stand, Hacken zusammen, dann steil gereckter Arm: »Heitler Jungs!« Er nannte das zackig, und ebenso zackig mußten wir zurückbellen: »Heitler!« Er trug oft Stiefel und Uniform unter dem weißen Staubmantel. Es war die Uniform der Hitlerjugend, er war Schießwart, der älteste Pimpf der Stadt. Jungs! Dann begann er gewöhnlich die Schießergebnisse des letzten Nachmittags vorzulesen und zu erörtern, der Rest der Stunde war ein Hinhasten der nächsten Mathematik-Aufgabe. Der Latein- und Geschichtslehrer leitete den Bund der Kinderreichen und hatte den völkischen Tick. Er sah aus wie Julius Streicher oder eine seiner ›Stürmer‹-Karikaturen. Krummbeinig, untersetzt, glatzköpfig, hatte ihn vermutlich der Neid auf die Bilderbuch-Germanen innerlich aufgenordet. Sein schlimmster, wirklich letzter und ärgster Verweis an einen Schüler, der in Latein oder Geschichte versagte, abschrieb, schwatzte oder die Aufgabe vergessen hatte, lautete: »Du Judenjunge!«

Wir hatten nicht nur Blockwarte, Offiziere und Einpeitscher zu Lehrern, ich will nicht ungerecht sein. Der Direktor, durch Kriegsverwundung und hohe Auszeichnungen geschützt, einarmig, wortkarg, war ein gemäßigter und vermutlich insgeheim liberaler Mann. Er wurde nach dem Krieg, sogar unter sowjetischer Besatzung, weiterbeschäftigt wie Deutschendorff, der Gentleman, der alles Unglück hatte kommen sehen und dann die Zeit nicht mehr verstand und verdämmerte. Aber die wenigen Propagandisten des Regimes, die sich auf die Seite der »Jugend« schlugen und gegen die »Alten« unter den Lehrern intrigierten, waren für diese Schule schon zuviel.

Indessen haben einige von uns, die wir doch, wenigstens mit dem Munde und wenn auch nur für eine kurze Weile, alles nachredeten und richtig fanden, aus Instinkt anders gehandelt, als wir mußten, weil wir die Uniformierung verabscheuten und den Drill. Wir erschienen an den Staatsfeiertagen, Jugendfesten und zu Siegesfeiern im Schulunterricht entgegen der Anordnung nicht in Uniform, sondern in Zivil, und wir hätten ja auch nicht mit Litzen oder Schnüren auftrumpfen können, den Zeichen weitergegebener magischer Macht. Ein Volk von Führern; ab fünfzehn, sechzehn bestand die Oberschulklasse fast nur noch aus Zug- und Fähnleinführern. Wir Nichtse ohne Dienstrang waren die Ausnahme. Mit meinem Freund Johannes hatte ich mich davongemacht in die Musik. Ich hatte einen bequemen Ausweg gefunden.

Den Dienst im Jungvolk ersetzte ich auf die geschickteste Art durch das Musizieren. Meine kurze musikalische Karriere begann vierzehnjährig mit dem Vortrag einer Kirchenarie für Violoncello von Stradella vor dem Gauleiter auf der Moritzburg in Halle, zur Verwunderung aller (uniformierten) Beteiligten am Hausmusik-Wettbewerb. Denn warum ausgerechnet eine Kirchenarie? Nun, weil sie leicht und gut zu greifen war – woran sich eine lange Betrachtung über Konformismus und den schwierigen Weg des geringsten Widerstands knüpfen ließe. Ich trat der Spielschar bei. So viele Cellisten gab es nun wirklich nicht, und mit den Jahren eroberte ich mir einen Platz am ersten Pult des kleinen Orchesters. Statt Heimabend und Märschen: Haydn, Mozart, Telemann und Stamitz. An Sonntagvormittagen Quartettsätze zwischen Lesungen aus Goethes Faust und Gedichten von Matthias Claudius. Das weckte Mißgunst, denn vom regulären Dienst war man damit nicht ohne weiteres befreit, und ich versäumte das Exerzieren mit ähnlichen Begründungen wie das Turnen. Ich mußte üben, war krank, unwohl, verhindert. Bis die roten Zettel kamen.

Sie lagen im Schließfach 6 des Postamts in der Saalstraße. Ich konnte sie selbst abholen. Ich lief mit sechzehn, siebzehn Jahren fast täglich mehrmals um die Altstadt, immer die gleichen Wege, auf der Spur eines Mädchens, einer schwarzäugigen Schönheit mit langen dunklen Haaren, die leider eine fatale Vorliebe für Luftwaffenoffiziere besaß. Was mich nicht hinderte, ihr mit wütender Eifersucht aufzulauern, zutiefst getroffen, erbleichend und zitternd, wenn ich ihre schmale Taille, ihre Schultern, die Welle ihres Haars, die kleine hochmütige Nase und ihren zornigen Blick auch nur von ferne wiedersah. Ich wußte ihre Adresse, ihre Telefonnummer, deren Quersumme siebzehn betrug – ein Schlüsselwort meiner aussichtslosen, unglücklichen Liebe. Ich schrieb ihr Briefe, sie antwortete nicht. (Heute lebt sie in Kanada, natürlich hat sie einen Piloten geheiratet.) Der Weg zum Schließfach, zur Post war fast der gleiche wie zur Schule. Den schweren Schlüsselbund meines Vaters trug ich in der Tasche. An ihm befand sich der kleine Schließfachschlüssel. Ich brachte seine Geschäftspost mit. Die roten Zettel ließ ich verschwinden.

Manchmal bekam er sie doch zu sehen. Er blickte mich dann nur ein wenig traurig an, wie an den Morgen, wenn ich krank zu Bett blieb. Pflichtvergessenheit konnte ihn bis zum Verstummen kränken. Er war der Inbegriff des pflichtbesessenen preußischen Staatsbürgers, und außerdem ein guter Mensch. Daß er mich in allem gewähren ließ, auch später, kurz nach dem Krieg, als ich mir die Geschichte dieser Kindheit von der Seele schrieb, ist mir noch heute unbegreiflich. Ich mochte nun einmal den Dienst so wenig wie das Turnen, und er schrieb Entschuldigungen.

Das alles, Exerzieren, Märsche und Reckaufschwung, nahm irgendwann ein Ende, es mußte ein Ende nehmen – nur welches? Wie lange dauerte der Krieg? Längst waren die ersten Schüler der oberen Klassen, die bei uns Aufsicht geführt hatten, gefallen, auch Schönherr aus der ersten Bank. Die traurigen Anlässe lösten die heroischen ab. Wir ließen uns vom einen wie vom andern nicht behelligen und feierten Abschiedsfeste, wir begannen uns zu betrinken. Wir kleideten uns alt, wir ließen das Haar lang wachsen, nahmen die Ideale der Alten an, natürlich die falschen, und blieben seltsam gleichgültig gegenüber allem, was um uns geschah. Mitten in den Luftschutznächten schütteten wir, angetrunken, helle Farbe über einen Erker-Vorbau der Schule und bekamen es mit der Polizei zu tun. Wir saßen qualmend in Luftschutzkursen, die der Chemielehrer Schwan gab, genannt der Nackige, der auf seine zerfahrene Weise mit Feuerpatsche und Sandeimer hantierte, und betranken uns hinterher in Conrads Bierecke, dem Stammlokal eines Erdkundelehrers.

Wir wurden zu Nachtwachen eingeteilt, schlugen zu dritt unser Lager im Keller des Schulgebäudes auf, unter dem Gestänge der Dampfheizung. Wir schliefen unruhig in der stickigen Luft. Zwei meiner Schulfreunde trieben es miteinander, ich hörte sie nachts stöhnen. Immer häufiger wurde der Schlaf zu Haus von Fliegeralarm zerrissen. Wir saßen in feuchten Altstadtkellern, doch diese Stadt blieb rätselhaft verschont. Aber Schulstunden fielen aus, wir lernten nichts mehr außer alt zu sein, entsetzlich alt. Im letzten Jahr löste sich auch die Spielschar auf, der Orchesterleiter wurde als Panzerkommandant schwer verwundet. In der HJ-Dienststelle stahl ich das Paßbild meiner unglücklichen Geliebten. Es ging erst in amerikanischer Gefangenschaft verloren.

Wir wurden Luftwaffenhelfer, ich selbst nur für wenige Wochen. Denn in diesem letzten Jahr nahm mein Flunkern ein bitteres Ende, ich erkrankte tatsächlich schwer an Gelbsucht und war fortan vom Dienst in der Flakstellung befreit. In den Wochen der Krankheit schrieb ich zwei Aufsätze: ›Vom Unsinn der Abkürzungen‹ und ›Über das Unglück der Angewohnheiten‹. Ich hatte im Bücherschrank eines Verwandten das Buch ›Verkappte Religionen‹ von Carl Christian Bry aus dem Jahr 1926 entdeckt und war stutzig geworden. Es demaskierte die Pseudo-Ideologien als Hinterweltlertum. Dagegen kam keine Schule mehr an.

Der Unterricht in den Baracken vor der Stadt, nahe dem Leuna-Werk, blieb auch für mich Pflicht. Ich fuhr mit dem

Rad hinaus und saß zwischen uniformierten Mitschülern. Dies ist vor dem Abitur, das man uns mit grotesk zufälligen Noten nachwarf, die letzte Erinnerung an Schule: Kommißbrot, der Mief von Darmblähungen in den Barakken, Holzdielen, die im Schlamm quietschten, und in den Pausen Faßbrause. Regen peitschte gegen die undichten Fenster. Da lasen wir zuletzt Faust II. Der Studienrat trug die Uniform eines Luftwaffenfeldwebels, ich habe seinen Namen vergessen.

Zuweilen kam einer aus der Klasse für ein paar Tage zurück in die Stadt, weil er seine reguläre Einberufung zur Wehrmacht erhalten hatte. Dann feierten wir wieder Abschied. Einmal hatte mein lieber Johannes noch Heimaturlaub, der ironische Außenseiter unter meinen Freunden. Er war der einzige Katholik in der Klasse gewesen und hatte morgens, vor Beginn des Unterrichts, immer in der kleinen katholischen Kirche die Orgel gespielt. Wir hatten oft miteinander musiziert. Jetzt spielten wir noch einmal Duo. Wir führten ironisch-tiefsinnige Gespräche und nahmen melancholisch voneinander Abschied, zum Glück nicht für immer. Kurz darauf, als Leuna brannte, verließ ich die Stadt, ein paar Tage vor meinem achtzehnten Geburtstag.

In Augsburg-Pfersee, als wir Rekruten für einen Tag in die oberen Räume der Flugplatz-Hangars, in denen unsre Betten standen, eingesperrt und die Türen hinter uns verschlossen wurden, als unter uns die Tore sich plötzlich öffneten und ein Elendszug grauer Gestalten sich auf den Appellplatz ergoß, da begann dies alles zu versinken und einer tiefen, furchtbaren Stille in mir Platz zu machen. Es waren KZ-Häftlinge. Ich stand am vergitterten Fenster und blickte hinab. Niemals werde ich diese Gesichter vergessen können. Von da an ging es nur noch ums Überleben. Zuweilen dachte ich an Deutschendorff zurück: Man muß wissen, was ist.

Joachim Fest

Glückliche Jahre

Vielleicht täuscht und schönt die Erinnerung. Aber ich denke an die Schulzeit im Dritten Reich nicht ungern zurück. Die Bilder und Empfindungen, in denen sie noch gegenwärtig ist, haben nichts mit Terror, Unterdrückung und Rechtlosigkeit zu tun. Das alles gab es, und es war unübersehbar. Dennoch erscheinen mir die Jahre, deren Teil die Schulzeit war, im Rückblick weit eher als eine Mischung aus Enge und familiärem Zusammenhalt, aus Idylle, Entbehrung und Widersetzlichkeit, kurz allem, was sie glücklich macht.

Die politischen Umstände sind davon nicht abzuziehen und haben, zumindest aus der Kindheitsperspektive, dem Glück jener Jahre erst die besondere Farbe gegeben. Zu den frühen, lange unerklärlich empfundenen Bildern der Erinnerung zählt, wie mein Vater, den ich nur als Respektsfigur kannte, eines Abends, abgekämpft und mit zerrissener Kleidung, in der dunklen Wohnungstür stand und, ohne mich in meinem Winkel zu bemerken, wie ein Schatten an mir vorbei in einem der Räume verschwand.

Das war im Frühjahr 1932, als das Bürgerkriegsunwesen auf die bis dahin verschont gebliebenen Vororte Berlins übergriff. In den folgenden Monaten herrschte im Hause ständiges Kommen und Gehen, fremde Gesichter tauchten auf, aus dem Zimmer meines Vaters drangen laute Stimmen, und wie undeutlich auch die Zusammenhänge blieben, erfaßte ich doch die Atmosphäre von Leidenschaft und Erbitterung, die von alledem ausging.

Von frühauf waren meine Geschwister und ich in diese Spannungen einbezogen. Unfähig oder eher unwillig zu jeder Form der Verstellung, hat mein Vater auch nach dem Januar 1933 aus seiner geradezu würgenden Verachtung für »die Nazi-Kumpanei«, wie er sie nannte, kein Hehl gemacht und zum immer neuen, von frommen Anrufungen begleiteten Entsetzen meiner Mutter seinen Groll auch im Familienkreis nie zurückgehalten. Die Gefährdung nahm er in Kauf, er könne kein Doppelleben führen, hörte ich ihn, Jahre später, bei einer Auseinandersetzung mit besorgten Freunden sagen. Aber das Vertrauen, mit dem er uns in all seinem Starrsinn belastete, gewann er als eine Art Verschworenheitsgefühl zurück. Am 28. Februar 1933, dem Morgen nach dem Reichstagsbrand, nahm er mich von Karlshorst mit in die Stadt, meine Mutter hatte auf meiner Begleitung bestanden, weil sie hoffte, das werde ihn von Unbedachtem abhalten. Mehrfach fuhren wir den S-Bahnbogen zwischen Friedrichstraße und Bellevue hin und her, und so oft wir, an der Zugtür stehend, einen Blick auf die schwelende Ruine werfen konnten, griff er von hinten unter meine Arme, hob mich zum Fenster empor und sagte gedämpft irgend etwas, was wie »Krieg« klang. Gemeint war, wie ich später erfuhr, der Aufstand, auf den ein Teil der Reichsbannerführung drängte; aber die Mehrheit hatte sich schon ins unvermeidlich Scheinende gefügt. Ich war damals gerade sechs Jahre alt und fand, die Politik sei ein Abenteuer für Erwachsene.

Und Politik war von jetzt an fast alles. Im April 1933 wurde mein Vater aus dem Beamtendienst entlassen und ihm jede berufliche Betätigung verboten. Von Zeit zu Zeit erhielten wir jetzt Besuch, der mit kräftigem »Heil Hitler« unaufgefordert die Wohnung betrat und sich mit meinem Vater ins Arbeitszimmer zurückzog, während meine Mutter mit ausdruckslosem, erstarrtem Gesicht vor der Garderobe stand und auf die Stimmen horchte. Bei Tisch wurden Namen von Freunden erwähnt, die plötzlich verschwunden waren, andere verschwanden aus den Gesprächen, weil sie keine Freunde mehr waren. Einige Male war ich dabei, wie Nachbarn auf der Straße auswichen, indem sie auf die andere Seite hinüberwechselten, und obwohl dies selten geschah, blieb es für immer haften. Karlshorst war ein kleinstädtisches Nest, in dem jeder jeden kannte, seine

Schwächen und Vorzüge, die Eitelkeiten, Ticks und Unarten der Leute, ihre kleinen Affairen und Ehekrisen. Beunruhigend war, wie dieses dichte soziale Gefüge, in dem es allenfalls persönliche oder familiär begründete Unverträglichkeiten gab, plötzlich zerbrach und nie gekannte Feindschaften hervortraten, die sich in kleinlichen Schikanebedürfnissen offenbarten. Der bleichsüchtige, immer etwas verlegene Herr Henselmann, dessen Garten an den unseren grenzte, erschien jetzt häufig in Uniform an seinem Fenster und inspizierte mit strenger Miene die Vorgänge jenseits des Zauns. Einmal ließ er, beim Geburtstag einer meiner Schwestern, ein Lampionfest in unserem Garten von der Polizei beenden, er fand, der Lärm störe ihn. Als ich meinen Vater nach dem Krieg nach seiner deprimierendsten Erfahrung während jener Jahre fragte, nannte er nicht die unentwegt sich selbst übertrumpfenden Erfolge Hitlers, die Schwäche der inneren und äußeren Gegner, sondern die Beobachtung, wie plötzlich, vom Frühjahr 1933 an, der Raum um ihn herum leer geworden sei.

Es war, wie unbedeutend die Einzelsymptome auch scheinen mochten, nicht weniger als der Zusammenbruch jener bürgerlichen Welt, der er zugleich seine Lebensregeln, seine moralischen Kategorien und, darauf gegründet, sein Selbstbewußtsein entnahm. Gleichwohl ist er daran nie irre geworden, und man kann fragen, ob darin mehr Schwäche oder Stärke lag. Jedenfalls irritierten die Erfahrungen jener Jahre allenfalls sein Menschenbild, nicht aber seine Maßstäbe. Dazu zählte, daß Bildung nichts anderes als bürgerliche und das hieß: humanistische Bildung sei und sein könne. Da in den östlichen Vororten Berlins keine humanistische Schule existierte, kam ich, Ostern 1937, auf das Leibniz-Gymnasium.

Der schmucklose, kasernenartige Backsteinbau lag am Mariannenplatz, Berlin SO 36, unweit vom Schlesischen Bahnhof. Dort waren seit etwa sechzig Jahren die Zuwanderer aus dem Osten angekommen und seßhaft geworden, ehe diejenigen, denen der soziale Aufstieg gelang, in die besseren Quartiere im Westen der Stadt weiterzogen. Auffällig war, für diesen Bezirk der Stadt, der Anteil jüdischer Bewohner. Manchmal bummelten wir nach Schulschluß zu zweit oder dritt durch die kahlen, schäbigen Straßen hinter dem Bahnhof. Aus den Eckdestillen, den düsteren Hausfluren oder den Kellergeschäften, vor denen armselige Waren: allerlei Schnürsenkel, Weißband oder getragene Kleidungsstücke ausgelegt waren, stieg ein dumpfer, säuerlicher Armeleutegeruch. Vereinzelt standen in kleinen Gruppen Juden vor den Eingängen, unschwer zu erkennen an den dunklen Mänteln, die sie selbst im Sommer trugen, an den Hüten und langen Bärten, leise redend und kopfnickend, und ich habe keine Mühe, das Gefühl von Anziehung, Schauder und Melancholie zurückzurufen, das über den in sich selbst vertieften, merkwürdig verloren wirkenden Figuren lag.

Das Leibniz-Gymnasium war eine Schule ohne Ruf, nicht zu vergleichen mit so legendären Lehrstätten wie dem Fichte-Gymnasium oder dem Grauen Kloster, deren Namen mit respektvoll hochgezogenen Brauen genannt wurden. Und doch verdanke ich ihr das meiste. Die etwas einfältige Pädagogik, der die Mehrzahl der Lehrer folgte, lehrte vor allem das Lernen und verband die Aneignung kontrollierbarer Kenntnisse mit einem einfach begreiflichen System des gerechten Lohns.

Direktor der Schule war Wilhelm Weinhold, der als rabiater Nazi galt, ohne es wirklich zu sein. In meiner Erinnerung steht er als ein grobschlächtiger Mann mit strammem Bauch und einem fleischigen, von Falten und Wülsten durchzogenen Gesicht, dessen Kinn er energisch gegen den Hals zu pressen pflegte. Die starre Haltung, die durchgedrückte Kontur, um die er sich bemühte, gab seiner Autorität etwas Antrainiertes, und die trüben, bläßlichen Augen verrieten denn auch, wieviel Maskerade in seinem stämmigen Auftreten steckte. War es wirklich nur ein Zufall, daß er ausgerechnet Herrn Pfaff, einen leutseligen, glatzköpfigen, von allen Schülern mitleidlos mißhandelten

Schwaben mit dem politischen Unterricht betraute? In seinen Stunden ließen wir, während er mit ratloser Miene den »Mythus des XX. Jahrhunderts« perorierte, Knallfrösche springen oder mit Wasser gefüllte Bäckertüten platzen, bis er unter dem Gejohle der Klasse, die Augen hinter der schweren Hornbrille blitzend, vor Empörung in ein ganz und gar unverständliches, den Lärm nur noch steigerndes Schwäbisch zurückfiel. Hilfesuchend pflegte er sich dann zum Direktor aufzumachen, der freilich nichts anderes tat, als festen Schritts und mit zurückgeworfenen Schultern dic Klasse zu betreten, einige Male »Auf!« und »Setzen!« zu kommandieren und den Vorfall mit einem milden Verweis zu beenden. Bei der jährlichen Weihnachtsfeier ließ Herr Weinhold, nach dem offiziellen Teil mit Schirach-Gedichten und dem gemeinsam gesungenen »Deutschland, heiliges Wort«, regelmäßig erst einmal die Hakenkreuzfahne aus der Aula schaffen, ehe er, zwischen Weihnachtsliedern und Evangelium-Lesung, eine geistliche Ansprache hielt.

Am auffälligsten offenbarte sich der Druck, den das Regime ausübte, in der politischen Zurückhaltung der Lehrer. War es stille Renitenz, Ängstlichkeit oder einfach das Bemühen, den Bezirk der Schule vom Geist der Zeit freizuhalten, den viele von ihnen so oft schon hatten kommen und gehen sehen? Jedenfalls wurden Grammatik, Vokabeln und consecutio temporum, Geschichtsdaten, Zeichensetzung und stilistischer Ausdruck ungleich wichtiger genommen als die, ohnehin seltene, Weltanschauungslehre des unseligen Herrn Pfaff. Einzig der Erdkundelehrer, Dr. Püschel, ein bärbeißiger, untersetzter Mann mit merkwürdig eckigem Kopf und einem strähnigen Knebelbart, machte mitunter seinem Unmut über die Verhältnisse in doppelsinnigen Aperçus Luft. Wenn die Klasse, deren Schüler zum größeren Teil aus dem Armenviertel um den Schlesischen Bahnhof kamen und Jendralski, Mrosz oder Schibischewski hießen, seine Zweideutigkeiten mit der raschen Auffassungsgabe fixer Großstadtjungen allzu gut verstand, korrigierte er sich polternd, nicht ohne seine Richtigstellung mit neuen Orakeleien zu verknüpfen: ein alter, rechtschaffener Grobian, der sich in späten Tagen, gegen Charakter und Temperament, in Seiltänzereien versuchte.

In alledem ist manches vermutlich unscharf, viele Namen, viele Umstände sind mir auch entfallen. Das mag daher rühren, daß ich dem Leibniz-Gymnasium nur vier Jahre angehörte. Dann erhielt ich eine Art Consilium abeundi.

Mein Abgang von der Schule hatte sich schon länger als ein Jahr zuvor abgebahnt. Eines Morgens war ich, aufgrund irgendeines längst vergessenen Zufalls, eine Viertelstunde vor dem Unterrichtsbeginn in der Schule. Im leeren, stillen Klassenzimmer sitzend, in den schmuddligen Wintermorgen starrend, hatte ich schließlich gelangweilt mein Taschenmesser hervorgeholt und jene Hitler-Karikatur in das frisch lackierte Pult gekratzt, mit der sich einige von uns seit kürzerem belustigten und wichtig machten, indem sie Hauswände, Litfaßsäulen oder S-Bahntüren damit bekritzelten: ein senkrecht stehendes Oval, in das von links oberhalb des Scheitelpunkts zur rechten Seite eine leicht durchhängende Linie gezogen und etwas unterhalb der Mitte ein dichtes Auf- und -Ab von enggeführten Strichen eingefühlt wurde – es war immer, wie man es auch anstellte, unverkennbar der Führerkopf.

Der erste, der den Klassenraum betrat, war Gerd Donner. Er hatte schon auf der Volksschule eine Klasse wiederholen müssen und war daher ein Jahr älter als wir alle. Aber nicht nur das verlieh ihm eine besondere Autorität, sondern auch seine Körpergröße, seine Schlagfertigkeit und ein in den Hinterhöfen von SO 36 entwickelter, fast darwinistisch zu nennender Situations-Instinkt. Immer etwas stutzerhaft gekleidet, in jeder Pause fast mechanisch ein schmales Lederetui hervorholend, aus dem er einen Kamm zog, den er mit leicht zurückgelegtem Kopf durch das lange, scheitellose Haar führte, war er der Typ des proletarischen Beaus, der als Kenner geheimnisumwitterter

Nachtbars und aufregender Frauengeschichten bestaunt wurde. Nach einem kurzen Blick auf mein Pult sagte er leise und scharf: »Mach das sofort weg!« Ohne meine Reaktion abzuwarten, begann er augenblicklich, mit dem Fingernagel kleine Lackstücke aus dem Oval wegzusplittern. Unterdessen traf die Klasse ein, der Raum hinter uns füllte sich, einige traten hinzu und konnten, in dem verbliebenen Rest, gerade noch die Karikatur ausmachen. In dem entstehenden Lärm drohte Gerd Donner demjenigen, der etwas melde, Ärger an.

Wenig später betrat der Klassenlehrer, Herr Appelt, den Raum. Er war ein pedantischer, unsicherer, ewig schwitzender Mann mit einem großflächigen, eigentümlich grauen Gesicht, das von der Mühe langer Nachtstunden zeugte, in denen er sich den Lehrstoff aneignete. Kaum hatte sich die Klasse gesetzt, erhob sich, zur Verblüffung aller, Nils Schlack, ein dicklicher, strebsamer Junge halb norwegischer Abkunft, der als einziger regelmäßig das HJ-Abzeichen am Revers trug, und sagte: »Ich muß etwas melden.« Dann erzählte er den Vorfall. Mit einem knappen, angewiderten Kopfschütteln, eine steile Falte auf der Stirn, kam der Lehrer an meinen Platz. Ratlos auf das Pult starrend, forderte er mich schließlich auf, ihm nach dem Unterricht zum Direktor zu folgen, wo ich einem umständlichen Verhör unterzogen wurde. Schon am folgenden Tag kam ein Beamter in Zivil zur Vernehmung, und meine Mutter hatte wieder einmal Anlaß, fromme Ausrufungen auszustoßen.

War es wiederum die Ängstlichkeit vor allen, selbst dergleichen harmlosen politischen Ärgernissen, weshalb einige Lehrer mich von diesem Zeitpunkt an ein undeutliches Mißtrauen spüren ließen? Immerhin verschaffte mir das Vorkommnis auch neue Freunde, Wigbert Gans zum Beispiel, den Klassenbesten, der sich damals mit der verbreiteten Erkennungsformel »Wir sind auch anti« an mich wandte, und dessen Vater, wie ich dann erfuhr, von den Nazis ebenfalls aus dem Amt entfernt worden war. Unser

Klassenlehrer aber schien von nun an jede Unaufmerksamkeit, jede Störung, die ich mir zuschulden kommen ließ, als Ausdruck eines hoffnungslos nichtsnutzigen, auch politisch unerfreulichen Elements zu betrachten, bald führte ich die Liste der im Klassenbuch getadelten oder zu Arrest verurteilten Schüler mit uneinholbarem Vorsprung an, und als die Unzuträglichkeiten kein Ende nahmen, wurde mein Vater zu Herrn Weinhold gebeten. Man einigte sich, von der beabsichtigten Relegierung abzusehen, wenn ich zum nächstmöglichen Termin die Schule verließe.

Vielleicht schien diese Entwicklung meinen Eltern sogar wünschenswert. Jedenfalls beschlossen wir, nicht nur die Schule, sondern die Szene zu wechseln. Denn in Berlin machte sich inzwischen der Krieg zusehends einschneidender bemerkbar. Die sich häufenden nächtlichen Luftalarme mit den zahlreichen Ausfallstunden im Gefolge; die während der Wintermonate, aus Gründen der Energie-Einsparung, verfügte Zusammenlegung mehrerer Schulen in ein Gebäude und nicht zuletzt der ständige Lehrerwechsel gaben dem Unterricht etwas Regelloses, Zufälliges. Häufiger als ehedem erschienen bei uns überdies, meist am Sonntagmorgen, höhere HJ-Ränge und fragten laut, von der Wohnungstür aus zugleich durch das ganze Haus rufend, wie lange wohl, in dieser Zeit des nationalen Zusammenstehens, der Volksgenosse Fest sich noch weigern wolle, seinen Söhnen den Eintritt in die Hitler-Jugend zu erlauben. Waren die Besucher früher nur knapp abgewiesen worden, so hatten die jüngsten Auseinandersetzungen verschiedentlich mit einem unverhohlenen Hinauswurf geendet, und all das zusammengenommen lieferte die Gründe für einen weiterreichenden Entschluß: Zu Ostern 1941 verließen meine beiden Brüder und ich das Leibniz-Gymnasium und wechselten auf ein Internat nach Freiburg über.

Das Internat habe ich vom ersten Tage an gehaßt. Das strenge Stundenreglement, wonach zum Wecken, Essen,

Beten, Schweigen, Schlafen geläutet wurde, das Gedränge im Refektorium, in den Studienräumen vor den rund zwanzig aufgereihten Klapp-Pulten sowie in den kahlen, weißgetünchten Schlafsälen: dieses ganze ungewohnte Kadettenanstaltwesen und seine kurzangebundene Lebensform waren mir unerträglich. Auch fand ich nie einen Zugang zu den Mitschülern und habe bezeichnenderweise keinen ihrer Namen in der Erinnerung behalten. Ganz überwiegend waren es Bauernjungen aus dem Schwarzwald und vom Oberrhein, denen das Internat die Möglichkeit bot, in Freiburg eine der höheren Schulen zu besuchen: die meisten begabt, ehrgeizig und staunenswert fleißig, aber doch von einer dörflichen Enge und Holzigkeit, zu der aus der großstädtischen Welt, in der ich aufgewachsen war, kein Weg führte. Mich abseits haltend, mit gereizter Erheiterung, verfolgte ich die Gespräche in dem mir unverständlichen, so viel penetrante Gemütsfarbe verbreitenden Idiom. Bald sehnte ich mich nach Berlin, nach dem Revier um den Schlesischen Bahnhof zurück, und selbst der stupide, ewig schwitzende Herr Appelt schien mir keineswegs mehr so unerträglich, wie er gewesen war.

Leiter des Internats war Dr. Hugo Hermann, ein geistlicher Herr mit scharf geschnittenem, eindrucksvollem Klerikergesicht. Hinter den starken Gläsern seiner randlosen Brille waren schmale, befremdlich vergrößerte Augenschlitze sichtbar, und obwohl er hochgebildet und weitläufig belesen war, lag über der ganzen Erscheinung ein Zug von Starre, asketischer Energie und Menschenverachtung, die in einem Internat sicherlich fehl am Platze waren. Mit untrüglichem Instinkt erfaßte er, wie fremd und störend »die Berliner«, wie er uns mit ausgrenzendem Unbehagen zu nennen pflegte, auf den wohlgeordneten, etwas trägen Gang des Hauses wirken mußten. Hinter seinem abwehrenden Unverstand, seiner Neigung, die häufig vermutlich begründeten Zurechtweisungen mit persönlicher Bloßstellung zu verbinden, erkannte ich damals nur Verletzungsabsichten. Erst später hörte ich von einem, der es wissen konnte, daß wir für ihn eine Variante jenes Zeitgeistes darstellten, den er vor allem in den Nazis verkörpert sah, und gegen den er seine stille, in ihren Rückständigkeiten erstarrte Welt zu verteidigen suchte.

Einen Ausgleich, immerhin, bot die Schule, die ich vom Internat aus besuchte. Der Direktor, Dr. Brühler, dem wir uns vor Beginn der ersten Unterrichtsstunde vorstellen mußten, war ein weltläufiger, fast übertrieben elegant wirkender Herr mit straff zurückgekämmtem, im Nacken leicht gekräuseltem, weißem Haar und dem apoplektisch geröteten Gesicht, das zum Kavalierstyp seines Schlages gehört. Häufig trug er eine Blume am Revers. Mit heller, energischer Stimme eröffnete er uns, es sei sein Ehrgeiz, mit dem Friedrich-Gymnasium die beste Schule Deutschlands zu leiten, und er halte diesen Anspruch, allen widrigen Zeitumständen zum Trotz, mit Nachdruck aufrecht. Er erwarte Leistung und Disziplin als das Selbstverständliche; aber ebenso wichtig sei, daß die Schüler etwas vom humanistischen Geist begriffen, ohne den die ganze Lernerei zum Stumpfsinn ausarte. Und als wolle er andeuten, daß er immerhin einiges über die Motive dieses Schulwechsels erfahren habe, fügte er hinzu, alles andere sei ihm gleichgültig. Wir hätten im übrigen sicherlich Rückstände aufzuholen, nach einem Jahr werde er entscheiden, ob die Schule uns behalten wolle.

Doch war der merkliche Leistungsabstand der geringste Unterschied, mit dem wir es zu tun bekamen, anderes war weit auffälliger. Vor allem war das Friedrich-Gymnasium, im Gegensatz zu dem pensumsversessenen Berliner Lehrbetrieb, eine Art Gelehrtenschule, in der die Kenntnisse immer zugleich als Material dienten, um Zusammenhänge sichtbar zu machen, den Reiz und die Schwierigkeit des Assoziierens zu erproben und bei allem zu fragen, woher es käme und wohin es damit gekommen sei. Ein Beispiel dafür war unser Griechischlehrer, Dr. Breithaupt, ein hochgewachsener, hakennasiger Mann, der seinem Beruf mit enthusiastischem Ernst nachging. Er hatte noch den alten Dörpfelt gekannt und brachte von Zeit zu Zeit einen Brief des Gelehrten mit, den er mit spitzen Fingern wie eine kostbare Reliquie in die Höhe hielt, während er gleichzeitig, mit leuchtenden Augen, Bank für Bank die Bewunderung einsammelte, die er auf unseren Gesichtern las, er kannte Karl Reinhardt und Otto Seel, große Namen, die er mit raunender Ehrfurcht aussprach, sooft er uns mit wissenschaftlichen Lehrmeinungen und Kontroversen über die minoische Kultur, den Verlauf der Irrfahrten des Odysseus oder Platons Mythen bekannt machte.

Der andere auffallende Unterschied war, daß die politischen Überzeugungen der Lehrer weitaus freimütiger zum Vorschein kamen als in Berlin. Das war nicht nur auf die traditionelle badische Liberalität zurückzuführen, sondern auch auf den selbstbewußten Katholizismus des Landes, der ein Rückhalt für alle war. Unser Naturkundelehrer mokierte sich unverhohlen über die »arische Physik«, Dr. Brühler imitierte im Englisch-Unterricht Otto Gebührs Fridericus-Darstellungen und stellte durch die bloße Übertragung einzelner Sätze in die andere Sprache das hohle Pathos dieser Filme bloß, im Religionsunterricht wurde unverblümt von den »Euthanasie-Morden« und der Judenverfolgung gesprochen. Nur der Turnlehrer und mehr noch Dr. Malthan, der Deutsch und Geschichte unterrichtete, galten als strenge Anhänger des Regimes; doch während der eine es auf die beschränkt-pathetische Weise war, die jeden zusätzlichen Klimmzug, jede Zeitverbesserung im Hundertmeterlauf als Erfolg im nationalen Ertüchtigungsprogramm verbuchte, verkörperte der andere den Typus des Intellektuellen, der die kaum verleugneten Unmenschlichkeiten des Hitlerstaates in einem System zynischer, den Machtgedanken unverbrämt herauskehrender Rechtfertigungen abgefangen hatte. Groß, mit stark gelichtetem blonden Haar und tiefliegenden, schielenden Augen, die ihm etwas Fremdes, Starres, Unerreichbares gaben, dozierte er mit gleichbleibend dünner, scharfer Stimme über Lessings ›Philotas‹, über Kleist, Napoleon oder den großdeutschen Freiheitskampf, über Heldentum, Pflicht und Opfer. Er war als Lehrer wegen seiner rigorosen Ansprüche ebenso wie als Parteimann gefürchtet, der Religionslehrer warnte wiederholt vor ihm, und im Rückblick erscheint er mir vorwiegend in schwarzer Uniform, obwohl er der SS offenbar nicht angehörte. Als ich eines Tages, während er über den Rußlandfeldzug sprach, eine skeptisch verschlüsselte Frage an ihn richtete, sah er mich einen Augenblick lang geringschätzig an und gab mir schließlich auf, eine Hausarbeit über ›Die wirtschaftliche Bedeutung des Donezbeckens für das Reich‹ zu schreiben. Vielleicht war es nur gedankenlose Verrücktheit, vielleicht auch die Absicht, mir das trockene Thema etwas unterhaltsamer zu machen: jedenfalls schrieb ich den Aufsatz, der alle wichtigen Fakten wie Rohstoffvorkommen, Industriekapazitäten und landwirtschaftliche Nutzflächen sorgfältig verzeichnete, in einem einzigen, wenn auch streng konstruierten Satz von nahezu vier Seiten. Mit unbewegtem Gesicht forderte Dr. Malthan mich einige Tage, nachdem ich die Arbeit abgegeben hatte, auf, den Aufsatz vorzulesen. Während ich mich bemühte, den Text zu gliedern und einen Punkt oder doch ein Semikolon zu sprechen, wo nur ein weiteres Komma stand, beobachtete er mißtrauisch die Klasse. Als keine Regung sich zeigte, sagte er knapp: »Ordentlich« und fügte mit einem kaum merklichen Lächeln hinzu: »Vor allem der Vortrag.«

Ironischerweise hatte der Wechsel nach Freiburg zur Folge, daß meine Brüder und ich den lange vermiedenen Eintritt in die HJ doch noch nachholen mußten. Einige Monate lang hatten wir uns an den Mittwochabenden, wenn die Internatsschüler zum »Dienst« gingen, irgendwohin verdrückt, doch schließlich wurden wir, inzwischen leichtsinnig geworden, entdeckt, als wir in einem der Studienraume laut redend zusammensaßen. Dr. Hermann ließ sich auf keine Erörterung ein, alle Hinweise auf den Willen unserer Eltern halfen nichts, er war nicht bereit, dem politisch ohnehin gefährdeten Internat zusätzliche

Schwierigkeiten aufzuladen. Schon wenige Tage später wurden wir in die sogenannte »Pflicht-HJ« übernommen. Auf dem Hof unserer Schule mußten wir von nun an, Mittwoch für Mittwoch, zusammen mit zwei, drei Dutzend anderen, Exerzierdienst leisten, im Kreis marschieren, auf dem Boden robben oder uns mit vorgehaltenen Armen im Entengang bewegen: ein zusammengewürfelter Haufen von »Drückebergern« und unter ehrenrührigen Umständen aus der HJ Ausgestoßenen, die kein Recht hatten, die Uniform zu tragen; es kränkte uns nicht.

Ein dreiviertel Jahr später trug ich sie doch. Denn im Spätherbst 1942 wurde die Klasse zu einer vorbereitenden Übung als Flakhelfer eingezogen. Damals war ich fünfzehn Jahre alt, und die Schulzeit lag fürs erste hinter mir. Es war, im ganzen, noch die alte bürgerliche Schule mit ihren tyrannischen, pädagogisch ergriffenen oder weltfremden Originalen, ihrem Leistungsethos, ihren hohen Ansprüchen. Die Eingriffe des Regimes drangen nicht weit und schufen ein paar zusätzliche Anlässe zur Widerspenstigkeit, zum Abenteuer, das freilich bald in schrecklichen Ernst überging. Aber wer verstand das damals schon? Erst vier Jahre später kam ich zurück. Da traf ich noch sechs Mitschüler wieder, die den Krieg überlebt hatten.

Ludwig Harig

Zusammenreißen, auseinanderreißen

Mein Opa, der Vater meiner Mutter, hieß Wilhelm Kirst. Er war noch vor der Jahrhundertwende vom Hunsrück nach Sulzbach ins Kohlenrevier gekommen, arbeitete als Bergmann, zog drei Töchter groß, baute ein Haus in der Schlachthofstraße, das 1935, als das Saargebiet wieder dem Deutschen Reich angegliedert wurde, im vollen Ornat des Dritten Reiches prangte: Hakenkreuzfahnen auf den Balkonen, unter den Fenstersimsen Hakenkreuzstandarten, zwischen den Fenstersimsen Hakenkreuzwimpel, auf den Fenstersimsen Hindenburglichtchen, hinter den Fensterscheiben Hakenkreuzfähnchen. Opa sagte: »Jetzt ist der Hitler am Ruder«, und wir bekamen ein neues Lesebuch. Auf Seite 3 hieß es, in gotischer Fraktur gedruckt: »Durch deutsche Eltern gab uns Gott das Leben. Vom deutschen Boden schenkt er uns Brot. So sind Blut und Erde, Volk und Heimat die Hände Gottes, aus denen wir alles haben, was wir sind. Nie wollen wir diese Hände loslassen. Wir wollen festhalten an der deutschen Heimat und eins sein mit unserem deutschen Volke. Heil Hitler!« Die kernigen Sätze besiegelte eine Signatur von kräftiger Hand, ich zeigte sie meinen Schulkameraden und sagte: »Das heißt Kirst. Das ist die Unterschrift des Ministers, und das ist mein Opa.«

Nun lautete die Unterschrift nicht Kirst, sondern Rust, war aber eher für Kirst als für Rust zu halten, und wenn ich mich recht erinnere, glaubten mir einige Schulkameraden noch bis in die großen Ferien hinein meine Geschichte, denn Opa, in seiner PL-Uniform, marschierte so stramm durchs Dorf, ließ seine Rechte so pfeilgerade emporschnellen, als sei er tatsächlich der leibhaftige Reichsminister, und untermalte unabsichtlich meine Behauptung. Ich hatte einen Anlaß gebraucht, um erzählen zu können, ich brauchte immer einen Anlaß zum Fabulieren. Schon als Kind konnte ich nicht an mich halten, aus jedem Vorfall eine Legende zu machen, und das ist mir bis heute geblieben. Das spielerische Verwandeln ist mein Lebensthema geworden, und wenn ich an meine Schulzeit zurückdenke, als ich mir aus Alpträumen immer wieder das Andere, das Heitere, das Komische hervorzukehren versucht habe, fällt mir der kleine Goethe ein, wie er Schüsseln und Pfannen aus dem Fenster wirft und sich für zerbrochenes Geschirr eine lustige Geschichte einhandelt. Schönfärberei, Fluchtverhalten, Verdrängungsexzesse: ich kenne die Vorwürfe; doch facht mich stets von neuem die Verwandlungslust des Simplicius an, das Leben im Schabernack zu retten.

Mit zehn trug ich die Uniform des Jungvolks, machte Karriere als Hordenführer, als Oberhordenführer, als Jungenschaftsführer, schlug die Trommel im Spielmannszug, bediente den Kompaß beim Geländespiel, sammelte mit der Blechbüchse für WHW und NSV. Alles war Spiel. Aus unverhüllten Metaphern stieg ein gottgleicher Führer hervor, ein entrückter Herzog des Reiches, der Herzog genannt wurde, weil er vor dem Heer herzog. Ich begriff nicht das Lächerliche dieser volksetymologischen Poesie, ich hörte den Lehrer zwar von Pflicht und Ehre, den Jungvolkführer von Treue und Verantwortung sprechen, doch als es hieß, das deutsche Volk müsse in Waffen stehn, weil neidische Feinde es von außen bedrohten, und es sei nötig, Alteisen zu sammeln, damit es umgeschmolzen werde zu Panzern und Kanonen, fuhren wir mit dem Handwägelchen von hinten an die Rampe des Altwarenhändlers, klauten Staketenzäune und ausrangierte Heizkörper, fuhren von vorne an die Waage heran, kassierten die erschlichenen Groschen und stellten uns sonntags vor dem Kino in die Schlange, um einen Film zu sehen, der für Jugendliche unter vierzehn verboten war.

Zur Konfirmation bekam mein Vetter Friedrich einen blauen Anzug, der war so schön und blau, daß ich voller

Neid hinsah, als er im feierlichen Zug über die Schwelle der Kirche trat, obwohl eine Hitlerkluft höher im Ansehen stand als ein noch so blauer und schöner Anzug. Ich trug die Uniform, der Pfarrer war deutscher Christ wie Opa, auf meinem Konfirmationsbild sind Dürers ›Ritter, Tod und Teufel‹ zu sehen. Draußen lebte ich in der Horde, im Haus verbarg ich mich hinter den Büchern, es war ein doppeltes Leben, ein uniformiertes Gleichsein mit den andern, ein ziviles Anderssein mit mir selbst, ich konnte beides mühelos verbinden. Ja, alles war Spiel, doch als ich dann, nach Pfingsten 1941, in die Lehrerbildungsanstalt eintrat, dachte ich in meiner Kindlichkeit nicht daran, wieviel Witz nötig sein würde, die Fährnisse der nächsten Jahre zu überstehen.

Es war Pfingstdienstag, Vater brachte mich nach Idstein ins Schloß, dort standen die Klassen schon angetreten auf dem Schloßhof, Jungen aus Hessen, Jungen aus Nassau. Wir kamen durchs Tor angerückt, mit Koffern in der Hand, einige in Zivil, andere in Uniform, 32 Vierzehnjährige aus dem Saargebiet. Als wir in Linie zu drei Gliedern antraten und es hieß: »Richt' euch!« und wir das eingeübte Trippelspiel mit den Fußspitzen zum besten gaben, nach rechts und nach links, nach vorne und nach hinten rückten und Willibald Scherer aus Von der Heydt mit der Hacke seines Schuhs gegen die Kalkbütte stieß, die dort auf dem Hof stand, das Gleichgewicht verlor und mit voller Montur in den Kalkspeis stürzte, schnürten sich unsere Kehlen zusammen, stockte das Blut in den Adern.

Willibald wäre am liebsten gleich nach Hause zurückgekehrt, und so erging es auch in den ersten Wochen den Katholiken aus St. Ingbert und von der unteren Saar. Sonntags besuchten sie die Messe, doch zur gleichen Stunde war auch Dienst angesetzt. Heftige Zweifel quälten die Jungen, sie eilten in die Frühmesse, richteten sich auf irgendwelche Vespergottesdienste ein: es nutzte nichts, der Dienstplan machte alle gleich. Bald hatten wir vergessen, wer Protestant, wer Katholik war, ein wilder Trotz hatte die Katholiken zu noch fanatischeren Hitlerjungen werden lassen. Bei einer Kundgebung in Limburg an der Lahn grölten wir »Die Glocken stürmten vom Bernwardsturm«, und Adolf Fries, der am schwersten mit seinen Zweifeln rang, schrie am lautesten: »Der Papst sitzt in Rom auf seidenem Thron, es hocken bei uns seine Pfaffen. Was hat einer deutschen Mutter Sohn mit Papst und mit Pfaffen zu schaffen.«

Toni Pieroth, kommissarischer Schulführer, ein ernster, unnahbarer Mann mit Locken und starkem Kinn, hatte sich diese 32 Vierzehnjährigen im Ausleselager von Tholey herausgesucht; heute denke ich mir, er wollte uns jungen Burschen als seine ganz persönlichen Zöglinge ansehen, sie mit dem nationalsozialistischen Geist erfüllen, ihnen die Härte des Kruppstahls, die Zähigkeit des Leders, die Flinkheit der Windhunde geben, aus ihnen die Lehrer der neuen Zeit heranbilden, wie er es sich vorstellte. Er war beseelt von den Idealen der Jugendbewegung, ergriffen vom Wahn des neuen Mythos: in der Uniform des politischen Leiters demonstrierte er Zucht und Ordnung, in Knickerbockern und Sportsakko verwandelte er sich in den Zupfgeigenhansl. Er saß am Klavier, intonierte das Vorspiel, rief: »Hopp!«, und wir sangen: »Weiß mir ein Blümlein blaue«, er sprang auf den Drehschemel, schlug die Stimmgabel an, rief: »Hopp!«, und wir sangen: »Drei Laub auf einer Linden.« Im zweiten Jahr brach ich mir den Arm, ich rannte in der Turnhalle gegen den Tresen; Pieroth nahm mich in die Arme, er streichelte, er liebkoste mich: es war das erste Mal, daß er Rührung zeigte, das einzige Mal, daß sein bärbeißiges Kinn rund und menschenähnlich wurde.

Es ist viel darüber gesagt worden, wie leicht es damals gewesen sein soll, erwachsen zu werden. Ich bin ein Kindskopf geblieben, viel zu lange. Die Strenge des Unterrichts, die Härte des Dienstes, diese Unerbittlichkeit der täglichen Fron löste sich in phantastisches Martyrium auf: ich genoß es. Ich verspürte ein Wohlgefallen an der Überanstrengung, durchkostete die Wollust der Erschöpfung. Als Schulführer Blome uns vor der Südfront des Schlosses über den Exerzierplatz jagte, wir im Wechsel von Hinlegen und Sprung, auf, marsch, marsch den Staub des Sandplatzes schluckten und Unteroffiziere aus dem Reservelazarett, die dabeistanden und zusahen, die Köpfe schüttelten und zu murren begannen, lachten wir, strichen uns die Haare aus den Augen und riefen: »Gelobt sei, was hart macht!«

Waren wir eine Eliteschule? Waren wir eine Kaderschule des Nationalsozialismus? Wie sollten wir es erkennen? Ein Netz hielt uns gefangen, die Maschen waren eng geflochten, die Fäden straff gespannt; wie sollten wir sie auseinanderreißen, wenn wir sie gar nicht wahrnahmen? Es kamen Ritterkreuzträger und erzählten von ihren Heldentaten, es kamen Jugendoffiziere und warben Kriegsfreiwillige; wir meldeten uns alle. Wer schon Haare an den Beinen, einen Flaum auf der Oberlippe und die richtige Körpergröße hatte, meldete sich zur Waffen-SS, wir Kleinen waren als Panzergrenadiere vorgesehen. Aus dem Munde der Ritterkreuzträger hörten wir die Wörter Mut, Risiko, Disziplin, aus dem Munde der Jugendoffiziere die Wörter Ehre, Treue, Vaterland. Ja, es wäre wohl nötig gewesen, die Fäden auseinanderzureißen, doch der Mythos blies uns seinen Schaum ins Gesicht, wir waren berauscht, wir waren blind. Das Nazipathos blähte meine Backen, ich krähte die Parolen lauthals in alle Winde.

Einmal fuhren wir nach Wiesbaden, im Großen Haus traten wir als Rezitatoren auf: irgendeine Parteifeier hatte Hunderte von Menschen zum Staatsappell befohlen. Wir sagten Gedichte von Heinrich Anacker auf, lasen Texte von Kolbenheyer vor, zelebrierten Dialoge von Hanns Johst. Ein Streichorchester spielte das Largo von Händel, Professor Utz traktierte die Orgel, Kurt Groth und Fritzchen Meiser bliesen sinfonische Fanfarenrufe. Wir glaubten an die Macht der Worte, wie sie aus unseren Hälsen, wir glaubten an die Macht der Töne, wie sie aus den Trichtern der Fanfaren drangen. O diese unverbildete Naturtrompete, ihr vertrauten Kurt Groth und Fritzchen Meiser die innigsten Gefühle an, sie stiegen in den Keller hinab, verkrochen sich im Schloßgarten, wanderten hinaus über die Felder und bliesen: sie bliesen den Frankfurter Marsch und den Darmstädter Ruf, bliesen sie nicht auch das Signal aus ›Aida‹? Wenn wir, eingeschworen auf die Parteilinie, vor feierlicher Fahnenkulisse standen und das Lied »Nur der Freiheit gehört unser Leben« sangen, setzten Kurt und Fritzchen beim Refrain ihre Fanfaren an, und bei den Worten »Freiheit ist das Feuer« erschallte eine polyphone Stimme, umspielte die Melodie des Liedes und verklang in den Lüften über dem Hexenturm. Die Quinten und die Quarten, das war Max Bischofs Musik, er hatte Lieder komponiert, die wir im Chor sangen, bei ihm lernten wir zwar, was Quintenzirkel und Quartsextakkord sind, doch nichts ging ihm über das Singen in Feierstunden, wir sangen: »Soldaten ist der Tod kein Schreck, ihr Sterben ist ein leichts. Sie haben auch kein schwer Gepäck, doch für den Hügel reichts. Und so wolln wir denn marschieren, wohin der Tod uns ruft«, und schämten uns kein bißchen. Wir hielten uns an den Händen, schlugen die Augen auf und plärrten, doch abends dann im Arbeitsraum sangen wir »Die kleine Stadt will schlafen gehn« und glaubten, »Heimat, deine Sterne« würde einst ein Volkslied werden. So jemand wie wir sollte imstande gewesen sein, das Netz auseinanderzureißen, in das wir verflochten waren?

Pieroth erhielt seinen Gestellungsbefehl, er rückte ein, er fiel in Griechenland. Schulführer Blome, der auf Urlaub war, rief uns in den Rittersaal, wir sangen den Kanon »Jede Kugel, ja, die trifft nicht«, doch Pieroth hatte eine Kugel getroffen, er hatte sein kleines Gepäck nicht über den Hügel gebracht, nicht den Lorbeer gepflückt, nicht den Kelch des Siegers geleert. Ob ihm das Sterben ein leichtes war? Abends saßen wir beim Bucheckernpulen in Blomes Wohnzimmer, Frau Blome, mit Haarknödel und Kletterweste, schritt an den hohen Fenstern entlang, den Kopf erhoben, die Knie durchgedrückt, wir sangen »Kein schöner

Land in dieser Zeit«, und Karl Blome erzählte vom Feldzug in Rußland. Seine Berichte waren von Mal zu Mal pessimistischer geworden, hatte er ein halbes Jahr zuvor noch den besten Feldherrn aller Zeiten gepriesen, unseren Führer, der das Heer vor dem Zusammenbruch vor Moskau gerettet habe, nun sprach er vom Verzweiflungskampf in Rußlands Steppen, die Winterrunde gehe an den Russen, sagte er, doch die Sommerrunde gehe an uns Deutsche, und es werde sicher ein Sommer sein, in dem die Fahnen flattern und die Siegesfanfaren schmettern würden. Der Russe, sagte er, sei ein tapferer Soldat, doch unsere Landser seien ihm überlegen kraft ihres Glaubens an Deutschland. Immer noch lag Blome auf der Schirach-Linie, mochte nicht auf die Himmler-Linie einschwenken.

Für uns Sechzehnjährige stand die Tür einen Spaltbreit offen, wir schauten hindurch und sahen dahinter die toten Leiber auf der Schwelle liegen: Deutsche und Russen, von Granaten zerfetzt, von Panzern zermalmt, da lagen Väter und Brüder, Burschen aus der Nachbarschaft, Kameraden aus dem Dorf; da lag auch Toni Pieroth, der uns in eine prächtigere Zukunft führen wollte, sein Gebein bleichte auf dem Peloponnes. Nicht zu gerechtem Siege war ihm der Stahl gereicht worden, wie Hölderlin es gerne gesehen hätte, es glühte ihm nicht mehr die goldgelockte Schläfe. Es zerfiel der Same, die Saat ging nicht auf. Es verfiel das Haus, die Türen gingen aus den Angeln. Fortan ließen wir einen Fuß im Spalt. Es waren die Totenfeiern, die unseren Argwohn weckten. Argwohn, Zweifel, Bedenken: das ist für meine Person sicher zuviel gesagt. Ein Hauch von Mißtrauen flog mich an, irgendein feiner Instinkt weckte die spielerischen Kräfte, diesem Gehabe mit Witz zu begegnen. Die Feierstunden waren Clownerien: sonntags, bei den Auftritten vor den Kriegerdenkmälern auf dem Lande, stand ich, als Kleinster, im dritten Glied versteckt hinter dem Rücken meiner Vordermänner, wieder schepperten die Fanfaren, wieder grollten die Trommeln, wieder sprangen die schalen Metaphern von meinen Lippen, daß den Angehörigen der Gefallenen die Schauer des Entsetzens über den Rücken liefen. Nun spürte ich, daß ich nicht beseelt war: alles war Auftritt, alles war Schau, alles war Spiel; nichts rührte mich. Ja, mich reizte die Rolle des Eulenspiegel, die Parolen wörtlich zu nehmen, einmal beugte ich mich als einziger tief zur Erde nieder, als der Parteiredner sagte: »Wir verneigen uns vor unseren Toten.« Im nächsten Zeugnis hieß es: »Manchmal müßte er sich mehr zusammenreißen« und: »Er muß ernster sein.« Es war kein Aufruhr, kein Widerstand, es war nichts als das Schnippchen, das der Schalksnarr dem Herrschenden schlägt, und der Herrschende ist nicht gerade ein Schlächter, der den Narren einen Kopf kürzer macht.

Natürlich hatten wir Unterricht. Die Lehrer waren entweder Uniformierte oder Zivilisten, und so war auch der Unterricht. Die Herren in Zivil trugen die Fliege unterm Kinn oder den offenen Schillerkragen, sie schoben entweder die eine Schulter vor oder hüpften in Sprüngen über das Pflaster, schon an ihrer Gangart waren sie als Zivilisten zu erkennen. Herrn Graben, unserem ersten Klassenlehrer, paßten weder die Breecheshosen noch die Gamaschen, und die Hakenkreuzbinde saß ihm so stramm am Arm, daß das Braunhemd Falten schlug. Hatte er sein Leinenjöppchen an, sah er wie ein Mensch aus; er ging durch die Tischreihen und guckte uns beim Schreiben zu, er diktierte balkanesische Texte, ›Die Türken von Belgrad‹ und ›Rosenfelder bei Kasanlük‹; irgendein bulgarisches oder albanisches Weltgefühl bewegte sein biederes Herz, und ich selbst schweifte ab in geheimnisvolle Leseabenteuer mit Karl May. Toni Hunsicker, ein Mitschüler aus unserem Nachbardorf, schrieb ein Drama, es hieß ›Blutrache‹ und spielte in Albanien. Ein Groschenheft hatte ihm den Stoff geliefert, doch Toni ging weit über die Vorlage hinaus, der Rächer seines Dramas griff auf Sippenangehörige über, die die Groschengeschichte gar nicht kannte.

Otto Zülicke führte uns den Blutkreislauf an der Tafel vor, wir sahen die Schleifen, die das rote Blut vom Herzen aus durch die Arterien und das blaue zum Herzen hin durch die Venen schlug; er saß auch mit uns auf dem Felsen über der Reitbahn und las uns eine Geschichte vor, sie hieß ›Der dümmste Sibiriak‹ und gehörte nicht zum Kanon der Schullektüre. Walter Henkel demonstrierte uns den Benzolring; wir sahen die sechs Kohlenstoffatome, wie sie im Kreis angeordnet sind und jedes ein Wasserstoffatom an der Hand hält; er saß auch mit Kurt Raabe, dem Freigeist und Einzelgänger, auf der Bank neben dem Rittersaal in leise Gespräche vertieft. Bei Kurt Kampf lernten wir den Konjunktiv. »Was hülf's dem Menschen, so er die ganze Welt gewönne und nähme doch Schaden an seiner Seele«, sagte er, hochpathetisch, zwinkerte aber mit seinen listigen Augen und gestikulierte mit seinen schmalen Fingern so vielbedeutend, daß es keinen Grund für uns gab, an diesen Worten zu zweifeln. Einmal, beim Fahnenappell, sprang er auf die Burgmauer, und vor den Augen aller Jungmannen stolzierte er im Storchenschritt die ganze Mauer entlang, die Hand vor das Auge gestellt, als müsse er sie schützen vor einer grellen Sonne, die vom Rosenhügel herab alle Köpfe versenge. Als der auf dem Gran Sasso gefangengesetzte Mussolini von deutschen Fallschirmtruppen im Fieseler Storch befreit wurde, spielte Kampf eine Pantomime. Er kam zu uns in den Arbeitsraum, warf sich rucklings auf einen Tisch, die Hände aneinandergepreßt, als seien sie gefesselt, und unter Ächzen und Stöhnen wand er den Körper zur Seite, strampelte mit den Beinen in der Luft, hob sein mächtiges Haupt empor und mimte dankbare Blicke. Da lag ein Lehrer vor unseren Augen auf Linealen und Winkelmessern, als liege er zwischen verrottetem Kriegsgerät, Kurt Kampf, ein kluger, aufrechter Mann, den wir verehrten, und nun ahnten wir, daß etwas nicht stimmen konnte mit dem allmächtigen Reich. Daran änderten auch die Uniformierten nichts mehr, die nur vom Siegen sprachen.

Sie rissen die Klassentüre auf, schnellten die Rechte zum Hitlergruß empor, schmissen ihre Bücher auf das Rednerpult, daß es nur so knallte. Sie setzten uns die Kausalität von Blut und Boden auseinander und spekulierten über neue, sagenumwobene Waffen: ihre Theorien knarrten wie ihr Stiefel- und Koppelleder. Dr. Gilbert, der Physiker, trug anfangs eine NSKK-Uniform, an seinem Koppel baumelte ein Dolch. Dieser Dolch und die beiden Troddel, die an der Scheide befestigt waren, gaben Gilbert ein wunderliches, ja ein skurriles Aussehen: da stand er im Physiksaal, mit diesem exotischen Dolch an der Seite, machte uns mit seiner neuesten Entdeckung bekannt, daß nämlich der Körperform der Tiere eine mathematische Formel zugrunde liege, der Eidechse irgendein XY, dem Goldfasan ein YZ. Er fuchtelte mit den Armen, schwang die Kreide, und immerzu schaukelte der Dolch an seiner Hüfte, silberglänzend und griffbereit. Wenn Gilbert das Koppel ausgezogen und an eine Stuhllehne gehängt hatte, mußte man befürchten, er komme nicht rechtzeitig heran, die Waffe zu zücken, wenn plötzlich die Türe aufgehen und jemand hereinstürzen und ihm nach dem Leben trachten könnte. Gilbert glaubte wohl, was er spielte, im Unterschied zu uns Grünschnäbeln, die sein tolldreistes Auftreten als Affentheater ansahen. Er war eine Witzfigur, er hatte sich verrannt in seine fixen Ideen, irrte herum in seiner physikalischen Besessenheit. Als er Walter Henn, den Klassenbesten, zur Ausbildung als Funker abkommandieren wollte, sagte dieser: »Ich habe absolut kein funkerisches Interesse.« Heute ist Walter Henn ein Vorstandsmitglied der Vereinigten Saar-Elektrizitätsgesellschaft.

Und Herr Krempel, der nationalsozialistische Pantheist vom Hunsrück! Beim Frühsport, in Sonne und Regen, bei Nebel und Schnee, liefen wir hinter ihm her wie die Küken hinter der Glucke, das sei der rechte Gottesdienst, sagte er, wir niesten und schnauften, nie wollte die rechte Andacht aufkommen, auch nicht im Unterricht, wenn Herr Krempel vor der Klasse stand und die deutsche Allmacht pries. Er sagte: »Zuerst kommen wir, und dann kommt lang, lang nix, dann kommen wir noch mal, und dann kommt wieder nix, und dann kommen erst die andern.« Doch er sagte es eher wie ein dümmlicher Altgescheit, und wenn er nicht jedesmal, sobald er den Mund wieder schloß, eine so abrupte Kehrtwendung gemacht hätte und so schneidig, daß ihm die Gamaschen um die Waden schlotterten, wir hätten es ihm womöglich geglaubt.

Alle hatten Spitznamen, außer Pieroth und Dr. Kampf, jene gegnerischen Großmimen, die das Lehrgebäude auf doppelten Boden gestellt hatten. Gilbert hieß erst Galvani, dann Leo, Krempel erst Cato, dann Opa, es gab den Quax und den Stur, es gab Bully und Gisli, Piet Strong und Okko ten Brooke, und jeder Name sagte mehr aus, als es eine seitenlange Charakterbeschreibung hätte tun können. Schulführer Blome, der meist im Felde weilte, hieß Karlchen, und ich hieß Fipps, konnte eine Grimasse schneiden wie Fipps der Affe von Wilhelm Busch und war auch sonst ein Ebenbild desselben, kein Tugendbold, kein Musterschüler. »Was ihm dagegen Wert verleiht, ist Rührig- und Betriebsamkeit«, heißt es bei Busch, und es kam eine Zeit, da drehte und wendete ich die Dinge tatsächlich nach meinen Launen. Das fing schon mit dem Beginn des Unterrichts an; ich fuhrte das Klassenbuch, trug Versäumnisse und Verweise ein, gab mir dabei aber immer den Anschein, als hinderten widrige Umstände eine rasche Abwicklung, einmal war keine Tinte im Füllfederhalter, ein andermal flog das Fenster auf, und ein Windstoß wühlte in den Blättern. Stur, unser zweiter Klassenlehrer, dem es recht war, ließ mich gewähren, er setzte sich in die Ecke, gähnte und las den ›Völkischen Beobachter‹, doch wenn ich alle Hindernisse beseitigt und meine Eintragungen erledigt hatte, war die Stunde schon fast um, und Stur, dessen Augen längst übereinandergegangen waren, erwachte plötzlich aus dem Frühschlaf und sagte: »Es rentiert sich wohl nicht mehr, daß wir jetzt noch beginnen«, klemmte die Zeitung unter den Arm und verließ das Klassenzimmer.

Ich müsse ernster werden, müsse mich zusammenreißen, ließ er mich ins Klassenbuch und dann in mein Zeugnis schreiben: wohin waren wir gekommen? Sollte ich nicht vielmehr die Fäden auseinanderreißen, die um mich herum gesponnen waren, sollten wir nicht alle die Fäden zerreißen, das Netz zerfetzen! Zusammenreißen, auseinanderreißen, wir lernten allmählich, wir lernten von denen, die uns gewähren ließen. »Alle erziehen alle immer und überall« hieß das Erziehungsziel eines Ernst Krieck, dessen Pädagogik damals galt; wir wandten sie auf unsere Weise an, inszenierten Zirkusnummern, vollführten Artistenstücke. An den bunten Abenden parodierten wir Cato und Galvani, spielten Scharaden auf Goebbels und Göring, sangen Potpourris der zwanziger Jahre; ich kratzte mit dem Jazzbesen auf der Landsknechtstrommel, trat mit dem Fuß den schrägen Takt. Kurt Groth, mein Freund, persiflierte das Kultlied ›In den Ostwind hebt die Fahnen‹ und deklamierte: »Hebt die Fahnen in den Ostwind, daß dort auch noch ein paar Fahnen sind« und zeigte mit dem Finger nach der Saalwand, wo das Führerbild über dem Stuhl von Galvani hing. Immer kamen wir von der Gestalt zum Gehalt, von der Form zur Sache, wir versuchten Zugänge in Bezirke zu finden, die fernab im Privaten lagen. Wir löckten wider den Stachel, das war kein ideologischer Protest; wir hatten die Idee auszubrechen, wir empfanden Gelüste, uns aufzumachen in diese Bezirke, in denen es auch Ungehöriges, Geschmähtes, Verbotenes gab.

Es waren keine Verschwörungen, keine Heldentaten, es waren einfach nur kleine Widersätzlichkeiten; damals erschienen sie mir verrucht und abenteuerlich. Was taten wir? Wir gingen grüppchenweise in den »Felsenkeller« und tranken Apfelwein; wir fuhren mit dem Rad nach Budenheim und klauten Sauerkirschen; wir zogen unsere Koppel aus, um zivil auszusehen, als wir mit der Fußballmannschaft von Camberg zurückkehrten. Andererseits waren wir geradezu versessen auf schöne Uniform. Wir trugen Litzen und Sterne, Schnüre und Schwalbennester, Sportabzeichen, Schießabzeichen, Skiabzeichen; nicht das Funkeln hat uns interessiert, sondern der Blitz am Ärmel.

Alles war Spiel, alles war Theater, ein bunter Zirkus mit Tressen und Affenschaukel. Als wir, gegen alle Vorschriften und Erlaubnis, in einer Fahnenstickerei Achselklappen mit der Aufschrift LBA bestellten und beim abendlichen Fahnenappell dastanden, operettenhaft aufgeputzt, rasselte Galvani mit seinem Dolch und rief: »Wenn morgen früh die Achselklappen nicht weg sind, reiß' ich sie eigenhändig ab!« Die Achselklappen blieben dran, wir probierten aus, wie weit wir gehen konnten. Toni Hunsicker fuhr mit einem Koffer voll Zivilsachen nach Wiesbaden, kleidete sich in der Bahnhofstoilette um und ging mit Hut und Krawatte spazieren; Karlheinz Dietzen schüttelte beim Zapfenstreich das Horn so kräftig hin und her, daß ein jämmerliches Gewimmer über die Dächer der Stadt zog; bei einer Heimfahrt nach Saarbrücken kehrten wir im Café Kiefer ein, tranken ein Danziger Goldwasser und redeten laut und unverschämt. Ein Herr, der in der Ecke saß, sagte zu dem Kellner: »Und das wollen nun Hitlerjungen sein.«

Was war aus Pieroths Ethos geworden, wohin waren die Leitbilder gekommen? Wir hießen Jungmannen und sollten so sein, wie Pieroth sich Jungmannen gedacht hatte: gläubige junge Nazis, eingeschworen auf Führer, Volk und Vaterland, doch mehr und mehr löste sich das Ethos auf, schwanden die Werte dahin. Mit Pieroths Knochen faulte der Glaube an Deutschland, mit uns war kein Staat mehr zu machen. Und dennoch hielten wir auf eine dumpfe Weise an den Resten dieser Ideale fest. Dichter reisten an, Karl Bröger und Hermann Claudius, Anton Dörfler und Siegfried von Vegesack; sie lasen aus ihren Büchern vor. Anton Dörflers Geschichte erzählte von einem verwunschenen Garten, aus dem ein Ruf erscholl, der wie sanft wellender Atem durch ein Wäldchen aus sibirischen Tannen drang; Siegfried von Vegesack sprach vom Kampf um Verdun und von der Schmach von Versailles, doch er konnte das Wort Versailles nicht französisch aussprechen, immer sagte er »Versaasche«, und die Schülerclique von der Saar brach in Gelächter aus.

Ich las den ›Zarathustra‹ und die ›Undine‹, trug Verse und Sinnsprüche in eine Kladde mit schwarzem Glanzdeckel ein und begann selbst zu schreiben: zwei chinesische Erzählungen und eine Ethik des Schwimmens. Einmal bekam ich ein Buch in die Hand, blaugrau der Schutzumschlag, weiß der Titel, darin erzählte ein Schriftsteller von einem Oberförster, der in seinen Villen gigantische Feste gab, mit einer fürchterlichen Jovialität dreinschaute, doch ein Würger und Bluthund war und gräßliche Ernte hielt in den Wäldern der Mauretania, »in denen Tod und Wollust tief verflochten sind«, wie es wörtlich heißt. Es war Ernst Jüngers Roman ›Auf den Marmorklippen‹; doch der Oberförster war Oberförster und nicht ein verkappter Hitler, Bruder Otho war Bruder Otho und kein Widerstandskämpfer. Ich erkannte den Oberförster nicht, und auch zur Enttarnung der zeitentrückten beiden Freunde, die sich in Geheimnissen des Tier- und Pflanzenlebens verlieren, fehlte mir der Schlüssel, und er fehlt mir heute noch. Leichter versetzte ich mich in eine Theaterrolle; wir spielten Laiendramen, in Wikinger- und Geusenstücken glänzte ich als Verräter, bei einer Freilichtveranstaltung auf der Loreley mimte ich den Teufel in ›Ritter, Tod und Teufel‹. In einer Leseaufführung von ›Minna von Barnhelm‹ trat ich als spielsüchtiger Franzose Riccaut auf und hätte, wäre er dabeigewesen, Siegfried von Vegesack vorgesprochen, wie man den französischen Akzent setzt.

Während die Schöngeister Romane lasen, Gedichte schrieben, Theater spielten, operierten die naturwissenschaftlichen Köpfe mit handfesteren Mitteln. Die Radiobastler bauten Detektoren; sie werkelten mit Drosselspulen und Kondensatoren, setzten Widerstände und Antennen, und in fisseliger Kleinarbeit entbanden sie aus der strahlenden elektrischen Energie ein paar Laute menschlicher Sprache, die auf geheimnisvollen Wellen hereinschwangen, doch das genügte schon. Eines Abends trugen die Wellen ganz absonderliche Wörter in unseren Schlafraum: Eduard Augustin, Toni Rupp und Hermann Sinwell hatten sie ihrem Detektor entlockt. Waren es die Abendnachrichten der BBC? Deutlicher klang das Klopfzeichen der Fünften von Beethoven aus dem alten Volksempfänger im Rittersaal, als Karlheinz Seitz und Heini Eckhardt in der Langeweile eines Nachmittags an den Knöpfen drehten. Es gab Zeugen, der Streich wurde verraten, ein Gerichtstag fand statt. Galvani trieb die Lehrer und Schüler im Physiksaal zusammen, alles war in Uniform. Einige Lehrer trugen zum erstenmal ein Braunhemd, eine Parteijacke, Stiefel an den Beinen: sie schienen für Statisten aus dem Operettenfundus ausgeliehen. Galvani trat auf, der Dolch an seiner Seite schwankte bedrohlich, wenn er nur etwas größer gewesen wäre! Galvani funkelte mit seinen Brillengläsern, blitzte mit seinen Goldzähnen, aus seinem Munde brach ein Sturzbach von großen Worten hervor. »Volksverräter!« plärrte er, »die Nation muß vor solcherlei Leuten geschützt werden!«, und Karlheinz Seitz und Heini Eckhardt saßen unter der Schalttafel wie Todesdelinquenten auf dem elektrischen Stuhl. Galvani triumphierte, es war seine Sternstunde, sein größter Auftritt, ein Theatercoup. Wenn nur der Dolch etwas größer gewesen wäre, dann hätte er als Damoklesschwert über unseren Köpfen schweben können.

Frankfurt fiel in Schutt und Asche. Auf Lastkraftwagen fuhren wir in halber Nacht aus Idstein hinaus und auf die Autobahn, rochen vor Hoechst schon den Trümmerdunst, gerieten hinter Rödelheim in den beizenden Rauch der Stadt. Es war ein klägliches Unterfangen, ein vergebliches Stochern im Schutt, dieses Räumen in Trümmern, in denen nichts heil geblieben war als nutzloser Plunder, eitler Kram. Mit den Füßen traten wir stehengebliebene Mauerstücke um, mit Betonbrocken schlugen wir auf stählerne Geldschränke ein, plünderten in halbverkohlten Bibliotheken, stahlen Briefe und Bücher. Nachmittags saßen wir im Vorstadtkino und amüsierten uns in jugendverbotenen Filmen. Wir hätten uns nicht gescheut, das Kriegsverdienstkreuz anzunehmen und zu den Sportabzeichen an die Brust zu heften, damit die Uniform noch bunter, das Lametta noch prächtiger war. An einer Ecke sahen wir einen Juden stehen, es war ein alter Mann, mit Bart und Brille, er trug ein schwarzes Käppchen auf dem Kopf und an die Steppjacke aufgenäht den gelben Stern. Ich sah ihn an und wußte nicht, was ich denken sollte. Einer sagte zu Kurt Groth: »Du kannst hingehen und ihn anspucken, niemand wird dich daran hindern.« Kurt rührte sich nicht vom Fleck. Er schaute mich an, das Spiel setzte aus, für diesen einen Augenblick.

In meiner Bluse trug ich Ibsens ›Gespenster‹, ein Reclam-Bändchen, das ich aus einer angesengten Bücherkiste gestohlen hatte. Es ist ein Theaterstück, in dem ein junger Mann seiner Mutter gegenübersteht und zu ihr sagt: »Die Krankheit, welche ich als Erbteil bekommen habe, die sitzt hier«, zeigt auf seine Stirn und sagt, es brauche ja wohl nicht gleich tödlich zu enden, habe der Arzt gemeint, der es eine Art Weichheit im Hirn genannt habe. Die Bezeichnung klinge so hübsch, immer müsse er an kirschrote Draperien denken, an etwas, das zart und weich zu streicheln sei. Ich dachte nicht an Draperien, an Samt und Seide, ich dachte an kahle Zellen im Kalmenhof in Idstein, der Nervenklinik, wo wir die Kranken gesehen hatten, die in gestreiften Leinenanzügen über die Gänge schlurften. Der Leiter der Klinik war ein Goldfasan; seine Kragenspiegel schillerten in der Sonne, er hatte einen Gehfehler. Als wir zwischen der Bahnlinie und der Autobahn nach Brandplättchen suchten, die von amerikanischen Bombern abgeworfen worden waren, beobachteten wir ihn, wie er oberhalb der Wirtschaftsgebäude auf der Rampe stand, auf ein Bein gestützt wie Nosferatu: immer neue Transporte kamen an, doch das Haus wurde nicht voll. Am Rathaus lasen wir die amtlichen Mitteilungsblätter für Sterbefälle: die Liste der Toten aus dem Kalmenhof war immer seitenlang. Unter uns ging die Rede von gnädiger Einschläferung minderwertigen Lebens, wir sagten: »Aus denen ist Schwimmseife gemacht worden.«

Mein erster Schulweg, daheim in Sulzbach, führte am Schlachthaus, am Knappschaftslazarett, am Totenhäuschen vorbei; mein Idsteiner Schulweg endete in den Panzergräben am Westwall. Im Herbst 1944, als die älteren Schüler unserer Klasse zur Wehrmacht einrückten, zogen wir jüngeren zum Schanzen vor den Orscholzer Riegel. Noch einige letzte Male ließ uns Galvani großtun: wir bewaffneten uns mit Kleinkalibergewehren, besetzten die Schießscharten, simulierten die Verteidigung des Idsteiner Schlosses; wir statteten uns mit Knüppeln aus, rückten in den Tiergarten vor, fahndeten nach den entflohenen Gefangenen des Russenlagers; wir sangen ein letztes Mal »Auf hebt uns're Fahnen«, ließen die Fahne am Mast herunter, verstauten sie in einem Pappkarton. In Besseringen an der Saar bauten wir Panzerfallen, hoben Schützengräben aus, flochten Faschinen; amerikanische Jagdbomber flogen unsere Stellungen an und bestrichen sie mit Maschinengewehrsalven, hin und wieder fiel eine Bombe, explodierte eine Luftmine, platzten die Scheiben aus den Fensterrahmen unserer Unterkunft. Wir beobachteten die anfliegenden Maschinen, sprangen in die vertikalen, in die horizontalen Grabenstrecken, je nach Anflugwinkel des Jagdbombers. Es war ein Abenteuer, es war Sport, es war Spiel geblieben.

Abends, in der Jugendherberge von Draisbach, saßen wir am Boden, rings um die Wände des schon ausgeräumten Gemeinschaftsraums, gebläht von Erbsensuppe, gebläht von Heldentaten, gebläht von törichten Ideen eines Endsiegs. Stammführer Häusser, der Zaunkönig, unser Zeichenlehrer, rezitierte den ›Cornet‹ von Rilke. »Mutter, ich trage die Fahne!« rief er, die Fahne war eine bewußtlose Frau, dann kam sie zu sich, auch sie blähte sich, sie blähte sich königlich auf, fing an zu schreien, fing an zu brennen und verlosch dann plötzlich. Häusser, der sonst vom Malen gesprochen hatte, »malt, malt, malt«, sagte er zu uns, »laßt Luft in die Farbe, laßt Licht in die Farbe, laßt die Farbe laufen, gebt euch keinen Zwang«, und wir empfanden es als Freiheit, als lustvolle Selbstbestimmung, zu sehen, was am Ende dabei herauskam: nun sprach er von der Fahne, auch sie fing ja zu scheinen an, wurde groß und rot, doch tief drinnen in meinem Kopf weichte sie sich in eine kirschfarbene Draperie auf.

Im Dezember rückte ich mit den Jüngeren meines Jahrgangs in den Reichsarbeitsdienst ein, Ende Januar 1945 wurden wir entlassen. Wir gaben falsche Adressen an, reisten ins Innere des Reichs, kein Gestellungsbefehl erreichte uns mehr. Die Ratten, von denen schon Tiervater Brehm gesagt hatte, Verstand könne man ihnen wahrlich nicht absprechen und noch viel weniger berechnende List und eine gewisse Schlauheit, mit der sie sich den Gefahren der verschiedensten Art zu entziehen wüßten, verließen das sinkende Schiff. Auch der Steuermann, von dem Opa so stolz gesprochen hatte, ließ das Ruder fahren. Soldaten sind wir keine mehr geworden, Hitlerjungen waren wir bis zuletzt, trugen keck die Hakenkreuzbinde, strunzten mit den Fahrtenmessern, prahlten mit den falschen Achselstücken. Ich hatte mich nicht zusammen- und das fadenscheinige Netz auseinandergerissen, erst als die gigantische Armee Pattons an mir vorbeirollte, stürzte der Spielzeugladen ein. Ich stand mit dem Gesicht gegen eine Klostermauer im Pfaffenwinkel, kein Schuß fiel. Ich hielt die Arme ausgestreckt gegen die Mauer gepreßt. Ich tat alles, um am Leben zu bleiben.

Günter Kunert

Die Tortur

Wenn Erinnern vor allem Vergessen bedeutet, muß ich mich fragen, ob ich mir nicht zu früh und außerdem zu intensiv meiner Schulzeit bewußt geworden bin, denn der Fundus an Vergangenheitsbildern ist gering. Eine andere Ursache meiner Gedächtnisschwäche bestünde möglicherweise darin, daß nichts Wesentliches innerhalb dieser trostlosen Stunden vorging, das sich über die Jahrzehnte einprägsam erhalten hätte. Ganz zu schweigen vom obligatorischen Verdrängungsmechanismus. Ohne daß sich mir die Aversion erneuerte, weiß ich, ich habe die Schule, diese alte »klassische« Volksschule, zu der ich gesetzlich verurteilt war, aus ganzer Seele gehaßt und gefürchtet, und mein somatisches Selbst hat dieses Empfinden prompt in Krankheiten aller Art umgesetzt. Da ich mich nicht wehren konnte, hat sich mein Körper gewehrt.

Jedes Jahr brachte ich nahezu identische Zeugnisse heim, auf denen regelmäßig vermerkt stand, die Leistungen des Schülers K. seien nicht zu beurteilen, da er von dreihundertsoundsoviel Tagen zweihundertundwelche gefehlt habe. Die Noten glichen Schüssen ins Dunkel. Sie betrafen mich eigentlich nicht, und ich fühlte mich von ihnen auch nicht betroffen. Daß sie nur schlecht sein konnten, erschien mir selbstverständlich.

Lieblingsfächer hatte ich ohnehin keine, eher nur mir besonders widerwärtige: Mathematik zum Beispiel, Musik und Turnen. Während andere mit nahezu prähominidischer Geschicklichkeit Stangen und Seile aufwärts kletterten, oben triumphierend an den Querbalken schlugen, daß es in der Aula widerhallte, hing ich wenige Fuß über der Erde, einerseits ihrer Gravitation und andererseits wohl ganz unbewußt der Überzeugung unterlegen, hierbei handele es sich genau um das, was man zu Hause

»G. N.« nannte: »Gojim naches«; also etwas, was ein vernünftiger Mensch besser unterließ. Es gab zwar Versuche von seiten des Turnlehrers, meinen Ehrgeiz, von dem er nicht ahnte, daß er fehlte, anzustacheln, aber es wurde nichts damit.

Beim Singen immerhin gelang es mir, meine mangelnde Befähigung durch Vortäuschung zu verheimlichen. Ich öffnete und schloß im Rhythmus aller Münder auch den meinen, ohne jedoch einen Ton von mir zu geben, nachdem ich bereits früh als »Brummer« entlarvt worden war. Und die Mathematik blieb mir ein auf ewig verschlossenes Rätsel, das zu lösen mich weder Lob noch Drohung bewog. Das abstrakte Wesen der Zahlen verschloß sich meinem bildhaften Vorstellungsvermögen und meinem mimetischen Talent. Meine Eltern quälten sich damit ab, ihrem Sohn die Rechenaufgaben auseinanderzusetzen, bis sie am Ende kapitulierten und ihm die Lösung einfach diktierten. An die Tafel gerufen, diese Aufgaben noch einmal demonstrativ nachzuvollziehen, gerann ich zum lebenden Symbol der Verlegenheit und Hilflosigkeit, so daß die Lehrer mit der Zeit in dieser Hinsicht auf meine Mitwirkung verzichteten.

Doch hatte ich höchst künstlerisch debütiert. Ich sehe mich selber im ersten Schuljahr, in das ich um ein Lebensjahr verspätet eintrat, mit einer Plastilin-Plastik vom Unterricht heimkehren: Sorgsam trug ich eine handtellergroße grüne Fläche vor mir her, auf der sich ein ebenfalls grün beblätterter Baum erhob, begleitet von einigen Tieren und einer Person in landwirtschaftlicher Rolle. Nach diesem Erfolg kam an weiteren schulischen Höhepunkten nichts mehr.

Was ich eindringlicher lernte als jeden Unterrichtsstoff und was vielleicht den Unterrichtsstoff sekundär werden ließ, war (unter anderem) das vermeiden gewisser Wörter. »Moskau« hieß eines von ihnen, da es in einem unübersehbaren Zusammenhang mit dem Radiohören stand, das von den Eltern, manchmal in Anwesenheit Verwandter, wie ein geheimnisvoller, doch vom Ort des Vorganges, der Küche, profanierter Akt zelebriert wurde. Man schärfte mir ein, was für Folgen ein leichtfertig ausgesprochenes Wort nach sich ziehen könnte: Diese Warnung war für mein weiteres Leben vermutlich schwererwiegend als fünf Diktatfehler.

Dieses als einziges Bruchstück nahm ich aus Tempelhof mit, von wo wir kurz danach fortzogen: in den Bezirk Kreuzberg. Dort benötigte ich nur ein paar Schritte, um zur Schule zu gelangen.

Im Schatten des künftigen Krieges waren viele, längst pensionierte Lehrer reaktiviert worden, so daß ich – zu meinem, negativ definierbaren, Glück – aus purem Zufall niemals etwas mit jüngeren und überzeugten »Erziehungsbeauftragten« des Systems zu tun hatte. Mein erster Lehrer nach dem Umzug war ein gutmütiger alter Herr, der über mich Bescheid wußte und mich in Ruhe ließ. In meinen Angaben zur Person stand unter der Rubrik »Religion« ein Begriff, der erst vierzig Jahre später für mich einen wirklichen Inhalt bekommen sollte: »Dissident«.

Damals erlaubte die für ein Kind lächerlich hochgestochene Bezeichnung mir, meine Mappe vor Beginn der letzten Stunde, eben der Religionsstunde, aus dem Fach vorm Bauch zu ziehen und zu verschwinden. Und als mich irgendwann ein ersatzweise amtierender Lehrer einmal fragte, was mich zu diesem Auszug berechtige, erklärte ich in naiver Unverfrorenheit oder auch bloß dümmlich-harmlos, ich wäre Mischling, worauf die Klasse in ein ungeheures Gelächter ausbrach – übrigens kein bösartiges, weil die Unkenntnis der »Nürnberger Gesetze« bei meinen Klassenkameraden wohl eher zoologische Assoziationen hervorrief.

Merkwürdig – keiner der Jungen hat mich je darauf angesprochen, niemals ist jemand insistierend darauf eingegangen. Wir hatten, wie ich mich dunkel erinnere, in der Klasse einen geborenen Luetiker, einen physisch deformierten, verfetteten Knaben, der die Herkunft seiner körperlichen Abartigkeit jedermann ungerührt zu erklären pflegte: Möglicherweise saß ich jetzt mit ihm im selben Boot einer Außenseiterschaft, über die Näheres zu wissen kein Bedürfnis bestand.

Freunde jedoch hatte ich unter Schülern nur einen einzigen, später, als ich wieder umgeschult wurde. Er – Waldemar mit Vornamen – war ein eigenartig ernsthafter Junge, kaum kindlich und fertig in seinen Zukunftsplänen: Als Kinderfilmstatist (›Unser Fräulein Doktor‹ mit Jenny Jugo) vom Medium fasziniert, wollte er unbedingt Regisseur werden, worunter ich mir nichts vorstellen konnte. Er jedenfalls erblickte zufällig, was sonst Kinder aus der Nachbarschaft, die mich besuchten, sorgfältig vorenthalten wurde: in der Diele den Mantel meines Großvaters mit dem gelben Stern daran. Ich sah sofort, daß ihm das nicht entgangen war, und erwartete eine Frage, eine Bemerkung, zumindest eine beiläufige Äußerung, doch er schwieg, und unsere Freundschaft blieb unberührt; er war der einzige, zu dessen Mutter ich nach dem Kriege hin und wieder ging, um mich über seinen Verbleib zu erkundigen, aber er kehrte aus einem Kinderlandverschickungslager in der Tschechoslowakei nicht zurück.

Die unsteuerbare Selektion des Hirnspeichers spiegelt mir heute vor, die Schule habe überhaupt nur im Winter stattgefunden. Immer stehe ich frierend und in nahezu nächtlicher Dunkelheit morgens an einer Haltestelle, todmüde, weil ich immer erst ins Bett kam, wenn auch die Erwachsenen schlafen gingen. Um mich ist es schneidend kalt und infernalisch. Dann taucht aus dem Finstern die Bahn auf, die Menge preßt mich mit sich in den Wagen, und nach einer Weile Fahrt gibt sie mich wieder von sich. Knirschender Schnee auf dem Schulhof, das Klassenzimmer klamm, und während mir in der Bank die Augen zufielen, erblickte ich in den getrockneten Schlieren der schlecht abgewischten Tafel das Erscheinen von Gebäuden und Tieren, von Gesichtern, Masken, Fratzen, dämonischen Gestalten und unterseeischen Bezirken, in die hinein der Lehrer explosionsartig stürmte. Noch im Mantel schrie er, kaum den Fuß auf der Schwelle, seine Rechenaufgaben in die Klasse: Vier mal siebzehn, dreizehn mal acht, sieben mal achtundsechzig, du und du und du! Ich stand da, ahnungslos, und starrte auf die in der Tafel verlöschenden Monstren und wurde natürlich wieder einmal krank.

Obschon ich nie geschlagen worden bin, weder an den Haaren noch an den Ohren gezogen, wirkte der Raum, diese Gemeinschaft, zu der ich nie gehörte, das Schreien und Drohen, Aufstehen und Hinsetzen, der Anblick des Prügelns, Tränen und Geheul, Gefragtwerden und Nichtswissen wie eine Vorhölle, aus der ich mich in meine Visionen hinter dem Rücken des jähzornigen und unberechenbaren Lehrers zurückzog. In der Krankheit aber blühte ich auf: im Bett liegend, umgeben von alten Magazinen aus den zwanziger Jahren, der »guten Zeit«, und von Büchern, schien ich vor allem sicher, dem gegenüber mich zu verstellen und zu schweigen und stetig getrimmt worden war.

Diese Welt des Lesens und des Bilderanschauens und Tagträumens gewann solche Stärke, daß sie den Gegenpol zu jener Welt bildete, die von Ängstlichkeit und Angst und schneidenden Erfahrungen bestimmt war, wie etwa dem Abschied meines Großvaters, den eine amtliche Aufforderung auf Nimmerwiedersehen fortschaffte, wie viele andere Verwandte und Bekannte, von denen ich mehr wußte als von den Hohenzollern: Nämlich wer von ihnen »untergetaucht« war, noch legal lebte, Lebensmittelkarten ohne aufgedrucktes »J« besaß, und was für sinnlose Hoffnungen sie alle noch hegten. Ich lernte auf zweierlei Weise: Während ich mit meinem Buch unauffällig in einer Ecke hockte und las, schwankend zwischen tatsächlicher Aufnahme des Textes und Vortäuschung, erfuhr ich zugleich manches über die Verhältnisse, die Umstände, unter denen die Besucher lebten – nun: Leben ist wohl zuviel gesagt.

Ehe die Baruchs, Caros, Falckensteins und Warschauers

auf die bekannte und trotzdem immer wieder unvorstellbare Weise abschieden, veränderte sich das Beziehungsnetz der Familien untereinander nur langsam. Am Anfang hatte es noch den Anschein einer gewissen Normalität: So trage ich, weißes Hemd, kurze Hosen, weiße Kniestrümpfe, kontrastiert von einem schwarzen Lackledergürtel und Lackschuhen, der Braut den Schleier durch die Synagoge in der Rykestraße, Berlin NO, nach und komme mir verkleidet und in der Verkleidung unbehaglich vor. Doch es gab schon die endlosen Gespräche übers Auswandern, über Affidavits, Lifts, Einwandererquoten, aus denen nur einer von allen Beteiligten die Konsequenz zog, um bald darauf in England Kampfflieger zu werden. Der Tenor aller dieser Überlegungen, durchwirkt von den neuesten Witzen und den neuesten Gerüchten aus dem »Jüdischen Mundfunk«, repetierte die fatale und lehrreiche Selbsttäuschung: »Es wird schon nicht so schlimm werden...«

Später, schon tief im Krieg, tauchten immer wieder Verwandte auf, wenn »Judenaktionen« liefen, übernachteten ein, zwei Tage und kehrten, nachdem sie aus der Tür waren, nie wieder zurück. Auch wir schliefen aus diesen Gründen hin und wieder bei arischen Bekannten, weil man gewarnt worden war und nie genau wußte, ob nicht inzwischen und insgeheim der Schutz-Status der »Mischehe« seine Gültigkeit verloren hatte. Von den Verschwundenen hörte man nichts mehr. Nur einmal etwas ganz Unglaubliches über das Ehepaar Grün, Gerhard und Ilse, die in einem komplizierten Verwandtschaftsverhältnis zu uns standen: Nämlich, daß sie in SS-Uniformen aus Theresienstadt geflüchtet und nach Berlin zurückgekehrt sein sollten! Aber das schien höchst unwahrscheinlich – bis ich, nicht nur betroffen und erschüttert, sondern auch erstaunt, in den sechziger Jahren in der ›Kleinen Festung‹, dem Extra-KZ in der KZ-Stadt Terezin, an einer Mauer die von einer Glasscheibe geschützten Kugeleinschläge entdeckte und dazu den Text, an dieser Stelle sei »Ilse Grünova« nach ihrer Flucht und Wiederergreifung erschossen worden.

Meine Lektüre erweist sich im nachhinein als absolut chaotisch: Von Heinrich Heine über Erich Kästner bis Edgar Wallace (mein bevorzugter Erzähler: Ich besaß und hütete sein ›Gesamtwerk‹), von ›Auerbachs Kinderkalender‹ und Karl May bis Wedekinds ›Frühlings Erwachen‹ und Balzacs ›Tolldreisten Geschichten‹ verschlang ich, was mir unter die Augen geriet.

Einmal verursachte ein Lesestoff einen Konflikt mit einem der Lehrer; in einem Hausaufsatz über ein Geschichtsthema benutzte ich als teilweise Vorlage einen Abschnitt aus Hendryk van Loons ›Weltgeschichte‹, einer witzig-trivialen Chronologie menschheitlicher Existenz, durchmischt mit anziehenden, wenn auch unbeholfenen Zeichnungen des Verfassers, die mich vielleicht mehr als seine Verbalität angestiftet hatten, und wurde zu meiner unsäglichen Verwunderung sofort ertappt. Ich konnte einfach nicht begreifen, wie jemand zwischen meinen (wie mir schien: gelungenen) Sätzen jene von fremder Hand, obgleich sie alle doch von der meinen hingekrakelt worden waren, herauszufinden vermocht hatte.

Ob ich eine Strafarbeit schreiben mußte, weiß ich schon nicht mehr. Was nicht meinem eidetischen Gedächtnis entsprach, wie etwa Fotografien, Buchillustrationen, klar umrissene Gegenstände, entglitt mir fast unaufhaltsam: Die Gesichter der Verschwundenen, deren einst ungewisses Schicksal nur zu bald so furchtbar gewiß wurde, ließen sich bald schwerer zurückrufen als Figuren wie Dr. Dolittle und sein Assistent Tommy Stubbins, als Dr. Tulps Anatomie oder die mir einst genial erscheinenden Bleistiftzeichnungen des längst vergessenen Charles Girod, als meine eigenen frühen Zeichnungen, die ich als Kind mit Zeichenkohle und elterlicher Lizenz an die Tapete des Wohnzimmers malen durfte; ja, ich baute aus Wolldecken ein Zelt im Zimmer auf und veranstaltete »Kunstausstellungen«, bei denen ich meine Tuschbilder und Bleistiftzeichnungen präsentierte, bis eine Luftmine meine inoffizielle Karriere beendete.

Zwar verloren wir alles, aber man war mit diesem Verlust einverstanden: Gegenstände zählten nicht. Und der Luftkrieg richtete sich ja nicht gegen mich, wie ich wußte, sondern gegen die »Anderen«: Es war die gerechte Strafe, die diese Leute zweifelsfrei verdient hatten. Zu differenzieren war mir nicht gegeben. Berlin brannte an allen Ecken und Enden, und ich stand nach den Luftangriffen häufig auf dem Dach des Hauses, wo wir bei Bekannten untergeschlüpft waren, und sah befriedigt die schwarzen, emporquirlenden Wolken: Recht so! Zu dieser Zeit war die Schule bereits geschlossen, das letzte Schuljahr ausgefallen, und ich lief umher, ein Connoisseur der Vernichtung und des Untergangs. Angst verspürte ich dabei keine. Wenn der Luftschutzkeller unter den sich nähernden Schlägen der Reihenabwürfe von Bomben zu schwanken begann, versetzte mich das in einen eigentümlichen Zustand gesteigerter Lebensintensität.

Nach einem der Luftangriffe im Februar 1944 jedoch, als die Innenstadt schwer getroffen wurde, suchten wir, meine Mutter und ich, meinen Vater, der sich im Zentrum der Zerstörung aufhalten mußte. Am brennenden Stadtschloß vorbei gelangten wir noch ein Stück in Richtung Spittelmarkt, drangen aber nicht bis zum Moritzplatz durch, wo mein Vater seine Einmannfabrik für Schreibblocks betrieb. Beiderseits unseres Weges brannten die Straßenzüge, stürzten ständig Häuser in sich zusammen und explodierten Blindgänger; wir gaben es auf, als wir vor unüberwindlichen Feuerwänden standen. Über das Ziel unserer Suche fiel kein Wort: Es war uns vermutlich klar genug, was es bedeuten würde, wenn *er* in diesem Höllenbrand stecken sollte: Wir verlören den »Arier«, unseren Schutz, von dem ohnehin ungewiß war, wie lange er weiterbestünde, und ob nicht irgendeines früheren oder späteren Tages die Reihe doch noch an uns käme. Nachdem wir resignierend umgekehrt waren und in unserem möblierten

Zimmer anlangten, fanden wir meinen Vater schon »daheim« vor, voller Erzählerdrang und Detailversessenheit, sein Entkommen genauestens und immer aufs neue zu schildern, als sei sein Überleben eine persönliche Leistung gewesen.

»Rückblickend«, wie es immer so fragwürdig heißt, als ließe sich die Vergangenheit wie eine in die Ferne gerückte Landschaft vollkommen überschauen und detailliert erkennen, meine ich doch, entgegen der herrschenden Ungunst begünstigt gewesen zu sein, da meine Lehrer und Mitschüler von der Nazi-Ideologie wenig beeindruckt gewesen sind. Die Lehrer, wie gesagt, waren lauter archaische Pauker, lauter Unräte der untersten Stufe, doch zugleich in ihrem Sinne »unpolitisch«.

Einer der Lehrer, der mathematikbesessene Polterer und Rohrstockschwinger, bei dem ich die längste Zeit meiner Kurzaufenthalte verbrachte, wagte sogar kritische Scherze über das Regime und mokierte sich über den Körperumfang Görings, dem er als Diät Kanonen statt Butter empfahl. Die Zusammensetzung der Klasse muß ihm ziemlich gut bekannt gewesen sein: Meist handelte es sich um Jungen aus Arbeiterfamilien, von Kleingewerbetreibenden, von Leuten undefinierbaren Zuschnitts: In diesen Elternhäusern hatte man zu dieser Zeit wahrscheinlich schon begonnen, Hitler die Gefolgschaft aufzukündigen. (Einer der Schüler nahm sogar privat Russischunterricht; für später, wie er aufrichtig, doch unangreifbar erklärte.)

Trotzdem entstand zwischen ihnen und mir nie ein Konsens: Ich war ein geduldeter Fremdling, eine etwas obskure Erscheinung, jedenfalls eine Randfigur, gesteuert von einer anerzogenen Vorsicht, nicht aufzufallen: weder so noch so. Das scheint mir gelungen zu sein. Wollte man diese Schulzeit diagnostizieren, sie etwa unter dem Aspekt ihrer Ergebnisse und Wirkungen betrachten, so müßte ich sie als meine eigentliche Krankheit bezeichnen, indessen mein wirkliches Kranksein der Gesundheit, zumindest der geistigen, diente. Es traf genau auf mich zu, was ich kurz nach Kriegsende in einer Aphorismensammlung des verschollenen Satirikers Roda Roda las: »Es ist manchmal ganz gesund, ein bißchen krank zu sein.«

Peter Rühmkorf

Fragwürdige Umstände

Ein messerscharfer Einschnitt war für meine Generation (die eigentlich nur aus dem einen Jahrgang 1929 bestand) in jedem Fall das zweite Kriegsjahr 1940. Wir wurden zwangsläufig in das »Deutsche Jungvolk« (DJ) aufgenommen mit Treuegelöbnissen und Fahneneid in der dörflichen Heldengedenkanlage (»Jungvolkjungen sind hart/ schweigsam und treu/Jungvolkjungen sind Kameraden/ Der Jungvolkjungen Höchstes ist die Ehre«) und traten neugierig freiwillig durch die Pforten des Stader »Athenäums« in neue Bildungszusammenhänge ein (›Jacks first English Lesson‹), das schaffte schon ziemlich kontroverse Hirnreize.

Was die Sache im nachhinein etwas schwierig macht, ist das allerdings keineswegs für alle Zeiten hübsch geordnete Spannungsverhältnis von Koppelschloß und Knickerbokker, Horde und Club, vormilitärischer Ausbildung und zivilistischem Lehrbetrieb. »Ja, Bauer, das ist ganz ein anders« stand in gotischer Schönschrift an der Eingangswand der ein wenig heruntergekommenen Gelehrtenschule, was gewiß nicht bloß als frohe Botschaft zu verstehen war, und wir Jungens lasen es allgemein in dem Sinn, daß man uns den Kopf hier zurechtsetzen werde.

Die Schule begann auf ihre Art an uns herumzudrechseln, während das neue Dingsda, das seinerzeit Dienst hieß (»Ich hab' heute Dienst«, »Wir müssen zum Dienst«), oft genug ein entschuldigtes Entkommen aus dem Paukbetrieb ermöglichte.

Da ich ohne Vater aufwuchs (der meine hatte sich ohne Angabe von Gründen vor meiner Geburt verflüchtigt), sah ich mich schon früh veranlaßt, mir meine eigenen Kindergedanken über meine wacklige Stellung in der Welt zu machen. Die Menschheit ist ja nicht gut und die Landbevölkerung auch nicht viel besser, und unter Umständen kann sie sogar biestig werden. Die Neugier nach meinem nichtvorhandenen Vater schien schlechterdings ununterdrückbar, und das zudringlich enthüllungsgeile Gefrage begleitete mich durch Kindheit und Jugendjahre wie ein unabschüttelbarer Alpdruck: ein Bloßstellungsverlangen – oder Aushorchgelüste –, das im Zeichen der braunen Herkunftsforschung dann schon seine eigene böse Färbung bekam.

Ich sah mit zehn Jahren aus wie ein leibhaftiges Kind Israels und mit dreizehn oder vierzehn völlig wie ein »Judenbengel«, das machte den Nachfassern Laune. Wo immer ich in fragwürdige Umstände geriet, wo ein neuer Lehrer mich in die Zucht, ein neuer Vorgesetzter mich in Augenschein nahm, lag die Frage nach dem Beruf des Vaters wie von selbst auf der Lauer, und schon zerrte man die eingeborene Schmählichkeit ans Licht, diese Schande der Jungfrauengeburt, diesen Makel der natürlichen Kindschaft, vollends zu schweigen von der Peinlichkeit, in die ich kam, wenn es Ahnentafeln zu erstellen oder regelrecht verzweigte Stammbäume aufzumalen gab.

Kaum etwas fürchtete ich so sehr wie diese kanülenhaft sich vorspitzende Frage nach Beruf und Verbleib des Vaters – die stellte gelegentlich sogar der Kartenkontrolleur in unserem Fahrschülerzug. Nichts schmerzte mich so sehr wie das schier unabwendliche Herumgepolke an meiner heimlichen Wunde. Was meine Unschuldsmama vor der Welt verborgen glaubte und vor dem Kind im dunkeln hielt – den Puppenspieler-Papa und die für dörfliche Verhältnisse schon ziemlich einmalige Degoutanz eines Sündenfalls –, wuchs sich in der Phantasie des Jugendlichen dann zu einem fürchterlichen Rätselgebilde aus mit allen mitten aus der Zeit bezogenen Zwangsvorstellungen von »artfremd« und »minderrassig« und »unwürdig, die Uniform des Führers zu tragen« und »Abholen« und »Konzentrationslager« – denn das wußte bei uns jedes Schulkind, daß sie »Jakobjud« abgeholt hatten und Dantzer aus

Otterndorf »ins Lager gekommen war«, da gibt es im nachhinein also gar nichts zu dramatisieren. Die Frage hinter der Vaterfrage – »lebenswert oder nicht?« – wurde von mir schon in einem Alter herausgehört, das man für solche dunkle Ahnung noch gar nicht befugt hält (die Verschonten können mir heute viel erzählen!), und ich flüchtete mich von einem Tarnbezug unter den anderen, tauschte eine fadenscheinige Schutzbehauptung gegen die nächste ein: »Ich bin angenommen und heiße eigentlich Neumann« (so der Name eines Onkels), »mein Vater ist gefallen, ich heiße eigentlich Lohmann« (eine Familie, bei der ich mal in Pflege gewesen war), »mein richtiger Vater wohnt in Otterndorf« (dort wohnte freilich mein Großvater), »meine Mutter hat ihren Vetter geheiratet und hieß immer schon Rühmkorf« (weil: im Chemiebuch stand: »Elisabeth Rühmkorf, 1918«), ein toller Zirkus, gewiß, und doch noch nicht so toll wie eine Zeit, in der die »Rassengesetze« hingenommen wurden wie heute beispielsweise die »Straßenverkehrsordnung«.

Aufgefordert, von meiner Schulzeit zu erzählen, sehe ich mich bereits rettungslos vom Thema abirren. Aber ohne diese leidensvolle Vor-Schule läuft bei mir gar nichts. Dabei war das, was dann vielleicht so was wie einen Rückhalt oder eine idealistische Vergütung hätte bedeuten können, auch nicht schon von dem Stoff, aus dem die einfachen Kinderträume sind.

Um den eigenen Abweichwinkel vor dem großväterlichen Pastorat in Otterndorf zu rechtfertigen, hatte mein kreuzprotestantisches Mütterchen sich einen Schutzpatron an die Seite gegeben – den Theologen Karl Barth, meinen Patenonkel –, und über den las dann der Schüler eines Tages im ›Stürmer‹-Kasten: »Karl Barth, der Kriegshetzer! – Auch der Theologe Karl Barth stimmt mit seiner antideutschen Propaganda und talmudischen Rabulistik in den Chor der jüdischen und freimaurerischen Kriegshetzer ein.«

Ich erinnere mich noch wie heut: gar nichts verstand ich,

aber diese Wetterwolke über meinem Haupt (beziehungsweise Pimpfenscheitel mit dem Streichholzschnitt) begann sich augenblicklich zu verdichten, die schleichende Selbstverdächtigung sich beinah zu Gewißheit zu erhärten: mein jüdisches Aussehen – mein frommes Mütterchen, das immer wieder auf den »Mann aus Nazareth« zu sprechen kam, der unter »Deutschen Christen« kein Jude mehr sein durfte – und jetzt auch noch der Patenonkel mit dem Judentum im Bunde – was lag da näher, als sich selbst endgültig in Zweifel zu ziehen und sich (im Gegenzug) eine unangreifliche Identität wortwörtlich zu erdichten.

Um auf die Schule zurückzukommen: Schule war für mich kein Weg, mich zu beweisen, und wahrscheinlich habe ich niemals den rechten Sinn für Schule gehabt. Das Stader »Athenäum« war bis zu jenem Zeitpunkt, wo die Erinnerung dann abreißt (weil wir der Schule entrissen und von Lager zu Lager umgeschlagen wurden), ein Bildungsantiquarium, wie es im Buche steht, in Heinrich Spoerls ›Feuerzangenbowle‹ oder in Wilhelm Speyers ›Kampf der Tertia‹, das las uns unsere Lieblingslehrerin, die Studienassessorin Emmy Starcke, auszugsweise vor, obwohl der Autor Halbjude war und das Buch wohl zu den halbverbotenen zählte.

Jenseits einer nur noch über Fußnoten und parenthetische Eselsbrücken zugänglichen Welt (in der jeder heimliche Antihitlerhauch der Erklärung und manchmal sogar ein dick hervorgekehrtes Parteiabzeichen der psychologischen Hinterspiegelung bedarf) ist aber wohl wenig geblieben, was der Erinnerung wert und einer Ehrenrettung bedürftig wäre. Unsere Schule war einfach nur Penne – Penne als Druckanstalt und Penne als Kuriositätenkabinett – kaum wirklich offensive Nazis unter den Lehrern und auch keine wildgewordenen Nazissen, und was sich manchmal völkisch plusterte, beeindruckte allenfalls als Karikatur.

Rückblickend sehe ich *hier* zivilistische Lässigkeit (die uns sehr allgemein imponierte), *dort* dickpampiges Ordnungsfordern und Auf-Haltung-Sehen (was uns abstieß), *hier* ein gewisses militärisches Lehrgehabe (das aber die Macht beziehungsweise Ohnmacht eines Sprachfehlers nicht wirklich übertönen/überdröhnen konnte), *dort* eine gewisse unangepaßte Bissigkeit (die freilich ihren misanthropischen Ingrimm oft genug an uns ausließ), und was die Geisterbeschwörung ans Licht bringt, ist nicht viel mehr als repräsentativ verkorkster Durchschnitt.

Hoch auf in der verdämmernden Erinnerung ragt dann nur noch ein beinah zwergenhaftes Gestältchen, unser späterer Klassenlehrer Walther Braun (Mathe, Physik, Chemie), und obwohl ich in Mathematik so schwach war wie in den schönen Sprengkünsten früherfahren, schleppte er mich mit durch wie ein wahrhaftiger Christophorus, und obwohl er uns nie auf unseren Beutezügen zu den abgestürzten britischen Bombern hätte begleiten dürfen, teilte er gerade diese verbotene Passion mit soviel Wissenschaft wie Leidenschaft – ein rührender Leuchtfleck seine schillernde Glatze in dem öden Einerlei der Pensen und der Zwangsverpflichtungen – nur: hatte das speziell mit *dieser* Zeit zu tun? Und: hätte sich die schön verquere Neigung (als Erwachsener an Indianerspielen teilzunehmen) nicht unter anderen Umständen genauso hübsch entfalten können?

Etwas anderes war allerdings und ohne den Hintergrund des Naziregiments mit seinen unerbittlichen Gleichrichtungsmethoden gar nicht zu denken: unser geheimer Verschwörerclub, unser Bombenbauer- und Flugblattsammler-Seminar, unser tief im verborgenen operierender Informations- und Diversantenzirkel: die Stibierbande. Das um drei Ecken verschlüsselte Etikett leitete seinen Namen von dem chemischen Element »Stibium« her, im populären Sprachgebrauch wohl eher als »Antimon« bekannt, von uns als »anti-Mon« gelesen (heißt: gegen den Monokraten, gegen seine Monokratie gerichtet), und zu dieser Geheimsekte zählten in unserer etwa vierzigköpfigen Quarta immerhin fünf Personen.

Warum und wieso diese unegalen Fünf zueinander gefunden hatten und was sie – außer einer obsessionierten Neigung zur Feuerwerkschemie – dann auch wie Pech und Schwefel zusammenhalten ließ, ist freilich ein besonderes Kapitel, das Kapitel 20 meines Memo-Buches ›Die Jahre, die ihr kennt‹, das will ich nicht noch mal zum besten geben. Nur dies vielleicht der Verständigung halber ergänzen dürfen, daß wir alles hoch und heilig hielten, was von »drüben« und von oben kam: Brandbomben und Benzintanks, Fallschirme und abgestürzte Flugzeuge, Phosphorkanister und »Windows« (sogenannte »Düppel«) und schließlich die nach jedem Fliegerangriff zu erwartenden Flugblätter.

Diese vor allem fanden meine ungeteilte Aufmerksamkeit und bald auch meinen ungeteilten Glauben. Sie kamen einmal einer jugendlichen Sammlerleidenschaft entgegen, die sich bisher auf alles mögliche Sammelbare gerichtet hatte, Briefmarken, Mineralien, Zigarettenbilder, WHW-Abzeichen und Versteinerungen, sie waren zum anderen aber doch ein Interessenmagnet, dessen weiterwirkende Suggestion auf die prägsame Bildungsperson mit nichts auf der Welt auch nur im mindesten verglichen werden konnte. Sie versorgten den jugendlichen Kopf mit einem exklusiven Geheimwissen und versetzten die wenigen Eingeweihten in den Rang von Illuminaten. Sie gaben uns eine Art zu denken vor, die nicht nur ungewöhnlich, sondern nachgerade verboten war und mit äußersten Strafen geahndet wurde, und diese Mischung aus Erleuchtung und Geheimnis zog mich immer tiefer in den Bann. Als ich eines Tages dann gar in einem ›Wolkigen Beobachter‹ den vom ›Stürmer‹ so übel beleumdeten Patenonkel zitiert fand – als moralische Institution gewissermaßen und als objektive Stimme aus der neutralen Schweiz –, verfestigte sich meine kipplige Stellung in der Welt zum immer deutlicheren »anti« – was freilich in der eigenen Brust beschlossen bleiben mußte und insofern gerade niemals deutlich werden.

Die Camouflage undurchschaubar zu machen, beschloß ich – nein, nicht Politiker zu werden, sondern die beste Mimikry zu nutzen, die es damals gab, das braune Tuch. Das klingt beinah nachträglich geschönt und für einen Dreizehnjährigen reichlich altklug, allein es gibt Frühbegabungen ganz gewiß nicht nur auf dem Feld der Mathematik und Musik. Hinzu kam, was ich allerdings nicht dick genug unterstreichen kann, daß das Jungvolk und die HJ durchaus Versuchungen auch für ihre Verächter werden konnten, und eine oberste Versuchung begann für mich in einer Sphäre, die man sich gemeinhin gar nicht in die Oberhoheit der Hitlerjugend denkt: die Welt des Eros und der Liebe.

Wir waren, wie gesagt, dreizehn Jahre alt und standen frisch in der Pubertät – und wenn ich diesmal »wir« sage, dann muß ich sofort hinzufügen, daß unsere jugendliche Welt nicht nur aus »Stibiern« bestand (das war ein wild entflammter, aber ziemlich puritanischer Verein), sondern aus allen möglichen Sympathieclubs, Fahrschülercliquen, Raucherkongregationen, Theater- und Sport-Sympathisanten, und über den Sport geriet ich unversehens auf ein ausgesuchtes Übungsgelände der Hajott: den Sportplatz mit all seinen neuen, unsäglichen Versuchungen.

Was der Sportplatz seinerzeit für uns bedeutete, ist sicher nicht mit einem Wort zu sagen, allenfalls mit einer ganzen Wortbatterie. Er war ein Turnierfeld unserer jungen Kräfte, gewiß, aber er war auch unser Corso und unsere Stätte der Begegnung, unser Kommunikationszentrum und ein Treffpunkt der Geschlechter, unsere Darbietungsbühne und unsere Peepshow – und eines Tages sah ich dann auch *SIE* sich für den Kampf entkleiden, H. H., die aus der großen Stadt Hamburg in unser grau-bescheidenes Zementmixerdorf Warstade-Hemmoor verschlagene Citysirene, und wenn ich bisher um meine öffentliche Rehabilitation gerannt war, so überrundete ich nun meine Wettkampfgegner einzig mit dem Blick auf *SIE*.

Ich glaube wirklich, die Wahrheit zu sagen, wenn ich

meine, daß Orden und Ehrenzeichen und entsprechendes Gebimmel und Gebammel nie sehr viel für mich bedeutet haben. Die Wahrheit aber und nichts als die Wahrheit schreibe ich, wenn ich gestehe, daß das Hin-und-her-Gezucke ihres BdM-Salmis auf dem bibbernden Makkoturnhemd auch noch heute in meiner schwingungsbereiten Seele nachbebt und daß die Vorstellung ihrer beim gemischten Staffellauf so schön bewegten Schlapp-Schlapp-Affenschaukeln an einen tiefsten Nostalgienerv rührt.

Daß der Graben zu tief war zwischen mir und ihr und nicht einmal durch spektakuläre Weit- und gewagteste Mutsprünge zu überwinden, hat gewiß mit obenerwähntem Aussehen, dann aber auch mit einem gar nicht zu leugnenden Rangunterschied zu tun: Sie trug ein rotweißes Schnürchen. Nun wäre ich mir gewiß nicht zu fein gewesen, ein ähnliches Schnürchen auch an meine Schulter zu wünschen – so unerweichlich abweichlerisch war man ja wieder nicht. Vielmehr schien mir von oben her ein ziemlich undurchdringlicher Cordon um mich gezogen, ein Berührungstabu oder doch so was wie eine Beförderungssperre – und wenn dieser Dunstkreis der verachtungsvollen Vorbehalte möglicherweise nur in meiner Vorstellung existierte, so war er für mich und meine vielgeprüfte Seele dennoch vollkommen wahr.

Irgend etwas schien mir zu fehlen, und ich überlegte, was es sei – ach nein, ich wußte genau, was es war. Nach offen bekundeter Meinung unseres Bannführers Bargans »ein krummgeschissenes Fragezeichen«, saß ich irgendwie falsch in der Hose, schief im Braunhemd, verspannt unterm Schulterriemen, und auch die Stimme war so zivilistisch zag und alles andere als ein brauchbares Befehlsorgan. Die Gelegenheit, mich zu beweisen, wuchs mir denn auch nicht auf dem Exerzierplatz zu und auch nicht auf den Schulungsabenden, sondern auf einer Bühne, die bisher kein Mensch auf der Rechnung gehabt hatte: der Brettlbühne.

Ein Elternabend sollte der Gemeinde einen Eindruck

von Hajott-Kultur vermitteln, und weil ich mir als Gelegenheitsreimer und Parodist von Schulballaden bereits einen kleinen Narrennamen gemacht hatte, kommandierte man mich in die Rolle eines Nummernconférenciers. Ich kann nun nicht sagen, daß die Aussicht auf einen öffentlichen Auftritt mich gerade frei und glücklich stimmte. Vor versammelter Mannschaft, vor geschlossener Front, vor einem erwartungsvoll gespitzten Publikum war ich unendlich befangen. Auch legte sich mir auf die Stimme und verwirrte mir den Geist, daß ich in einem Sketch an *ihrer* Seite paradieren sollte – freilich nicht als bevorzugter Froschkönig und späterer Märchenprinz (die Rolle wurde von einem grünbekordelten Konkurrenten eingenommen), sondern als vertrottelter Gelehrten-Tintenkleckser.

Weil ich nun aber außerdem auch noch meine Ansagenummer hatte mit Parodien zum Beispiel eines englischen Nachrichtensprechers (den man sich seinerzeit etwa als Chamberlain-Figur vorstellte und dessen Äußerem ich in Großvaters Bratenrock und Zylinder schon ziemlich nahe kam), verlor ich mich während meines Vortrags so tief in diese Rolle, daß schließlich kein Mensch mehr zu sagen wußte, wer ich wirklich war, ich selbst am allerwenigsten. Geschult an den Tonlagen und Akzenten unserer heimlichsten Helden und verbotensten Zuflüsterer (den tief in meinen Ohren verankerten Stimmen der Hugh Carleton Green und Lindley Frazer und Peter Peterson und Victor Gollancz), beschwor ich das, was man öffentlich gar nicht kennen durfte, in der magisch zitierenden Parodie, und wenn auch die Inhalte versetzt und die Botschaften ironisch überzogen waren, schien doch das lange Training nicht zu leugnen, der oft genug wahrgenommene Lokaltermin überhaupt nicht zu überhören, weshalb auch die Ohren meines Stibierkollegen Walter S. gefährlich ins Glimmern gerieten und seine Zuschaueraugen sich am liebsten vor Furcht verkrochen hätten.

Es war kein Wagnis gewesen – eher eine Art von Tollheit – das Hineingleiten in eine Larve, die sich wirklich nur dem Wissenden als das entpuppte, was sie war, und auf den Effekt hin betrachtet sogar mein Gewinn. Der Applaus war mächtig. Der Beifall setzte sich dann auch in Presse um, und die gute Kritik zog bald das Kordelchen nach sich, nur daß *SIE*, der ich mit diesem Aufstieg nachzusteigen gedachte, mir wieder einmal vor der Nase wegbefördert worden war.

Um der Wahrheit die Ehre zu geben und die Glaubwürdigkeit meiner Erinnerungen endgültig in Frage zu stellen, soll noch angemerkt werden, daß ich meinen neuen Führerpflichten mit der äußersten Gewissenhaftigkeit nachkam und meine »Jungschaft« (fünf, sechs Pimpfe, was weiß ich) anhielt, in Zukunft besonders sorgfältig auf feindliche Flugblätter zu achten – die seien unversehrt und ungemindert bei mir abzuliefern.

Der Befehl wurde damals ohne Diskussion befolgt und mißverstanden. Keine Diskussion allerdings und kein in gebrochenem Deutsch-Französisch geführtes Aufklärungsgespräch konnte mich von einem Mißverständnis befreien, das heute noch zwickt, weil es traf. Unser hochgeschätzter Parlierpartner Amadee (der französische Kriegsgefangene, der den Milchwagen kutschierte und den die Leute »Almetti« nannten): er grüßte mich nicht mehr.

Günter Gaus

Der Eigensinn der Erinnerungen

Eingeschult – so der amtliche wie gängige Ausdruck – wurde seinerzeit zu Ostern. Im Frühjahr griffen die Erziehungsbehörden nach den neuen Schößlingen. Der braungetönte Abzug einer Photographie zeigt einen sechsjährigen Jungen, der eine Schultüte im rechten Arm hält: einen Kegel aus Pappe, der mit buntem Papier beklebt ist. Die Spitze des Kegels ist nach unten gerichtet, oben ist er mit Kräuselpapier verschlossen, angefüllt ist er mit Süßigkeiten und, auf Wunsch des abgebildeten *ABC-Schützen*, auch mit einigen Spielzeugsoldaten. So konnte die Einschulung dazu dienen, die Reiter und Infanteristen des Knaben zu vermehren. An der linken Seite des Jungen hängt an einem langen Riemen ein Ledertäschchen für Butterbrot und Apfel, den Proviant für die große Pause. Auf seinem Rücken trägt er einen Tornister aus dickem braunen Leder. Seinen Kopf bedeckt die Schülermütze: über einem schmalen schwarzen Zelluloidschirm bauschig-weicher Stoff, der nicht, wie die Mützen von Postboten, Schaffnern und Militärpersonen, von einem Draht in vorgeschriebener Fasson gehalten wird, sondern Falten wirft und, nach der Schülermode, etwas links von der Mitte zu einem Kniff zusammengedrückt worden ist.

Den Handgriff, der die Mütze verwegen aussehen ließ, hatte gewiß der Photograph gekannt und angewendet; nicht die Mutter, die das Kind nach der Schule ins Atelier geführt hatte, damit das Ereignis im Bild festgehalten würde. Schülermützen, die Photographie belegt es, trugen also damals nicht nur die *Pennäler* von Gymnasien und Oberrealschulen, sondern auch die Zöglinge der Volksschule; jedenfalls in der norddeutschen Großstadt, in welcher der Junge zu Hause war. Die Farbe der Mützen wechselte, wie auf den Oberschulen, von Klasse zu Klasse.

Nach der Erinnerung waren die Köpfe der Anfänger blau bemützt. Auf einer Schiefertafel rechts zu Füßen des Schülers steht in deutscher Schönschrift: Mein erster Schultag. Darunter das Datum, es ist ein Tag im April gewesen, und die Jahreszahl: 1936.

Die hier niedergeschriebene Erinnerung umfaßt also neun Schuljahre; davon fünf in einer Oberschule, von denen freilich das letzte, zum Kriegsende hin, ein ordentliches Schuljahr nicht genannt werden kann. Die Zeit von Ostern 1936 bis Anfang 1945. Das Leben eines Jungen im Alter zwischen sechs und fünfzehn Jahren. Im November 1929 war er zur Welt gekommen, einer kleinbürgerlichen Welt mit vielen familiären Bindungen an das Leben auf dem Lande, in nahegelegenen Dörfern, von denen seither einige zu städtischen Vororten geworden sind.

Seine ersten Schulferien im Sommer 1936 fielen zeitlich mit den Olympischen Spielen in Berlin zusammen. Aber der Vater, der als Gemüsehändler für die frühmorgendlichen Fahrten zum Großmarkt und zu den Gemüsegärtnereien im Umkreis ein Automobil besaß und mit diesem Besitz und seinen bäuerlichen Eigenheiten den kleinbürgerlichen Rahmen sprengte (er war als jüngster Sohn vom Hof in die Stadt gegangen) – der Vater mochte die Reise zu den Spielen in der Reichshauptstadt, nach welcher der frischgebackene Schüler verlangte, nicht in Erwägung ziehen. Er hat dem Sohn, dem einzigen Kind, sonst kaum eine Bitte abgeschlagen. Berlin jedoch: das war zu weit, über zweihundert Kilometer; zu groß die Stadt; zu teuer der Ausflug. Auch war die Zeit zu knapp. Man hätte an einem Tag hin- und zurückfahren müssen. Nur ein Kind konnte sich das vorstellen.

Die Zeit, die man frei besaß – in der Erinnerung wird deutlich, daß ihr karges Maß der schwerste Mangel im Lebenszuschnitt der Familie war. Der Junge ging schon ein oder zwei Jahre zur Volksschule, als endlich von Staats wegen verfügt wurde, die Geschäfte über Mittag für eine Stunde zu schließen. Bis dahin war die Mutter aus dem Geschäft in die nahe Wohnung geeilt, um hastig mit dem Sohn zu essen, was in der *Grude*, einem Herd mit langsam verglühendem Koks aus Braunkohle, vorgekocht worden war. Danach trug sie das Essen in einem Topf, der dick in Zeitungspapier verpackt und in ein Tragnetz gestellt wurde, dem Vater ins Geschäft. Der speiste dann in einer Ecke neben der Kartoffelkiste, indes die Mutter so lange die Kundschaft allein bediente. Nun, nach der amtlichen Anordnung einer Mittagspause, kam die Geschäftsfrau – ein unternehmerischer Beruf, der ihr *ein und alles* war – auch *abgehetzt* in die kleine Wohnung, in die Wohnküche, damit das Essen auf dem Tisch stand, wenn der Mann etwas später nachkam. Aber jetzt war es eine Eile, ein Kampf mit der knappen Zeit zum Ziel einer gemeinsamen Mahlzeit der Eltern mit dem Kind.

Das schiere Glück. Wochenlang, nachdem es eingetreten war, war der Junge vormittags in der Schule von Vorfreude erfüllt. Auf dem Weg nach Haus ging er am elterlichen Geschäft vorbei, nahm vom Vater ausgesuchtes Obst allererster Güte in Empfang (die Mutter gab ihm auch angeflecktes, das *wegmußte*), verharrte vor den Kisten und Steigen, die auf den Bürgersteig hinausgestellt waren, beobachtete das Kommen und Gehen der Kunden – und wußte, bald würde er mit den Eltern essen, am hellichten Tag mitten in der Woche. Nicht länger der Neid auf Schulfreunde, deren Väter Lehrer, Dentisten oder sogenannte Bankbeamte waren, die immer schon über Mittag nach Hause kamen. Häufige Anspielungen auf das Mittagsmahl jetzt gegenüber Mitschülern, die auf ihre Väter warten mußten, bis die Fabriken schlossen. Das Stadtviertel, in dem die Erinnerung umhergeht, war Wohnquartier von wenigen Arbeitern, einigen Kleinbürgern und viel Mittelständlern. Es gab einen Park, Straßen, an denen Kastanienbäume wuchsen, und den schmalen Fluß, der die Stadt längs den alten Wällen durchquerte. Ganz nahe dem elterlichen Geschäft für Obst und Gemüse standen zwei ehemalige Zollhäuser mit Säulenvorbau, Zeugnisse einstiger herzoglicher Hoheitsgewalt am Eingang wie Ausgang der Residenzstadt und eines Architekten, der von Schinkel gelernt hatte – wobei man die Entfernung von Berlin berücksichtigen muß.

Der Junge entnahm Gesprächen seiner Eltern, daß die einstündige Mittagspause, immerhin und jedenfalls, dem im Land herrschenden Regime zugute gehalten werden müßte. Die knappe gemeinsame Zeit der Familie, das, was heute Freizeit genannt wird und eher die Familien nach Liebhabereien, Urlaubsgewohnheiten und früher Mobilität der Halbwüchsigen auseinanderführt, begründete damals für den sechs-, sieben-, achtjährigen Schüler auch die Seligkeit der Nachmittage von Sonnabenden. In diesen Stunden zog durch die vom Spiel mit den Freunden gefangenen Sinne immer wieder einmal die Wonne der Erwartung des Sonntags. Morgen: der große Tag. Wenn er heraufzog, schliefen die Eltern dem Ungeduldigen viel zu lange. Alltags im Sommer erhoben sie sich um fünf Uhr morgens, im Winter eine Stunde später. Der Junge mußte, wenn sie gegangen waren, allein frühstücken, die Milch war warmgestellt, und in eigener Verantwortung die Wohnung verlassen, um pünktlich in der Schule zu sein.

Sonntags blieben die Eltern im Bett bis gegen acht Uhr früh. Später am Vormittag bereitete die Mutter in Muße die Mahlzeit zu. Dann machte sie aus dem Kochen, das ihr unter der Woche so schnell von der Hand gehen mußte, eine geradezu prahlerische Sorgfältigkeit, die sie vor Mann und Kind mit halblauten Bemerkungen kommentierte: Die Kartoffeln sind bald gar. Ich muß das Fleisch vom Herd nehmen. Die Möhren sind heute besonders fein. Gern hat sie zwischendurch gesungen. Der nun bald Siebenjährige, der sich hier mit Leichtigkeit erinnert, hat gezögert, ob er diesen Tupfer dem Bild noch hinzufügen dürfe, ohne die sonntägliche Idylle in der Beschreibung schwer erträglich zu machen. Aber die Wahrheit soll, an dieser Stelle, über den Geschmack siegen: Die junge Frau, die Mutter, die als Mädchen seit der Konfirmation dem gemischten Chor ihres heimatlichen Dorfes angehört hatte, worauf sie öfter zu sprechen kam und dabei gelegentlich, bevor sie abbrach, in ein dem Knaben rätselhaftes Kichern verfiel, das den Vater dann und wann zu unverständlichen, aber heiteren Einwürfen veranlaßte – die Mutter hat sonntags gern gesungen.

Der erste Radioapparat kam in die Wohnung, als der Junge schon fast zehn Jahre alt war. Kein billiger Volksempfänger aus schwarzem Kunststoff, sondern ein mit dunklen, polierten Holzfurnieren eingekleideter Kasten, der vorn neben der vielversprechenden Stationenskala – Beromünster, Gleiwitz, Köln – ein *magisches Auge* hatte, an dessen grünlichem Licht je nach Helligkeit die genaue Sendereinstellung abgelesen werden sollte. Der Apparat wurde zunächst selten benutzt. Der Krieg hatte inzwischen begonnen, aber die Eltern waren an Nachrichten aus dem Kasten wenig interessiert. Wenn das Radio tagsüber sonntags oder unter der Woche abends einmal eingeschaltet war und eine Siegesmeldung verkündet wurde, so war selbst das, wie der Heranwachsende wahrnahm, für die Eltern nur ein Anlaß, sich auszutauschen über das mögliche Geschick dieses oder jenes Verwandten oder Bekannten, der, soweit man es wußte, in der Nähe des Siegesortes oder der Siegeslandschaft sich befand. Wie befand? Erst später, als vom Jahr 1944 an der Krieg aus der Luft die Stadt in seine Gewalt nahm, wurde das Radio mit seinen Meldungen über anfliegende feindliche Bombenflugzeuge lebenswichtig. Sonst aber sorgten die Nachbarn durch Zuruf im Treppenhaus oder, als Paris gefallen war zum Beispiel, bei kurzen Stippvisiten in der elterlichen Wohnung für die Übermittlung bedeutsamer Rundfunknachrichten.

Auf diese Weise muß der Vater auch von dem erfahren haben, was ihn am frühen Sonntagmorgen des 22. Juni 1941 nötigte, seinen Jungen zu wecken und dem Schlaftrunkenen zu sagen: »Wir sind in Rußland einmarschiert. Nun geht der Krieg verloren.« Danach keinerlei Erklärung, sondern ein – wie es das damalige Kind heute zu benennen weiß – betretenes Stillschweigen des Vaters. Meinte der ruhige, gütige Mann, als er sich vom Bett des Sohnes abwandte, er habe dem das jugendliche Herz unzulässig beschwert? Der Elfjährige glaubte die düstere Botschaft gewiß nicht. Er beabsichtigte, seinen Weg als Offizier in der besten Wehrmacht der Welt zu machen.

An den Sonntagen vor dem Krieg, wenn die Mutter das Kochen zelebrierte, zog der Vater mit dem Bohnerbesen, einer damals gerade entwickelten Kombination von Bürsten und Walzen, lange, glänzende Streifen über das Linoleum, mit dem der Boden belegt war. Diese Arbeit nahm er seiner Frau ab. Später am Vormittag kleidete er sich in eine samtene Hausjacke, die nicht mit Knöpfen, sondern Schnüren wie an einer Husarenuniform geschlossen wurde. Eine Freizeitgarderobe, die mit ihrer Besonderheit sowohl den Sonntag ehrte als auch durch den legeren Schnürenputz die Muße des Trägers betonte. Die Mutter servierte dem Mann als Vorgeschmack auf das Essen – die Kartoffeln sind gleich gar – eine Tasse Bouillon, die er in kleinen Schlucken trank. Er griff nicht zur Zeitung, er saß still da und sah dem Jungen zu, der seine Soldaten auf dem frisch gebohnerten Fußboden ein Gefecht ausführen ließ. Er ruhte sich aus.

Nach dem Mittagessen und einer schnellen Tasse Kaffee für die Mutter »gegen die Kopfschmerzen«: die sonntägliche Fahrt mit dem Automobil zu den Verwandten vor der Stadt. Oder der einstündige Fußmarsch zur näher, aber auch in einem Dorf wohnenden Großmutter. Als Ende der dreißiger Jahre, kurz vor dem Krieg, die neue Art Straße nördlich der Stadt vorbeiführte, die Reichsautobahn, riskierte der Vater mit der Familie gelegentlich einen kurzen Spurt mit dem Wagen auf ihr, nicht weiter als von einer Einfahrt bis zur übernächsten Ausfahrt. Der Junge saß vorgebeugt auf der Kante des Rücksitzes und starrte auf den Tachometer, auf dem die Nadel sich zitternd der Zahl achtzig näherte, um danach gleich wieder abzusinken auf die bekömmliche sechzig. Am Armaturenbrett war eine

Vase befestigt, in deren nachgefülltes Wasser die Mutter vor jeder Sonntagsfahrt eine frische Blume steckte. Kam man gegen Abend in die Wohnung zurück, so pflegte die Mutter zu sagen, wenn sie Hut und Mantel an die Flurgarderobe hängte: »Im Osten oder Westen, zu Hause ist's am besten.« Manchmal sagte es auch der Vater auf platt: »Ost oder West, tau hus is best.«

Erinnerungen lassen sich wecken. Aber was sie einem sagen, welchen Akzent sie setzen – darin sind sie einigermaßen ungebunden. Solcher Eigensinn von Erinnerungen kann offenkundig aufklärerisch wirken. Die penible Ausstattung des Schulanfängers, die das Photo zeigt, das Frühstückstäschchen, die Schülermütze: zusammen mit dem Wiederaufleben der Empfindungen, die von der gemeinsamen Zeit mit den Eltern ausgehen, von dem Fest der Sonntage, vom Gleichklang des damaligen Lebens – in diesem Zusammenwirken vermittelt das freischweifende Erinnern eine Aufklärung. Die Jahre nach der Einschulung 1936 bis zum Kriegsbeginn 1939, so bedeutet einem solches Erinnern, waren mehrheitlich im Land bürgerlich eingefärbt, von hergebrachten Gewohnheiten geprägt. Die herrschende Lehre, das ideologische Surrogat des Nationalsozialismus, bestimmte das Leben ihrer aktiven Anhänger – und ihrer Opfer. Dieser Befund, den die Erinnerung belegt, besagt nichts über die Verantwortung, die Mitschuld der Mitläufer. Er läßt freilich Rückschlüsse zu auf die gute Verträglichkeit des bürgerlichen Lebensgefühls der Deutschen mit dem Nationalsozialismus, der von den Bürgern erhielt, was er zur Machtausübung benötigte. Man kam miteinander aus. Die Volksschule jener Jahre hat in der Regel das Einvernehmen zwischen Eltern, die sich im mehrheitlichen Rahmen hielten, und dem Regime nicht wesentlich berührt; weder durch forcierte Politisierung noch durch erkennbare Zurückhaltung. So jedenfalls erscheint es im Rückblick auf eine Schulzeit im protestantischen Norden. Die Erinnerung eines Schülers aus katholischen Regionen des Reichs mögen andere sein.

Die Schülermütze wurde bald abgelegt. Der Junge erinnert sich an die Begründung des Lehrers dafür: Die, deren Eltern eine solche Mütze bezahlen können, sollten sich künftig nicht mehr unterscheiden von ärmeren Kameraden. Als das erste Schuljahr zu Ende war, wurde den Schülern, deren jüngere Geschwister nächste Ostern einrücken würden, gesagt, sie möchten zu Hause mitteilen, daß besser keine Schultüten zur Einschulung mitgebracht werden sollten. Die Gemeinschaft der Anfänger sollte nicht sichtbar durch die unterschiedliche Größe der elterlichen Liebesgabe aufgelöst werden. Hier trat, säkularisiert, dasselbe Problem zutage, das auch in der verschiedenen Dicke der ersten Kommunionskerze liegt. Der Schlag gegen Schülermütze und Schultüte, erfolgreich der erste, ohne Erfolg der zweite: eine Verfügung des Reichserziehungsministers oder, wenigstens bei der Tüte, der eigenmächtige Handstreich eines Lehrers vom SA-Flügel der NSDAP? Der Zufall wollte es, daß in der Klasse des Jungen kein jüdischer Mitschüler war. Die *neue Unterscheidung*, die gemacht wurde, personifizierte sich daher für ihn nicht, sondern blieb – nach der sogenannten Reichskristallnacht im November 1938, wenige Tage vor seinem neunten Geburtstag – ein Geschichtenerzählen auf dem Schulhof über Flammen und klirrende Fensterscheiben, eine Aufregung, deren Reiz nicht darunter litt, daß er ihren Anlaß nicht begriff. Er war – noch für manches Jahr – tumb, fröhlich und tumb. Als einige Monate vor der Zerstörung der Synagogen, im selben Jahr 38, viel von Österreich die Rede war, unter den Erwachsenen und auch den Schülern, hatte er seine Spielzeugsoldaten zunächst ein paar Tage lang zu Schlachten gegen Österreich formiert, bis er dahinterkam, daß dies nun zu Deutschland gehörte.

Er, der sich hier erinnert, kommt von der Schülermütze nicht los: als einem Beispiel. Ihre Anschaffung war für seine Eltern nicht vom Geld aus der Westentasche zu leisten gewesen. Leichtfertiges Geld gab es im Elternhaus nicht. Wahrscheinlich war die Mütze aus der angestoßenen, ausrangierten Kaffeekanne – Rosenmuster – bezahlt worden, in die die Mutter jeden Sonntag, je nach Geschäftsgang der Woche, zwei, drei oder fünf Mark legte: für besondere Anlässe. Wieviel es jeweils war, entschied die Geschäftsfrau nach dem Zählen der Tageskasse, abends zu Hause. Ihr Mann, der gleichmütig und nicht ohne Stolz ihre händlerische Tüchtigkeit, ihre Überlegenheit beim günstigen Einkauf und Verkauf anerkannte, mischte sich darin nicht ein. Der Junge sah, wohl bis er zehn Jahre alt geworden war, seine Eltern an jedem Sonnabend für schier unermeßlich reich an: Er betrachtete den Umsatz als Gewinn. Die Eltern hatten also die Mütze gekauft – weil es sich so gehörte, wenn man den herrschenden Konventionen genügen, das geliebte Kind nicht aus der Reihe stellen wollte. Kein Zeitgeist, keine neuen Regeln, die vom Regime ausgingen, hatten das Bewußtsein der Eltern erreicht. Sie akzeptierten das Schulverdikt gegen die Mütze. Aber keine Spur der Erinnerung führt zu einem anderen Lebenszuschnitt und anderen Verhaltensweisen als zu der kleinbürgerlichen Variante des herkömmlichen Bürgertums; mit bäuerlichem Hintergrund.

Wenn man sich dieser Erinnerung anvertraut und sie – tastend, zögernd – in Worte kleidet, was besagen diese? Was sonst, als daß die große Mehrheit im Land Mitte und Ende der dreißiger Jahre, in der Zeitspanne, bei der die Erinnerung eben verweilt, ihre *Lebensgewohnheiten* kaum nationalsozialistisch verändert hatte. Es gab weniger Arbeitslose als einige Jahre vorher; es wurde geraunt von Rüstungsproduktion und Menschen, die *abgeholt* worden waren; auch davon hörte der Junge dann und wann, wenn Besuch von Verwandten und Bekannten kam. Aber das Leben, das real war, ging seinen gewohnten Gang. So war es weiterhin auch in der Volksschule. Zu Wochenbeginn wurde ein Schüler, den der Lehrer auszeichnen wollte, zum Schulportal geschickt, damit er die dort im wöchentlichen Wechsel ausgehängte Losung abschrieb und vor der Klasse verlas. Der vorherrschende nationale Zungenschlag war älter und blieb bestimmender als der nationalsozialistische. Die Veränderung, so will es die Erinnerung wissen, die sich, es sei wiederholt, hierin weder auf Aktivisten des Regimes noch auf Verfolgte erstreckt, war für die Masse des Volkes im Jahre 1933 mit Hitlers Machtantritt eher vordergründig geblieben. Allerdings profitierten auch die Kleinbürger vom Regime. Der Umsatz im elterlichen Geschäft stieg. Die Leute kauften teureres Obst. Da und dort wurden in den späten dreißiger Jahren Wohnungen frei, in denen jüdische Familien gewohnt hatten. Wohnraum war knapp. Die nun geräumten Wohnungen waren ein Gewinn, der weithin fraglos begrüßt wurde.

Erst der Krieg, sein Verlauf und sein Ende, setzten im täglichen Bewußtsein – wie immer, seit der Krieg demokratisiert wurde – eine tiefgreifende Zäsur. Und die Zeit danach, die fünfziger und sechziger Jahre mit der neuen Mobilität, den veränderten Produktionsbedingungen und dem breiten Konsumangebot, der andersartigen Massenkommunikation mittels Fernsehen, der Auflösung der Familienbande in der Zerstreuung der freien Zeit – sie brachten, mit den Kriegsfolgen, den Umsturz des Gewohnten. (Die Besonderheiten der Entwicklung im anderen deutschen Staat, der DDR, bleiben hier mit ihren teils radikaleren, teils weniger schnell umstülpenden Gesellschaftsfaktoren außer acht.) Ein Zeitgenosse Bismarcks, hätte er den Jungen in den dreißiger Jahren zur Schule begleitet (wenn es nicht gerade der Tag eines Aufmarsches der SA gewesen wäre, eines für den Alten merkwürdigen Landsturms) oder hätte er mit ihm die Eisenbahnfahrt zu den Onkeln und Tanten auf dem Lande unternommen: ihm wäre, trotz der elektrischen Straßenbahnen und den ersten Traktoren auf den großen Höfen, das Grundmuster des Lebens vertraut gewesen. Erst heute verstünde er die Welt nicht mehr – oder hielte sie der Anstrengung des Begreifens kaum für wert.

Was die eigensinnige Erinnerung aufdeckt, ist die große Distanz der kleinen Leute gegenüber politischen Inhalten und Strukturen. Kleine Leute heißt hier: solche, die sich mit dem starren Willen, Bürger zu sein, nicht zu den Arbeitern abzusinken, von jedem politischen Bewußtsein ausgeschlossen hatten. Was den hochgemuten Konservativen an den Nazis zu ordinär war, war manchen Kleinbürgern als nachweisbares Bekenntnis zu auffällig. Der Junge erinnert sich, daß im Bekanntenkreis der Eltern die Parteinahme des einen und anderen Nachbarn – einmal in der Woche in brauner Uniform ins Sturmlokal – bedenklich aufgenommen wurde. Das war kein Widerstand; keiner im Kreis entzog seine zehnjährigen Kinder dem Dienst als Pimpf oder Jungmädel im Deutschen Jungvolk. Ein sehr alter, bewährter Selbstschutz trat da zutage: das Abstandwahren zur Herrschaft, welcher auch immer.

An dieser Distanz ermißt sich allerdings auch der Mangel an Maßstäben politischer Moral und Gesittung. Über den bürgerlichen Abstand von der Politik gelangte die Verführbarkeit zu ihren Möglichkeiten; gewiß nicht ihr einziges Einfalltor, aber das für die Nationalsozialisten genehmste. Was die Machthaber zunächst taten, griff niemals ans bürgerliche Fleisch. Abgesehen von den Ausnahmen bei unvorsichtigen Personen, die vorher nicht genug Distanz zur Politik gewahrt hatten. Das ging so nebeneinander her: heute kein Freispruch, aber ein Hinweis auf die Schwierigkeit, sich Schuld bewußt zu machen. Der Junge weiß noch von einem Gleichaltrigen, von dem Mitschüler berichteten, sein Vater sei abgeholt worden. Die Eltern, von ihrem Kind darauf angesprochen, sagten dem Jungen: »Spiel nur mit ihm. Du darfst ruhig mit ihm spielen.« Ein anderer Mitschüler prahlte alle vierzehn Tage vom Wochenendurlaub seines Vaters, der Wachtposten in einem Lager sei. Mehr sagte er nicht, nur stolz: Wachtposten. Die Eltern des Jungen, wiederum von ihm befragt, äußerten sich dazu weiter nicht. Sie blieben wortkarg: ein Wachtposten, eine Beschäftigung eben.

Die Mutter war ganz unpolitisch. Aber über den Vater hat der Junge später, als Erwachsener, öfter gegrübelt, ob der wohl aus Empfindungen, aus Ahnungen unterhalb des Bewußtseins das Bedürfnis in sich getragen hat, dem Sohn politische Hinweise, Anstandsregeln mit auf den Weg zu geben. Wenn es so gewesen ist, hat den Mann die politische Ausdrucksarmut, in der er lebte, gewiß bedrückt. Es gibt die Erinnerung an einen Fußmarsch ins Heimatdorf des Vaters. Der Junge war zwölf Jahre alt. Irgend etwas, was man seinen Kameraden und ihm an einem Heimabend bei den Pimpfen vorgetragen hatte, veranlaßte ihn, das Wohlergehen, die Chancen der Jugend unter dem Nationalsozialismus im Vergleich zu denen in einer Demokratie, in der Weimarer Republik zu rühmen. Was er da nachplapperte, muß aus seinem Munde ebenso albern wie unschuldig gewesen sein. Aber für seinen Vater, eine Seele von Mann, war es wohl doch unerträglich. Er legte seine Hand auf die Schulter des Jungen, sie blieben stehen, er gab ihm eine Ohrfeige. Nur ein einziges Mal vorher, Jahre vorher, hatte er ihm, weil er seine Mutter mit einer Mutprobe erschreckt hatte, ein paar Schläge auf den Hosenboden gegeben. Der Vater erklärte die Ohrfeige mit keinem Wort; der Junge mochte nicht fragen. Sie gingen stumm weiter.

Der Wechsel zur Oberschule fiel in das Jahr, in dem es zum Krieg kam, 1939. Einige besser eingeweihte Schüler, als es der Junge war, aus gutbürgerlichen Elternhäusern mit gesellschaftlichem Umgang mit höheren Parteifunktionären und Offizieren einer SS-Junkerschule, wußten von zwei Lehrern zu berichten, der eine habe vor 1933 als Sozialdemokrat gegolten, der andere sei Freimaurer gewesen. Böhmische Dörfer für den Zehnjährigen. Aber mit den Klassenkameraden achtete er darauf, ob diese beiden Lehrer wirklich, wie behauptet wurde, den Hitler-Gruß vor der Klasse knapper leisteten als ihre Kollegen: den rechten Arm kaum auf Augenhöhe gehoben und schon wieder fallen gelassen, das »Heil Hitler« um seinen Nachhall gebracht, weil ihm sogleich das Kommando »Setzen« folgte. Die Kinder meinten, es wahrzunehmen.

Als der Junge bald vierzehn Jahre alt war, 1943, hatte er

einen Konflikt durchzustehen. Ihm war die Behandlung eines Kameraden aus dem Fanfarenfähnlein des Jungvolks, dem er angehörte, als ungerecht erschienen. An diesem Urteil hatte er festgehalten, auch gegenüber dem Fähnleinführer. Er wurde vor die angetretene Mannschaft gerufen, sein Widerspruch gerügt. Den Kameraden wurde für vier Wochen das Sprechen mit ihm im Dienst und auf dem Wege zum und vom Dienst (Sonnabendnachmittag) verboten. Der Junge erinnert sich an den weinerlichen Trotz, als er danach allein auf der Plattform der Straßenbahn stand, mit der er nach Hause fuhr. Schon in der nächsten Woche wollte ihn der Fähnleinführer, der anderthalb Jahre später, kurz vor Kriegsende, als frischgezogener Soldat zu Tode kam, versöhnen. Das Sprechverbot konnte er nicht aufheben, befohlen war befohlen; aber er schenkte dem Gemaßregelten ein sogenanntes Wikingmodell, ein kleines Spielzeugkriegsschiff. Wortlos, befohlen war befohlen, schob er es dem Jungen nach Dienstschluß in die Hand. Aber der blieb trotzig und beschleunigte sein Überwechseln vom Jungvolk zur Hitlerjugend, der nächsten Altersstufe der eingebundenen Jugendlichkeit. Er wählte die Marine-HJ, die auf dem schmalen Fluß schwere, zwölfriemige Kutter ruderte und deren Uniform der der Waffengattung, zu der sie hinführen sollte, am ähnlichsten war. Marine-HJ und Reiter-HJ galten unter den Jugendlichen der Stadt als Außenseiter, frech die Mariner, hochmütig die Reiter.

In dieser Zeit beging ein junger Mann, Mitte Dreißig, Selbstmord in dem Haus, in dem, eine Etage höher, der Junge mit Vater und Mutter lebte. Er hatte den Mann, der sich die Pulsadern geöffnet hatte und sein Blut in die Badewanne, in der er lag, verströmen lassen, kaum gekannt. Ein zurückhaltender, fast scheuer Mann, der mit seinen alten Eltern zusammen wohnte und als Arzt vom Militär zurückgestellt worden war. Für seine Eltern, einen pensionierten Beamten des mittleren Dienstes, schon am Vormittag mit Krawatte und Weste bekleidet, und eine zarte weißhaarige Frau, die viel las, wie man im Haus wußte – für sie war der Doktor, der approbierte Sohn, das Siegel auf ein erfülltes Leben gewesen.

Der alte Mann ging zunächst täglich die halbe Stunde zum Friedhof, um eine Zeitlang am Grab des Sohnes zu stehen. Nach zwei, drei Wochen vertraute er dem Vater des Jungen an (dieser hörte es abends im Gespräch der Eltern): Heute sei ein Zivilist, den er schon seit einigen Tagen auf einer Bank nahe dem Grab habe sitzen sehen, auf ihn zugetreten und habe ihn getröstet. Es sei besser so mit seinem Sohn, denn sonst hätte man ihn abholen müssen. Der Vater des Jungen, als er dies der Mutter berichtete, fügte hinzu: »Nun will er nicht mehr zum Grab gehen.« Erst später erkundete der Junge, daß der Selbstmörder homosexuell gewesen war und mit der Einlieferung in ein Konzentrationslager, rosa Winkel, hatte rechnen müssen. Der freundliche Zivilist wartete wohl einige Wochen in der Nähe des Grabes, ob etwa trauernde Freunde, noch unentdeckt, kommen würden. Ob die Eltern von der Neigung des Sohnes gewußt haben? Der Junge kann sich an keine noch so dunkle Andeutung im Haus erinnern. Niemals auch fand er heraus, ob der Vater des jungen Mannes getröstet vom Grab gegangen war, nachdem der Zivilist ihm den Hinweis gegeben hatte, oder erst jetzt gänzlich verloren war im Schmerz. Und Schmerz worüber? Zorn dabei oder Scham?

Es war Krieg. Anfang des Jahres 1944 wurden die jüngeren Schüler aus der Stadt in den Harz geschickt, damit sie nicht den Bombenangriffen ausgesetzt waren. Die Älteren kamen zur Flak an den Stadtrand. Zurück in der Schule blieben zwei Klassen mit Schülern, so alt wie der Junge. Zusammen mit Gleichaltrigen aus anderen Oberschulen stellten sie nun allnächtlich die Brandwachen in den für wichtig erklärten öffentlichen Gebäuden der Stadt, in Ämtern und Schulen. Etwa dreimal in der Woche, nach einer Art Stundenplan geregelt, zog jeder Schüler auf Posten. In Gruppen von fünf oder sechs kampierten sie dann in den

Häusern, um schon vor der Feuerwehr, die möglicherweise nicht durchkommen würde, vor Ort zu sein, wenn die Brandbomben den Dachstuhl durchschlugen. Ein Kinderspiel, das sich Erwachsene ausgedacht hatten. Die vierzehnjährigen Kinder selber, so wußte der Junge viele Jahre später, waren ebenso frühreif in manchen Dingen wie naiv in anderen. Zu ihren Nachtwachen brachten sie Grammophone und nicht ganz zulässige, *angejazzte* Schallplatten von älteren Brüdern mit, empfingen die Besuche von Hausmeisterinnen, deren Männer *im Feld standen*, waren aber sofort bereit, die mühsam hergestellte *Stimmung* im schummrig erleuchteten Wachquartier preiszugeben: um in die abgedunkelte Stadt zu eilen und, mit Hilfe eines Schraubenschlüssels, die dort abgestellten elektrischen Straßenbahnen, die nicht alle gleichzeitig im Depot zerbombt werden sollten, in Fahrt zu setzen. Bis Alarm kam. Im Herbst 1944 brachte man die Schüler, zusammen mit gebrechlichen Männern im Alter über sechzig, für zwei Wochen nach Holland. Panzergräben schaufeln. Zwei Tage waren sie mit der Bahn gefahren; Tiefflieger hatten sie aufgehalten. Vor einer britischen Luftlandung bei Arnheim flohen sie ins Reich zurück. An Todesfälle als Benachrichtigung von der Truppe, übermittelt von der Partei, waren sie seit Jahren in ihren Lebenskreisen gewöhnt. Nun waren diese Fälle immer öfter zum unmittelbar benachbarten Ereignis geworden. Aber seinen Geburtstag im November 1944 feierte der Junge mit seinen Freunden *wie im Frieden*, solange kein Fliegeralarm gegeben wurde. Vater und Mutter hatten es so gewollt; und die Lieblingstante vom Lande, deren Sohn im Osten vermißt wurde. Im Osten: ein dummer Sprachgebrauch. Tante Anna vermißte ihn. Sie schaffte, gegen das Gesetz, Windbeutel mit Schlagsahne herbei.

Die Autoren dieses Buches

Hans Bender, geboren 1919 in Mühlhausen/Kraichgau, lebt in Köln. Er veröffentlichte unter anderem die Erzählungsbände ›Wölfe und Tauben‹ (1957), ›Mit dem Postschiff‹ (1962), und ›Bruderherz‹ (1987) sowie den Roman ›Wunschkost‹ (1959).

Heinrich Böll, geboren 1917 in Köln, gestorben 1985 in Langenbroich. Zu seinen Hauptwerken gehören die Romane ›Wo warst du, Adam?‹ (1951), ›Und sagte kein einziges Wort‹ (1953), ›Billard um halbzehn‹ (1959), ›Ansichten eines Clowns‹ (1963), ›Gruppenbild mit Dame‹ (1971), ›Fürsorgliche Belagerung‹ (1979) und ›Frauen vor Flußlandschaft‹ (1985) sowie die Erzählungen ›Wanderer, kommst du nach Spa...‹ (1950), ›Ende einer Dienstfahrt‹ (1966) und ›Die verlorene Ehre der Katharina Blum‹ (1974).*

Joachim Fest, geboren 1926 in Berlin, lebt in Kronberg bei Frankfurt am Main. Er war von 1973 bis 1993 Mitherausgeber der ›Frankfurter Allgemeinen Zeitung‹. Zu seinen Veröffentlichungen gehoren die Bücher ›Das Gesicht des Dritten Reiches‹ (1963), ›Hitler‹ (1973), ›Die unwissenden Magier. Über Thomas und Heinrich Mann‹ (1985), ›Im Gegenlicht. Eine italienische Reise‹ (1988), ›Staatsstreich‹ (1994) und ›Fremdheit und Nähe‹ (1996).

Franz Fühmann, geboren 1922 in Rokytnice (Tschechoslowakei), gestorben 1984 in Ostberlin. Er schrieb unter anderem die Gedichtbände ›Die Nelke Nikos‹ (1953),

* Die Erinnerung von Heinrich Böll entstand auf Anregung des Herausgebers dieses Buches, wurde aber so umfangreich, daß sie 1981 unter dem Titel ›Was soll aus dem Jungen bloß werden‹ als selbständige Veröffentlichung im Lamuv Verlag, Bornheim-Merten, erschienen ist. Der hier abgedruckte Text, etwa ein Drittel des Ganzen, ist der erste Teil des Buches von Böll. Der Abdruck erfolgt mit freundlicher Genehmigung des Lamuv Verlages.

›Aber die Schöpfung soll dauern‹ (1957) und ›Die Richtung der Märchen‹ (1962) sowie die Prosabände ›Stürzende Schatten‹ (1959), ›Das Judenauto‹ (1962), ›Der Jongleur im Kino‹ (1970), ›Zweiundzwanzig Tage oder Die Hälfte des Lebens‹ (1973) und ›Der Sturz des Engels: Erfahrungen mit Dichtung‹ (1982).

Günter Gaus, geboren 1929 in Braunschweig, lebt heute als Journalist und Schriftsteller in Hamburg. Von 1974 bis 1981 Erster Leiter der Ständigen Vertretung der Bundesrepublik Deutschland bei der DDR. Veröffentlichte unter anderem ›Wo Deutschland liegt‹ (1983), ›Deutschland und die Nato‹ (1984), ›Die Welt der Westdeutschen‹ (1986), ›Deutschland im Juni‹ (1988), ›Wendewut‹ und ›Zur Person‹ (1990).

Martin Gregor-Dellin, geboren 1926 in Naumburg an der Saale, gestorben 1988. Er veröffentlichte unter anderem die Romane ›Der Kandelaber‹ (1961), ›Einer‹ (1965), ›Föhn‹ (1974) und ›Schlabrendorf oder Die Republik‹ (1982) sowie die Monographien ›Richard Wagner und die Revolution als Oper‹ (1973) und ›Richard Wagner‹ (1980).

Ludwig Harig, geboren 1927 in Sulzbach/Saarland, lebt dort. Er veröffentlichte unter anderem ›Sprechstunden‹ (1971), ›Die saarländische Freude‹ (1977), ›Rousseau‹ (1978), ›Der kleine Brixius‹ (1980), ›Trierer Spaziergänge‹ (1983), ›Ordnung ist das ganze Leben‹ (1986), ›Weh dem, der aus der Reihe tanzt‹ (1990), ›Die Hortensien der Frau von Roselius‹ (1992), ›Der Uhrwerker von Glarus‹ (1993) und ›Wer mit den Wölfen heult, wird Wolf‹ (1996).

Georg Hensel, geboren 1923 in Darmstadt, wo er 1996 starb. Er war Theaterkritiker bei der ›Frankfurter Allgemeinen Zeitung‹. Unter anderem veröffentlichte er den Schauspielführer ›Spielplan‹ (1966/1992) sowie die Bücher ›Das Theater der siebziger Jahre‹ (1980), ›Theaterskandale und andere Anlässe zum Vergnügen‹ (1983), ›Spielt's noch einmal. Das Theater der achtziger Jahre‹ (1990) und ›Glück gehabt‹ (1994).

ERNST JANDL, geboren 1925 in Wien, lebt dort. Er veröffentlichte unter anderem die Lyrikbände ›Laut und Luise‹ (1966), ›der künstliche baum‹ (1970), ›dingfest‹ (1973), ›die bearbeitung der mütze‹ (1978), ›der gelbe hund‹ (1980), ›selbstporträt des schachspielers als trinkende uhr‹ (1983), ›Idyllen‹ (1989) und ›Stanzen‹ (1992), das Theaterstück ›Aus der Fremde‹ (1980) sowie die Poetikvorlesungen ›Das Öffnen und Schließen des Mundes‹ (1985).

WALTER JENS, geboren 1923 in Hamburg, ist emeritierter Professor für Rhetorik an der Universität Tübingen. Er veröffentlichte Romane, Essays, Fernsehspiele und Theaterstücke, unter anderem ›Von deutscher Rede‹ (1966), ›Republikanische Reden‹ (1976), ›Eine deutsche Universität. 500 Jahre Tübinger Gelehrtenrepublik‹ (1977), ›Ort der Handlung ist Deutschland‹ (1981), ›Der Untergang. Nach den Troerinnen des Euripides‹ (1982), ›Kanzel und Katheder‹ (1983), ›Einspruch‹ (1992) und ›Macht der Erinnerung‹ (1997).

BARBARA KÖNIG, geboren 1925 in Reichenberg (Tschechoslowakei), lebt in Diessen am Ammersee. Sie veröffentlichte unter anderem die Romane ›Kies‹ (1961), ›Die Personenperson‹ (1965), ›Schöner Tag, dieser 13.‹ (1973), ›Der Beschenkte‹ (1980) und ›Das Kind und sein Schatten‹ (1984).

HORST KRÜGER, geboren 1919 in Magdeburg, lebt in Frankfurt am Main. Er schrieb die Prosabücher ›Das zerbrochene Haus‹ (1966), ›Deutsche Augenblicke‹ (1969), ›Fremde Vaterländer‹ (1971), ›Zeitgelächter‹ (1973), ›Ostwest-Passagen‹ (1975), ›Poetische Erdkunde‹ (1978), ›Spötterdämmerung‹ (1981), ›Tiefer deutscher Traum‹ (1983), ›Zeit ohne Wiederkehr‹ (1985) und ›Die Frühlingsreise‹ (1988).

Günter Kunert, geboren 1929 in Berlin, lebt in Kaisborstel/Schleswig-Holstein. Hauptwerke: Die Gedichtsammlungen ›Erinnerungen an einen Planeten‹ (1963), ›Unterwegs nach Utopia‹ (1977), ›Abtötungsverfahren‹ (1980), ›Berlin bei Zeiten‹ (1987) und ›Mein Golem‹ (1996) sowie die Prosabände ›Die Beerdigung findet in aller Stille statt‹ (1968), ›Verspätete Monologe‹ (1981), ›Im toten Winkel‹ (1992) und ›Baum Stein Beton‹ (1995).

Siegfried Lenz, geboren 1926 in Lyck/Ostpreußen, lebt seit 1945 in Hamburg. Er veröffentlichte unter anderem die Romane ›Brot und Spiele‹ (1959), ›Deutschstunde‹ (1968), ›Das Vorbild‹ (1973), ›Heimatmuseum‹ (1978), ›Exerzierplatz‹ (1985), ›Die Klangprobe‹ (1990) und ›Die Auflehnung‹ (1994) sowie die Erzählungsbände ›So zärtlich war Suleyken‹ (1955), ›Jäger des Spotts‹ (1958), ›Das Feuerschiff‹ (1960) und ›Einstein überquert die Elbe bei Hamburg‹ (1975).

Marcel Reich-Ranicki, geboren 1920 in Włocławek an der Weichsel, leitete von 1973 bis 1988 die Literatur-Redaktion der ›Frankfurter Allgemeinen Zeitung‹. Er veröffentlichte unter anderem ›Deutsche Literatur in West und Ost‹ (1963), ›Lauter Verrisse‹ (1970), ›Über Ruhestörer‹ (1973), ›Nachprüfung‹ (1977), ›Thomas Mann und die Seinen‹ (1987), ›Thomas Bernhard‹ (1990), ›Max Frisch‹ (1991), ›Ohne Rabatt. Über Literatur aus der DDR‹ (1991), ›Der doppelte Boden‹ (1992), ›Die Anwälte der Literatur‹ (1994), ›Martin Walser‹ (1994), ›Wladimir Nabokov‹ (1995), ›Ungeheuer oben. Über Bertolt Brecht‹ (1996) sowie ›Der Fall Heine‹ (1997).

Peter Rühmkorf, geboren 1929 in Dortmund, lebt in Hamburg. Er veröffentlichte unter anderem: ›Irdisches Vergnügen in g‹ (1959), ›Kunststücke‹ (1961), ›Die Jahre, die ihr kennt‹ (1972), ›Walther von der Vogelweide, Klopstock und ich‹ (1975), ›Haltbar bis Ende 1999‹ (1979), ›agar agar zaurzaurim‹ (1981), ›Der Hüter des Misthaufens‹

(1983), ›Bleib erschütterbar und widersteh‹ (1984), ›Einmalig wie wir alle‹ (1989) und ›Dreizehn deutsche Dichter‹ (1989).

Wolfdietrich Schnurre, geboren 1920 in Frankfurt am Main, starb 1989 in Kiel. Zu seinen Hauptwerken gehören die Prosabände ›Eine Rechnung, die nicht aufgeht‹ (1958), ›Das Los unserer Stadt‹ (1959), ›Man sollte dagegen sein‹ (1960), ›Funke im Reisig‹ (1963), ›Der Schattenfotograf‹ (1978), ›Ein Unglücksfall‹ (1981), ›Gelernt ist gelernt‹ (1984) und ›Zigeunerballade‹ (1988).

Carola Stern, geboren 1925 in Ahlbeck an der Ostsee, lebt in Köln. Sie veröffentlichte die zeitgeschichtlichen Bücher ›Ulbricht, eine politische Biographie‹ (1964), ›Willy Brandt‹ (1975), ›Strategien für die Menschenrechte‹ (1980), ›In den Netzen der Erinnerung‹ (1986) und ›Ich möchte mir Flügel wünschen‹ (1990).

Peter Wapnewski, geboren 1922 in Kiel, ist emeritierter Professor der Germanistik an der Technischen Universität Berlin und Gründungsrektor des Wissenschaftskollegs zu Berlin. Er veröffentlichte vor allem mediävistische Arbeiten und überdies ›Richard Wagner, die Szene und ihr Meister‹ (1978), ›Der traurige Gott. Richard Wagner in seinen Helden‹ (1978) sowie ›Zumutungen, Essays zur Literatur des 20. Jahrhunderts‹ (1979) und ›Fremdheit und Nähe‹ (1996).

Dieter Wellershoff, geboren 1925 in Neuß am Rhein, lebt in Köln. Er veröffentlichte Romane, Erzählungen und Fernsehspiele, unter anderem ›Ein schöner Tag‹ (1966), ›Einladung an alle‹ (1972), ›Doppelt belichtetes Seestück‹ (1974), ›Die Schönheit des Schimpansen‹ (1977), ›Die Sirene‹ (1980), ›Der Sieger nimmt alles‹ (1983), ›Die Körper und die Träume‹ (1986) und ›Der Roman und die Einfahrbarkeit der Welt‹ (1988).

Viktor Böll und Markus Schäfer
Fortschreibung

Bibliographie zum Werk Heinrich Bölls
Gebunden

Eine vollständige, chronologische und gattungsübergreifende Darstellung des Werkes von Heinrich Böll hat es in den bisher bekannten Böll-Bibliographien noch nicht gegeben. Die neue Böll-Bibliographie von Viktor Böll und Markus Schäfer verzeichnet sämtliche Arbeiten, für die Heinrich Böll als Autor nachgewiesen werden konnte. So wird die Kontinuität und Konsequenz des Böllschen Werkes nachvollziehbar, das, was Heinrich Böll »Fortschreibung« nannte.

Marcel Reich-Ranicki im dtv

»Man hat mir früher vorgeworfen, ich sei ein Schulmeister.
Man wirft mir heute vor, ich sei ein Entertainer.
Beides zusammen ist genau das, was ich sein will.«
Marcel Reich-Ranicki

Entgegnung
Zur deutschen Literatur der siebziger Jahre
dtv 10018

Deutsche Literatur in West und Ost
dtv 10414

Nachprüfung
Aufsätze über deutsche Schriftsteller von gestern
dtv 11211

Literatur der kleinen Schritte
Deutsche Schriftsteller in den sechziger Jahren
dtv 11464

Lauter Verrisse
dtv 11578

Lauter Lobreden
dtv 11618

Über Ruhestörer
Juden in der deutschen Literatur
dtv 11677

Ohne Rabatt
Über Literatur aus der DDR
dtv 11744

Mehr als ein Dichter
Über Heinrich Böll
dtv 11907

Die Anwälte der Literatur
dtv 12185

Meine Schulzeit im Dritten Reich
Erinnerungen deutscher Schriftsteller
dtv 12365

Jens Jessen (Hrsg.)
Über Marcel Reich-Ranicki
Aufsätze und Kommentare · dtv 10415

Peter Wapnewski (Hrsg.)
Betrifft Literatur
Über Marcel Reich-Ranicki · dtv 12016

Volker Hage, Mathias Schreiber
Marcel Reich-Ranicki
Ein biographisches Porträt
dtv 12426

Lesebuch der Gruppe 47

Herausgegeben und mit einem Nachwort
von Hans A. Neunzig
dtv 12368

Längst ist die Gruppe 47 Gegenstand wissenschaftlicher Untersuchungen und zugleich Legende geworden. Gegenwärtig wird sie in den Gedichten und Prosastücken, die damals, das heißt von 1947 bis 1967, auf den Tagungen vorgelesen wurden, zu denen Hans Werner Richter einlud. Das vorliegende Lesebuch enthält alle zehn mit dem Preis der Gruppe 47 ausgezeichneten Texte von 1950 bis 1967 und Erzählungen, Gedichte und Romanausschnitte von Debütanten aus den Jahren 1962 bis 1967: von Ilse Aichinger, Ingeborg Bachmann, Heinrich Böll, Barbara Frischmuth, Günter Grass, Peter Härtling, Martin Walser und vielen anderen.

»Seit den Tagen der Romantik gab es wohl keinen Abschnitt der Literaturgeschichte, in dem das Epochengespräch mit ähnlicher Intensität und in einem so großen Kreis von zeitgenössischen Schriftstellern geführt wurde wie hier in den Jahren 1947 bis 1967 – und darüber hinaus. Es währt unter denen, die damals ›dabei‹ waren, bis heute...«

Heinz Friedrich

»Dabeizusein, da mitzumachen, das war gut.«

Joachim Kaiser